edge
临界译丛

感谢上海社会科学院智库建设基金会
对本书选题、翻译和出版的支持

足够
智慧的城市

The Smart City
Enough

恰当技术与城市未来

Putting Technology in Its Place
to Reclaim Our Urban Future

【美】本·格林（Ben Green）著

李丽梅 ——————— 译

上海交通大学出版社
SHANGHAI JIAO TONG UNIVERSITY PRESS

版权合同登记号：图字：09‑2019‑578号

图书在版编目(CIP)数据

足够智慧的城市：恰当技术与城市未来/(美)本·格林(Ben Green)著；李丽梅译. —上海：上海交通大学出版社,2020（2022重印）

ISBN 978‑7‑313‑23694‑4

Ⅰ.①足… Ⅱ.①本…②李… Ⅲ.①现代化城市—城市建设—研究 Ⅳ.①C912.81

中国版本图书馆CIP数据核字(2020)第195395号

足够智慧的城市：恰当技术与城市未来

ZUGOU ZHIHUI DE CHENGSHI：QIADANG JISHU YU CHENGSHI WEILAI

著　　者：［美］本·格林(Ben Green)　　　译　　者：李丽梅

出版发行：上海交通大学出版社　　　　　　地　　址：上海市番禺路951号

邮政编码：200030　　　　　　　　　　　　电　　话：021‑64071208

印　　制：苏州市越洋印刷有限公司　　　　经　　销：全国新华书店

开　　本：880mm×1230mm　1/32　　　　　印　　张：8.875

字　　数：175千字

版　　次：2020年11月第1版　　　　　　　印　　次：2022年1月第2次印刷

书　　号：ISBN 978‑7‑313‑23694‑4

定　　价：58.00元

荐　序

　　《足够智慧的城市》是一位有着一线技术实践经验的专业数据科学家给热度持续升高的智慧城市发展开出的一味醒脑剂。智慧城市提供了一个感知城市生命体复杂脉动的更全面、更精准、更及时的新工具。但是，不应该把智慧城市作为最新的"炫技"玩具，更不要期望智慧城市技术能够一劳永逸地解决所有城市问题。

　　我以为社会各方面都应该来读一读本书。

　　城市管理者首先需要读此书。读此书有助于增强自信和能力，智慧城市建设首先是政策问题，而后才是技术问题。为此，第一，不要怯场。在政策层面，城市管理者的见识远胜于技术专家，不必因为与技术专家谈智慧城市建设就怯场，智慧城市的属性仍是城市，要遵循城市社会的运行逻辑而不是算法逻辑。第二，不要迷信。智慧城市只是一项工具，远不是一劳永逸地解决所有城市问题的万灵药。所以不要把公共政策决策简单化为技术性解决方案，尤其不要因为过度强化技术维度的智慧城市建设，而忽视了其他维度的城市工作或挤占其他维度的资源投入。第三，加强能力建设。智慧城市工具所提供的感知能力和巨量数据最终需要合格的人，特别是合格的行政专家，予以运用和解读。

技术专家应该读此书。即使到了物联网＋大数据＋机器学习时代，城市系统的复杂性仍是单纯技术解决方案难以完全掌控的，城市发展没有"简洁方案"。技术专家应注意：第一，要防止"唯技术论"，警惕将所有问题单纯看作技术问题来解决。就好比影片《摩登时代》中手持扳手的卓别林将所有六角形物体都看作螺帽，要来拧上一番。第二，不要以为数据"不撒谎"，数字技术也存在着"价值不中立"的隐患，很多偏见就存在于算法的预设条件中。应以更加包容性的思维，来听取社会公众的需求和汲取公共行政专家的经验。

实际上，每一位关注以及感受到数字技术洪流的市民都不妨来读一读此书。这本书将要告诉你的是：不要惧怕技术，不要担心落伍。任何一项智慧城市应用，如果你觉得不理解、不会用、不好用，很大程度上是技术的问题，而不是你的问题。你应该主张好自己的权利，越进步、越完善的技术应该是越用户友好的技术。更何况，相对于城市社会的复杂性，这项新"技术魔法"依然魔力有限。当然，技术进步的洪流不应被阻挡，也不可阻挡，每一个人应逐浪而行，驾驭好技术，也就掌握好了自己的未来、城市的未来。

屠启宇
上海社会科学院城市与人口发展研究所研究员
上海市软科学研究基地"创新型城市发展战略研究中心"
首席专家

序　言

　　"智慧城市"时代即将来临！但是我们却不了解其真
正意义。至少，现在还不知道。

　　　　　　　　　——《波士顿智慧城市规划手册》(2016)

　　2014—2018 年期间，作为波士顿首席信息官，我参加了许
多公司营销"智慧城市"技术的推介活动。其中一次令人难忘
的推介来自两家财富 500 强公司，它们合作提供一种连接设
备，可以安装在路灯顶部，为波士顿成千上万个地点提供摄像
头、传感器和计算能力。

　　就像大多数智慧城市产品一样，它被定位为一个"平台"，
能够采集多种数据，再辅之以恰当的分析模型，就可以帮助我
们改善城市的方方面面，从交通流量到公共安全，再到城市服
务效率。

　　当时有一位同事询问组装供应商这项技术是否在实践中

实现了这些好处。对此，其中一位公司部门负责人热情回应：
"这正是此项技术令人激动之处——我们为您提供平台和数据，而您要找出所有能从中获得价值的方法。"当我们问及价格时，问题就来了。我们得知该产品仅年度服务费用就几乎与波士顿除雪和垃圾收集的成本相当。我绝不会把这个提案递交到市长办公室。

这一经历显示了智慧城市界普遍存在的分歧。公司看到了可能性（特别是钱），而政府部门工作人员看到的则是艰难的财务权衡以及将技术转化为真正的公共价值的复杂途径。此外，它显示了人们看待城市面临挑战所存在的根本差异。对技术专家而言，城市是一系列简单的优化问题的集合，数据越多，计算能力越强，就越有助于解决问题——谁会反对改善交通流量、提高服务效率呢？

但是对于城市一线工作人员而言，"更好"和"更有效率"之类的词仅仅是冰山一角，冰山之下是城市与居民之间相互竞争的利益和相互冲突的价值观。即使像改善交通流量这样简单的概念也会迅速分化为棘手的优先事项和视角问题：我们是否应该自动为驶近十字路口的公交车开启绿灯，即使这样会造成其他车辆通行放缓？将路边停车位改为优步（Uber）接送区对于零售企业是否公平？我们是否应该使用预测信号计时来加速机动交通，即使这样可能会降低步行者和骑车者的道路安全？这些都不是技术问题，再多的传感器数据也无法提供正确答案。

我曾经营一家自己创立的技术公司十年之久，然后进入波士顿市政府任职。很快我就发现，那些以"难道我们不能……"开头的句子往往以自取其辱而告终。花费数年时间解决某个问题经验丰富的过来人常常教导我，表面上看来似乎可以通过施展些技术魔法就能解决的问题，其核心是复杂的政治和结构挑战。忽视更深层的价值和权衡问题，而倾向于简化的解决主义方法，这是不少技术专家的盲点之一。

《足够智慧的城市》深入探讨了将技术解决方案应用于以人为中心的城市治理时所面临的机遇和挑战。本·格林既阐述了新技术给城市带来的不可思议的前景，同时也指明了实施新技术的复杂性及其引发的问题。他驳斥了许多智慧城市概念背后隐藏的技术中心论思维，并向我们展示了如何避免用看似简单的技术方案解决棘手问题的陷阱。

本·格林还基于自己在波士顿市政府的工作经历，为政府技术人员设想了一个新角色。本曾是我在波士顿创新与技术部门的一名数据科学家，当时他就创新的作用及其对城市居民带来的复杂影响提供了有益见解。无论是讨论公共无线网络还是人行道维修，他帮助城市将社区的价值和优先事项精心地融入振奋人心的新技术应用之中。在与各市政部门的实际工作中，他打破了表面优化和零权衡改进的虚假前景。

本具有精湛的数据科学技能，因而波士顿紧急医疗服务（Emergency Medical Services，EMS）向他求助，帮忙解决救护车响应时间变长的问题。本进行了深入调查。他分析了使用趋势、呼叫类型和救护车地理位置等数据，还与紧急医疗服务的领导和现场医护人员建立了关系，因为这同样很重要。本建议为行进中的救护车配备一名医护人员，既为病人提供相应服务，又可以提供影响救护车响应时间的因素的相关信息。辅以医护工作人员信息输入的数据建模产生了富有影响的洞见。

本展示了救护车的运力如何以及在哪些地方无法满足需求。经由深思熟虑的分析，本发现了改善紧急医疗服务模式的机会。大量救护车应急时间被非医疗紧急呼叫所占据，例如无家可归者、吸毒者，或两者兼而有之。急救人员成为事实上的社会服务提供者，虽然这是一项极为重要的职能，但是不应该由装备齐全的救护车上的医护人员来履行。

本提倡以人为本的协作方法，促成了紧急医疗服务社区援助队的成立，该援助队与药物滥用和外联社工合作，旨在帮助处于危机中的人获得社会服务。受过专门培训并具有相应资源的应急人员能够为他们提供更好的照护与支持，从而释放救护车队，使其可以全力应对需要医疗专业技能和设备的急救电话。

《足够智慧的城市》打破了虚张声势的城市创新者利用颠覆性技术的简单魔力重塑城市的神话。本书为那些以让城市更智慧为己任的人提供了警告和路线图。技术专家只有将精湛的技术、技能与精心的规划设计结合起来，并对城市生活的复杂性和矛盾性抱有深刻的理解能力，才能给城市带来巨大的积极影响。对于深信能够找到新办法解决长期存在的城市挑战的乐观者而言,本书不啻为一记振聋发聩的重锤之音,而且指出了一条深谋远虑的前进道路。

波士顿市前首席信息官

蓝州数码公司(Blue State Digital)联合创始人

雅舍·富兰克林-霍奇(Jascha Franklin-Hodge)

致　谢

本书得以出版，有许多人功不可没。

没有苏珊·克劳福德（Susan Crawford）的指导，本书不可能完成。苏珊第一个慧眼看穿我对机器学习和城市政策两者结合的兴趣，并认为这是一种财富。苏珊给予我极大的自主空间和责任。她对我的个人支持和经济资助亦是一份无与伦比的礼物。

我还要感谢其他几位导师，他们打开我的眼界，让我看到技术与城市政策涉及的各种问题，并帮助我发展批判的眼光：尤查·本克勒（Yochai Benkler）、朱利亚·弗里兰（Julia Freeland）、雷德·加尼（Rayid Ghani）、米歇尔·曼根（Michelle Mangan）、拉迪卡·纳格帕尔（Radhika Nagpal）、安德鲁·帕帕克里斯托斯（Andrew Papachristos）、托德·赖斯（Todd Reisz）、吉姆·特拉弗斯（Jim Travers）和米奇·韦斯（Mitch Weiss）。

哈佛大学的伯克曼·克莱因互联网与社会研究中心一直是友谊和灵感的枢纽，我很荣幸能够成为这个非凡团队的一员,我尤其感激那些帮助我开发项目和想法并最终完成本书的人:戴维·克鲁兹(David Cruz)、加布·坎宁安(Gabe Cunningham)、阿里尔·埃克布劳(Ariel Ekblaw)、保罗·科米纳斯(Paul Kominers)、安德鲁·林策(Andrew Linzer)、乔恩·默利(Jon Murley)、玛丽亚·史密斯(Maria Smith)、戴夫·塔尔博特(Dave Talbot)和韦德·沃纳(Waide Warner)。

我在波士顿创新与技术部门的工作经历深刻地塑造了我的成长,也是本书写作的主要背景。我非常感谢杰夫·利布曼(Jeff Liebman)给予我在那儿度过一年的难得机会。帕特丽夏·博伊尔·麦克纳(Patricia Boyle McKenna)、雅舍·富兰克林-霍奇(Jascha Franklin Hodge)、安德鲁·特利奥特(Andrew Therriault)都是了不起的领导,他们创造了服务和创新的氛围。还有其他众多出色的导师、同事和朋友,他们是:亚历克斯·陈(Alex Chen)、斯蒂芬妮·科斯塔-莱博(Stefanie Costa-Leabo)、伊莱贾·德拉坎帕(Elijah de la Campa)、克里斯·德韦利(Chris Dwelley)、约瑟夫·芬恩(Joseph Finn)、彼得·加农(Peter Ganong)、吉姆·胡利(Jim Hooley)、奈杰尔·雅各布(Nigel Jacob)、拉曼代普·乔森(Ramandeep Josen)、凯拉·拉金(Kayla Larkin)、霍华德·利姆(Howard Lim)、萨姆·洛维森(Sam Lovison)、金姆·卢卡斯(Kim Lucas)、劳拉·梅勒(Laura Melle)、克里斯·奥斯古德(Chris Osgood)、凯拉·帕特尔(Kayla Patel)、珍·路易斯·罗切特(Jean-Louis Rochet)、路易斯·萨诺-埃斯皮诺萨(Luis Sano-Espinosa)、安妮·施维格(Anne Schwieger)、史蒂夫·斯蒂芬诺(Steve Stephanou)、安妮·沃尔什（Anne Schwieger）、史蒂夫·沃尔特（Steve Walter）和所有的实习生。

斯坦福大学的互联网与社会研究中心是一个绝佳的夏季写作避世之地。感谢那里的每一个人，特别是阿尔·吉达里（Al Gidari），感谢你们友好热情的接待。

出色的编辑大卫·温伯格（David Weinberger）帮助我将一个想法的粗略雏形变成了一个完整的书籍大纲。他敦促我磨炼论点，并有效将其表达出来。如果没有他周到的帮助，这个项目永远不可能启动。

与麻省理工学院出版社整个团队的合作非常愉快。我深深感激吉塔·曼纳克塔拉（Gita Manaktala），她愿意给一个未经考验的年轻作家一个机会，并给予坚定的支持。感谢三位匿名审稿人建设性的反馈意见，让我重新认识这本书的贡献和局限。爱丽丝·福尔克（Alice Falk）对本书进行了极为专业细致的润稿编辑。

经过两位优秀编辑缜密的评议和修改，本书得以大大改进。克洛伊·福克斯（Chloe Fox）帮我编织有意义的叙事，并教我如何组织本书结构。塞伦·芬利森（Ciarán Finlayson）精辟的评论让我的论述更为鲜明。在他们的帮助下，我才能够将初稿打磨成一本真正的图书。

我受益于几位自愿花时间审阅本书草稿的朋友：瓦龙·巴什亚卡（Varoon Bashyakarla）、埃文·格林（Evan Green）、本·伦珀特（Ben Lempert）、罗伯特·曼杜卡（Robert Manduca）和德鲁·奥林格（Drew Ohringer）。扎克·韦尔温

（Zach Wehrwein）向我推介了不少书籍和观点，为本书打下了知识基础。

我的父母，珍妮·阿特舒勒（Jenny Altshuler）和巴里·格林（Barry Green）一直是我最伟大的老师和支持者。无论是度假还是开车送我上学，他们都不会错过任何一个展示教育价值的机会。我跨学科的学习方法即源于他们终生学习的榜样。通过旅行和蜿蜒的漫步，他们从小就向我灌输了对城市的热爱。

最后，我要感谢我的好伴侣，萨洛梅·维尔琼（Salomé Viljoen）。她的指纹遍布全书，从知识框架到句子结构，再到书的完成。在我无数个漫长夜晚和周末的写作中，她一直保持无比的耐心和支持，更不消说我让她无数次地阅读并修改书稿。这本书即为对她爱的明证。

目　录

第一章

智慧城市：即将来临的新时代

2016 年,《波士顿环球报》刊登了一篇报道,文章标题说出了世界各地城市司机的梦想和心声:"再见,交通信号灯。"[1]不,波士顿并没有突然拆除城市里的任何交通信号灯。但如此变化似乎近在咫尺:麻省理工学院的研究者已经设计出新的"智能交叉路口"[2],它可以让迎面而来的自动驾驶汽车无缝汇合,无须停顿地流畅驶过交叉路口[3]。这项新技术一旦得到应用,交通堵塞将成为历史。对于未来街道的模拟演示似乎预示着一个新时代的来临,先进技术将缓解长期困扰城市的种种问题。

但是,麻省理工学院设计的数学模型和模拟之中缺少了一样东西——人。除了车流之外,他们的城市街道没有任何生命迹象。更耐人寻味的是,模型中央的交叉路口恰好是波士顿市中心最繁忙的行人和交通要道,同时也是全美最适合步行的地方之一[4]。没有人喜欢交通堵塞,但是如果消除拥堵需要把人赶出街道,那么我们准备要创建什么样的城市呢?

麻省理工学院的研究者既不是第一批,也不会是最后一批想象着技术进步会给城市带来无与伦比好处的人。每个提议听起来都很振奋人心,但是如果你对这些未来模型和乌托邦前景略知一二,一个更为不祥的故事将开始浮出水面。

例如"预测警务",一种分析历史犯罪模式的机器学习算法,用于预测下一次犯罪何时何地发生。许多人认为,利用这些信息,警察就可以有效预防犯罪,社区会变得更安全。这些算法似乎为最大限度地使用有限的警察资源提供了客观科学的方法。过去十年,美国各地的警察部门纷纷采用预测警务软件,其中一位警察局长盛赞该软件有助于"我们打击犯罪时变得更智慧"[5]。

但是,这些算法也有黑暗的一面:指导它们预测的信息充满了种族偏见。这些数据并不代表每一起犯罪发生的客观现实,而是表明警察发现和起诉犯罪的地点——这些信息反映了警察对待不同社区的迥异做法。由于依赖有偏见的数据,预测警务软件高估了少数族裔社区的犯罪率,却低估了白人社区的犯罪率。根据这些预测行事会进一步加剧现有的警务偏见。没有人希望犯罪,但是如果预防犯罪意味着持续歧视性警务,那么我们准备创建什么样的城市呢?

再讲一个故事。2016 年,纽约市用数字信息亭取代了数以千计的付费电话亭,创建了世界上最大最快的免费公共无线网络[6]。数字信息亭被命名为"LinkNYC(连接纽约市)",还提供免费的国内电话、USB 充电端口和交互式地图。更值得称道的是,LinkNYC 项目没有花费纽约市政府一分钱。

LinkNYC 项目部署强调每一座城市普及高速互联网接入的必要性。

然而，这种新技术同样带有警告的讯号。LinkNYC 项目不是纽约市政府管理的公共服务。相反，它由谷歌母公司Alphabet 旗下的智慧城市子公司人行道实验室（Sidewalk Labs）所有和运营。因此，数字信息亭的实际资金来源应该不足为奇了：人行道实验室收集每一位使用服务的用户的数据，以便发送有针对性的广告。因此，连接到公共无线网络的代价是向私人公司提供关于你的位置和行为的个人数据。每个人都渴望更好的公共服务，但是如果提供这些服务需要在整个市中心建立公司监控节点，我们准备创建什么样的城市呢？

前述每一个故事最终都指向一种即将来临的新型城市，即由新技术所创造的"智慧城市"。本书讲述了为什么智慧城市应用技术往往会产生不良后果，以及我们必须怎样做才能确保技术有助于创造一个更加公正和公平的城市未来。

* * *

新技术的发展使过去难以想象的能力成为今日常规，城市似乎正处于革命性突破的边缘。我们被承诺这些技术以及它们帮助创造的"智慧城市"所带来的好处将是翻天覆地的。日常物品将被植入传感器，用于监测周围的世界。机器学习算法将利用这些数据在事情发生之前做出预测，优化市政服务，提高效率和便利性。通过应用程序、算法和人工智能，新技术将缓解交通拥堵、改善民主、防止犯罪，并提供免费公共服务。智慧城市将是我们的梦想之城。

从大型科技公司到奥巴马政府,再到全国都市联盟[7],智慧城市获得了广泛支持,并已成为未来市政管理的共同愿景。2016 年一项对美国 54 个城市的调查发现,它们已经集体实施或规划了近 800 个智慧城市项目[8]。

科技公司思科的首席执行官和副总裁如此描述我们的发展方向:"根据定义,智慧城市是指将信息通信技术整合到三个或更多功能领域的城市。简而言之,智慧城市是将传统基础设施(如道路、建筑等)与技术相结合,从而丰富市民生活的城市。"[9]

这种一般性的描述——将数据和技术应用于传统的事物或者过程之中,从而提高效率和便利性——已经定义了在城市或其他地方"智慧化"的基本含义。正是在这个意义上,我把智慧城市作为一个专业术语来使用,贯穿全书。

然而,智慧城市的前景是虚幻的。其欺骗性正是源于其定义,过于强调技术的力量和重要性。请注意思科是如何将城市进步完全建立在技术的应用之上。同样,这也是前述智能交叉路口、预测警务和 LinkNYC 等(本书后面还会谈到这些例子)智慧城市项目之所以暗含危险的原因。正如我们将要看到的,智慧城市的问题不仅在于技术无法带来所承诺的益处,而且在于通过部署技术实现智慧城市目标的尝试往往会扭曲和加剧本应解决的问题。

尽管被描绘成乌托邦,但智慧城市实际上代表了一种极端短视地把城市等同于技术问题的概念重构。按照这种观念重构城市生活和城市治理的基础,将会导致城市表面上很智慧，但实质上充满了不公正和不平等。智慧城市可能变为如此之地：自动驾驶汽车在市中心横冲直撞，驱赶行人，公民参与仅限于通过应用程序请求服务，警察使用算法合理化并持续种族主义的执法行为，政府和公司监控公共空间，从而控制人们的行为。

　　尽管技术可以成为促进社会变革的宝贵工具，但是技术驱动社会进步的方法从一开始就注定只能带来有限的好处，甚至可能产生意想不到的负面后果。正如哲学家约翰·杜威（John Dewey）所写："（一个）问题提出的方式就决定了哪些具体建议可以接受，哪些则不行。"[10]社会学家布鲁诺·拉图尔（Bruno Latour）补充道："改变工具就会改变随之而来的整个社会理论。"[11]杜威和拉图尔的逻辑指明了智慧城市梦想所走向的歧途之处：当我们把每一个问题都视为技术问题，那么我们就只接受技术解决方案，而拒斥其他补救办法，最终导致对于城市能够和应该如何产生狭隘的认知和构想。

　　我把这种狭隘然而却极其普遍的视角称为"技术障目镜"。无论谁戴上这副技术障目镜，他们都会把城市生活的任何毛病视为技术问题，选择性地诊断那些技术能解决的问题。戴着技术障目镜的人把市民参与、城市设计、刑事司法相关的城市挑战视为效率低下的结果，而技术可以改善这些问题。他们闭眼不见源于社会和政治动态发展的所有障碍。因此，戴着技术障目镜的人相信每个问题的解决办法都可以变得"智能"——网络互联、数据驱动和算法依据——以追求效率和便捷的名义。而其他有意义的结果，例如改变政治权力、促进宜居环境等,则被技术迷们忽视了。

技术障目镜的根本问题在于解决复杂社会问题的简单方案基本不存在。城市设计师霍斯特·里特尔(Horst Rittel)和梅尔文·韦伯(Melvin Webber)把城市社会问题称为"棘手问题",这些问题太过复杂,并没有"价值中立、对错答案之分",故而"谈论'最优解'没有意义"[12]。认为技术可以解决这些类型的问题——技术评论家叶夫根尼·莫罗佐夫(Evgeny Morozov)批评这种态度为"解决主义"[13],往好里说会误导人,往坏里说则是欺骗。

技术障目者不仅制造出用心良苦但却毫无效果的小发明,他们还会形成一种危险的意识形态,危及整个社会。我把

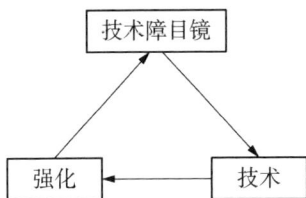

图1.1　技术障目循环

这一过程称为"技术障目循环",技术障目者按照技术逻辑扭曲行为、优先级和政策。该循环分三个阶段(见图1.1)。首先,技术障目者建立起这样一种认知,即每一个问题都可以而且应该用技术来解决。这一观点引导个人、公司和政府开发和采用旨在提高社会效率和"智能"的新技术。随着城市政府和居民使用这种技术,他们的行为、信念和政策均被这些工具里包含的误导性假设和优先级所塑造,从而强化了技术障目者的观点,支持了他们想象中技术的形塑。通过这一过程,不基于技术的替代目标和远景变得更加难以识别和实施。技术障目者的观点逐渐成为我们的现实。

政治内嵌于这些技术之中，并引发社会变革，因为技术并非纯粹中立的工具。正如哲学家兰登·温纳（Langdon Winner）在《鲸鱼与反应堆》（*The Whale and the Reactor*）一书里解释的，技术"体现了权力和权威的具体形式"。温纳进一步补充："技术创新类似于建立公共秩序框架的立法法案或政治创建，这种公共秩序将持续影响几代人。出于这一原因，正如人们给予政治规则、政治角色和政治关系高度关注那样，人们应该高度关注诸如修建高速公路、建设电视网络和在新机器上调试看似无关紧要的功能特征等技术。导致社会中人民分裂或团结的问题，不仅在政治实体的制度和实践中得以解决，而且在钢铁和混凝土、电线和半导体、螺母和螺栓的有形安排上得以解决，尽管后者不那么明显。"[14]

城市无法通过采用更新更高效的技术来逃避与价值观和政治斗争的需要。我们开发和部署智慧城市技术的方式将产生广泛的政治后果：谁获得了政治影响力，社区如何维持治安，谁失去了隐私。然而技术障目镜促使它们的信徒把复杂、规范和永恒对抗的政治决策简化为客观的技术性解决方案。通过把城市问题概念化为技术问题，智慧城市理论家忽视了这些问题的规范性和政治要素。他们根据技术标准（例如效率）评估解决办法，而忽视了更广泛的后果。

最早、最强烈批判智慧城市的亚当·格林菲尔德（Adam Greenfield）在其 2013 年出版的《反对智慧城市》（*Against the Smart City*）一书中解释道，如此想法"实际上是认为对于每一个确定的个体或集体的人类需求，有且只有一个普遍的、超验正确的解决办法；该解决办法可以经由具有适当输入的技术系统运行以算法方式实现；这种解决办法可以毫无失真地编码到公共政策中"[15]。

这种逻辑使智慧城市看起来似乎价值中立、普遍受益，是唯一合理的前进道路。思科城市创新团队如此解释："争论不再是为什么智慧城市倡议对于城市是有益的或者做什么（有哪些选项可选），而是如何实施智慧城市的基础设施和服务。"[16] IBM 前任董事长和前首席执行官彭明盛（Samuel Palmisano）在 2011 年里约热内卢的智慧城市论坛上表达了类似立场："想一想，运输系统的意识形态是什么？能源网络的呢？城市食物或者供水系统呢？……如果更智能城市系统的领导确实共享一个意识形态，那就是'我们相信一个更智能的做事方式'。"[17] 如此的描述表明关于追求怎样的城市，社会已经达成一个共识，或者可以简单假设如是共识的存在。对于技术专家而言，提高效率的好处显而易见，智慧城市超越了政治和社会争辩，使之过时。

当然，非常明显，诸如运输和供水的城市系统承载着某种意识形态。20 世纪的黑人社区，曾经历过小区被拆迁，为兴建连接市区和白人郊区的高速公路让路[18]。又如，2014 年密歇根州政府为了省钱而改变城市水源，结果导致弗林特市（Flint）的大多数黑人和贫困居民铅中毒[19]。温纳曾讲过一个著名的案例，描述罗伯特·摩西（Robert Moses）如何故意将长岛的立交桥设计得异常低矮，以此来阻止纽约的穷人和少数族裔(他们大多乘坐公共汽车而不是私家车)到达他珍视的海滩[20]。

但在处理定量和技术方法时,这种客观性幻想是一个常见的谬误。"基于数字做出的决定至少看起来是公正客观的,"历史学家西奥多·波特(Theodore Porter)解释道,"量化是看似没做决定而做出决定的一种方式。"[21]

这种为社会问题追求客观的技术性解决方案的"塞壬之歌①"非常危险,尤其是应对智慧城市如此强势的技术。相信这种答案存在的理念会导致我们低估技术的社会和政治影响。阻止合理的政治辩论和中立假定往往会导致维持现状,从而阻碍更为系统的改革。

本书旨在揭露智慧城市背后的政治,阐明技术影响城市治理的方方面面。智慧城市的描述暗示技术会遵循一条必然的道路,只能采取一种特定的形式,并且是社会和政治进步的主要驱动力——这种常见的态度,即为"技术决定论"。技术障目者认为采用更新、更快、更精细的技术是改善城市的唯一途径。技术专家不去质疑技术应该如何设计以及技术应该支持什么样的社会后果,而是把智慧城市作为唯一可能的和有吸引力的城市未来呈现给我们。

但是技术并非是必然的道路。我们在技术设计中嵌入价值标准并进行相应开发以实现特定的结果,从而塑造技术。

---

① 塞壬是希腊神话中人首鸟身的海上女妖,她们用天籁般的歌喉使过往的水手失神,导致航船触礁沉没,塞壬之歌形容极有诱惑性但又暗含危险的事物。——译者注

允许社会由技术构成，从而赋予那些设计和使用技术的人一种微妙而强大的力量，但我们必须对这些工具中嵌入的价值标准以及由谁来选择它们持批评态度。例如，许多技术旨在通过提高效率来解决社会问题，但这并不意味着技术价值中立。效率是一个规范性目标，它以损害他人利益为代价支持特定的原则和结果，通常会改变社会地位和资源分配的方式。确定哪些原则在提高效率时至关重要，或者，确定提高何者的效率——这正是思科认为已经解决而不予理会的问题——本质上是一个政治任务，需要在互相竞争的规范性愿景之间进行调解。正如哲学家马歇尔·伯曼（Marshall Berman）所恳求的那样："当我们遇到类似成功/失败的分类时……我们需要问——依据什么标准？依据谁的标准？为了什么目的？为了谁的利益？"[22]

在前述讨论的交通优化案例中，自动驾驶车辆的有效流动可能意味着城市街道上的行人和骑车者被边缘化，因为他们的存在会妨碍交通。同样，强调公民参与的效率可能会使城市政府成为某种客户服务机构，优先考虑相对肤浅的公民需求而不是更实质性的需求，从而加剧不平等。当分析这些和其他智慧城市项目时，我们将反复看到效率如何带着客观和社会最优的表象，但实际上却会产生意想不到的和不公正的影响。

我们还通过技术提供的能力来选择支持何种实践和优先事项，从而将社会和政治价值观投射到技术上。随着技术不断融入社会和政治机构，其影响取决于其中的价值标准和实践。例如,即使预测警务算法能够做出准确且无偏见的犯罪预测,这种功能仍然不能决定我们如何使用这些预测。无论其技术特征如何,我们选择派遣警察前往假定的犯罪热点的做法,使这些算法注定会加剧当前刑事司法系统的歧视性做法和政策,但是这种选择以及犯罪预测的影响并非不可避免:某些城市正在使用类似算法,通过识别有监禁风险的个人,前瞻性地向他们提供社会服务以使他们远离监狱,从而提高社会正义。换句话说,无论我们的技术有多先进,我们永远都无法逃避决定如何使用它的规范性和政治性任务。

此外,技术的设计和政治结构可能产生与其名义功能无关的社会影响。LinkNYC的问题不在于设定的技术应用——免费的公共无线网络是每个城市都应提供的服务,而在于该服务的实现方式——它通过收集和货币化公众数据从而得到资金。同样,地方政府也越来越依赖算法的输出做出重要决策(例如刑事被告判决和分配学生入学)。然而,尽管这些算法可能会带来改变命运的决策,但城市通常很少告知公众甚至隐瞒这些算法的开发和工作方式。即便这些算法能够提高某些决策的准确性,但同时它们还导致了无法解释的黑箱城市的形成。但是,只要我们能够理解人民的政治意愿,同样的技术能力完全可以通过更为民主的架构来实现。

最后,有许多非技术因素会限制技术的影响,并阻止其产生通过技术障目镜所看到的预期结果。例如,许多人相信通信技术的进步将促使一个政治参与和对话的新时代的到来,但是这些梦想并没有实现,因为民主决策和公民参与的根本限制并不在于信息或对话的效率低下,而在于权力、政治和公众动机。同样,如果使用或管理不当,即使是具有潜在价值的技术也可能无法取得预期成效。与智慧城市拥护者所说的神话相反,技术本身无法创造任何价值,必须深谋远虑地将其融入城市治理结构之中。

　　本书将包含许多技术狂热分子未能准确预测技术影响的例子,这些失败是由于忽视了社会和政治问题的众多决定因素而造成。技术当然可以改变社会和政治条件,但同时技术也依赖于这些条件——的确,技术的影响很大程度上取决于其实施的环境和方式。

　　因此,技术决定论使我们对技术导致的所有可能结果视而不见,从而扭曲了在城市应用技术的辩论。当赋予技术以能动性时,我们却放弃了自己着手制定未来世界的愿景的能动性。假定技术发展的单一路径反而导致我们陷入无意义、非黑即白的辩论之中,赞成采纳新技术的人被视为具有创新性,而反对新技术的人则被视作卢德分子①。

　　如此这般,智慧城市通过树立一个对立的"愚蠢城市",从而提升自身吸引力。"愚蠢城市"指那些顽固拒绝新技术,并坚持陈旧和低效实践的城市。技术迷们提出智慧城市解决方案,作为对"愚蠢城市"的必要改进,完全不去分析技术的社会

---

① 卢德分子,或卢德主义者(Luddite)指 19 世纪英国民间反对纺织工业化、破坏机器的社会运动者。据传是一个名叫内德·卢德的人领导了这场运动,他被称为卢德将军或卢德王。后人把反对任何新科技的人称为卢德分子。——译者注

影响,也不考虑替代设计方案。智慧城市建立在错误二分法的基础之上,使我们对技术和社会变革的广泛可能性闭目塞听。于是,我们陷入了一个无意义、同义反复的问题,即智慧城市优于愚蠢城市吗? 反而不去辩论一个更为根本的问题,即智慧城市代表了最能促进民主、正义与平等的城市未来吗?

* * *

我认为答案是否定的,我们的基本任务是反对技术障目镜的逻辑,并运用我们的能动性去追求另一种愿景——"足够智慧的城市"。这是一种不受技术障目镜影响的城市,在其中技术是一种满足城市居民需求的有力工具,与其他形式的创新和社会变革互相配合,技术本身不具备价值,也并非包治百病的灵丹妙药。足够智慧的城市不会把城市视为优化的对象,而是把政策目标放在首位,认识到人和制度的复杂性,从整体上考虑如何更好地满足他们的需求。

在审视智慧城市的同时,我们还将读到一些关于足够智慧的城市的励志故事,它们利用技术为居民创造持久的利益。这些率先实行足够智慧的城市的先行者们并非解锁了一种特殊的新应用程序或者算法。先行者不是一味要变得"智慧",也不盲目追求效率和连接性,而是认识到城市只需"足够智慧"即可推进社会政策目标。

本书探讨的足够智慧的城市具有几个共同属性。首先,技术只有在与其他形式的创新结合使用时,才能产生最为深远的影响。智慧城市应用技术来提高现有流程和程序的效率,却很少甚至完全没有批判地评估这些流程和程序能否很好地满足城市居民的需求,改善城市即意味着改善城市的技术。与之对照,足够智慧的城市认识到社会问题不仅仅根源于技术的局限性,因而采用多种方法(包括但不限于技术)去改善这些问题。

通过这些故事,我们将了解足够智慧的城市的思想、新项目和新政策如何深思熟虑地改革既有做法,从而产生主要收益。技术是强化这些新方法的关键工具,但是缺乏这些新方法,单靠技术本身无法带来多少收益。例如,我们将分析西雅图如何与社会服务提供方重构合同,并且更明确地定义其目标,从而改善对无家可归者的社会服务。尽管西雅图也获得了有用数据去指导资源分配方式,但其最重要的创新是开发了一种与本地组织合作的新方法。两者相互配合,数据与合同改革共同产生的影响远远大于单独一方所能取得的成效。

足够智慧的城市的另一个基本属性是,通过支持技术的应用,并对制度和运营进行改革,从而释放技术的价值。智慧城市的愿景往往假定技术是在真空中运行的,成功的关键在于拥有最好的工具或最多的信息。与之相反,足够智慧的城市敏锐认识到政府应用技术时有着诸多非技术的障碍,除非深谋远虑地将技术融入市政结构和实践之中,否则技术几乎不会产生什么影响。我们将读到堪萨斯州约翰逊县(Johnson County)如何创建数据共享流程,而这对于保障患有精神疾病的人免于牢狱之虞至关重要,纽约市和旧金山如何制定质量标准和培训课程,帮助市政工作人员使用数据,以及芝加哥和西雅图如何建立治理结构,以确保负责任地使用新技术而不会侵犯个人隐私。受技术障目者影响而写就的头条新闻可能会过度宣扬技术的力量，但实际上，技术影响极大地取决于官僚体制（尽管毫无吸引力）的创新和支持。

"足够智慧"的理念可能会让一些人觉得震惊，认为我们将目标设定得太低，仅仅满足于"足够好"。但实际上，与智慧城市相比，足够智慧的城市原则更富有雄心，目标更难实现。与解决棘手的城市社会和政治挑战相比，解决诸如预测犯罪和部署无线网络等纯粹技术问题显得微不足道。殚精竭虑融合技术与非技术的方法以促进民主平等的城市是所有人的最大愿望，我们必须不断努力以求实现这一愿景。

＊　＊　＊

本书是关于城市未来的战斗。智慧城市可能代表着下一个重大城市转型，今天的数字技术扮演着历史上火车、电力和汽车曾经扮演过的角色。但是未来的革命并非主要是技术革命，我们将会看到，许多智慧城市技术远未实现其承诺的效益。我们必须审视智慧城市，因为通过技术应用，我们将回答21世纪城市最根本的一些社会政治问题：城市设计应该优先考虑谁的需求？政府与其选民之间的理想关系是什么样的？社会应该如何应对犯罪？在与政府和公司的关系中，个人应该有多大自主权？换句话说，智慧城市革命性改变城市生活，将是通过变革城市政治和权力格局，而不是通过创造任何形式的技术乌托邦来实现。

记住这一点，我们将展开穿越市政大厅、科技公司、警察部门和城市社区的旅程，揭示智慧城市带来的风险，并探讨为什么一个替代性的方法既是必要的，又是可能的。我们将分析那些遵循足够智慧的城市原则的城市政府，如何支持和推动改善居民福祉的政策和项目。通过对比讨论城市技术应用成功和失败的案例，本书将提出缓解技术应用引发城市问题的策略以及避免无效和不正当使用技术的策略。

尽管智慧城市涉及全球众多部门，但我的主要关注点在于美国城市政府如何应用和管理新技术。原因有二：首先是出于自身能力的限制。我曾在纽黑文和波士顿市政府工作过（并与孟菲斯、旧金山和西雅图等其他市政府密切合作过），就如何采纳、管理和使用技术的最佳实践提供建议。尽管我偶尔会在国外寻找经验教训和平行发展的案例（实际上，我们的第一个故事来自多伦多），但我的经验仅限于美国城市所处的特定法律和政策环境。

其次，地方政府在决定新技术所产生的社会成果方面正扮演着一种新的重要角色，因此迫切需要深入分析城市政府如何使用和控制技术。城市政府负责制定诸多有关如何应用新技术的深具影响力的决策。对于大多数城市政府而言，这是一个陌生的全新领域，尽管我们对城市技术的认识尚处于发展阶段，但城市政府现在必须做出正确决策。我们今天做出的决策将决定下一世纪的社会政治状况。随着人口日益城市化，我们深思熟虑地评估对于城市的希望和规划比以往任何时候都更为重要。

本书不仅面向市政官员，更面向所有城市居民。他们既是新技术的受益者，也是新技术的受害者，他们理应要求地方政府对利用技术推动公平城市进步而负责。我希望本书总结的经验能超越有限的个人经验范围，并对世界各地的社会活动家、技术专家和政府有所裨益。

本书的结构反映了我们对未来城市生活的愿景所需要的转变。第一章的主题"智慧城市"是今天流行的梦想，因此也是我们的出发点。在随后的每一章中，我们将讨论与智慧城市相冲突但仍可借助技术实现的替代性城市愿景——宜居之城、民主之城、正义之城、负责之城和创新之城。每一章将逐步深入论述技术如何影响社会以及为什么城市在追求新技术时仍然需要关注政策、制度和人。各章将共同论述为什么城市必须努力做到"足够智慧"，而不是盲目的"智慧"，从而将技术重新定位为改善城市的手段，而不是目标本身。最后，我们将综合众多经验，提炼出一个大胆的新愿景——足够智慧的城市。

本书的根本问题不在于支持还是反对创新，支持还是反对技术，而是如何促进最有益于城市居民的创新和进步。人们可能会反对实施某种特定技术，但不反对一般意义上的新技术开发和应用。因为进步不仅仅是采纳新技术，进步还意味着调整政策和实践，从而实现一个更包容更民主的城市。经过深思熟虑的设计，技术可以成为推动这种进步的无比强大的潜在工具。但如果设计马虎或设计不当，技术可能会妨碍进步甚至脱离进步轨道。

因此，本书对智慧城市的批判在于智慧城市究其根本是技术至上的，我坚信技术可以改善城市治理和城市生活。正是出于这种乐观主义,我才感到紧迫性而写作本书,因为我看到现实中我们距离一个可能实现且更为理想的城市未来还很遥远。

为了使技术实现其可能带来的积极影响,我们必须摒弃智能的幼稚梦想,而应将技术融入整体的社会政治视野。我们必须脱掉技术障目镜,并宣告智慧城市不是我们所需要的。实际上,智慧城市分散了我们对真正需要的城市的关注——宜居、民主、正义、负责和创新的城市。技术可以帮助我们把这样的城市从梦想变成现实,但前提是我们必须思考很少有人对智慧城市提出的批判性问题——足够智慧是为了什么?

第二章

宜居之城：新技术的局限与危险

2014 年，史蒂夫·巴克利（Steve Buckley）第一次看到谷歌自动驾驶汽车的照片，他开始紧张地思考其未来[1]。巴克利一生都"对在这个国家迁徙是如此容易而着迷"。13 岁的时候，巴克利已经去过美国的 49 个州。巴克利追随自己对旅行的热情，投身于交通服务行业。他先是在宾夕法尼亚和马里兰设计高速公路，然后在费城担任交通运输局副局长，现在担任加拿大多伦多市交通服务局总经理。尽管巴克利这些年一直在关注自动驾驶汽车的发展，但他"一直对此持怀疑态度"，他认为技术挑战之大"难以逾越"。

但是当巴克利看到谷歌自动驾驶汽车的照片时，他意识到自动驾驶汽车将驶向多伦多及其他每一个城市，并且将改变城市生活。"很明显，这不仅仅是一个交通问题。"巴克利说，"如果谷歌晚上悄悄在我们的街道上投放 1 万辆自动驾驶汽车会怎么样？我们应该怎么办？"

巴克利对于新交通技术的颠覆性潜力并不陌生。2014

年,他正在评估如何应对随需应变的交通服务公司优步,当时优步违反了当地法规开始在多伦多运营。像大多数城市一样,多伦多尚未制定任何评估、管理或监管优步的计划。鉴于优步利用技术提供交通服务的新颖方式,多伦多不确定市政府能够且应该执行何种法规。因此,随着优步业务的迅速扩展,多伦多在奋力追赶。

巴克利在多伦多市交通服务局的同事瑞安·蓝侬(Ryan Lanyon)看到了优步带来的革命,并意识到"自动驾驶汽车可能在更大范围内成为一种颠覆性力量"。当自动驾驶汽车开始部署时,蓝侬说:"我们不能还是同样的反应。我们真的需要抢先一步。"[2]

于是巴克利和蓝侬在 2016 年成立了自动驾驶汽车工作组,向部门负责人和市政工作人员宣传关于自动驾驶汽车的潜在影响。他们从一个看似简单的问题开始——汽车自动化对多伦多意味着什么? 他们发现人们普遍持乐观态度,认为自动驾驶汽车对改善城市有着近乎无限的前景。

首先,汽车自动化可以显著提高机动车的安全性。2015年,美国发生的交通事故使将近 250 万人受伤,超过 3.5 万人死亡。其中 94％的交通事故由人为失误造成——2015 年将近三分之一的交通死亡事故与酒后驾车有关,另外 10％的死亡事故则由分心驾驶造成[3]。而自动驾驶汽车承诺可以消除可怕的驾驶危险——不会醉酒、分心或疲劳。美国伊诺交通中心(Eno Center for Transportation)的一项分析发现,如果美国 90％的汽车都是自动驾驶,那么每年将减少 420 万起交通事故，并减少 2.17 万起交通死亡事故，相当于每天挽救 60 条生命[4]。

其次，自动驾驶汽车还可以迅速提高行车速度。与人类驾驶员相比，自动驾驶汽车具有更高的感知度、连接性和反应性，无须加大行车间距即可实现高速行驶。伊诺交通中心估计，如果自动驾驶汽车的普及率达到 90%，那么道路通行能力将增加一倍，拥堵率可下降 60%[5]。一家主流汽车零部件制造商的首席技术官宣称："如果每辆车之间可以互相交流，那么交通将变得极为顺畅，再也不会拥堵了。"[6] 自动驾驶汽车将极大地改善交通拥堵问题，以至于城市设计师金德·鲍姆加德纳（Kinder Baumgardner）将其称为"千里眼汽车"[7]。

自动驾驶汽车感知度的提高及其与城市基础设施通信能力的增强甚至可能使城市从此摆脱城市交通不可磨灭的符号——红灯。"想象一个没有交通信号灯的城市，汽车和谐地在车道之间穿梭，交叉路口的交通无比顺畅。这一未来愿景正在成为现实。"麻省理工学院可感知城市实验室（The Senseable City Lab）如是描绘[8]。麻省理工学院的研究者认为，用智能交叉路口取代传统交叉路口，如同把过去城市交通的"自然瓶颈"变成"乐团指挥"，城市街道的通行能力将翻倍，交通延误也显著减少[9]。

自动驾驶汽车还可以促使城市设计转型。鲍姆加德纳预测："随着速度提高，所需车道将会减少，许多高速公路车道将被淘汰。"[10]更激动人心的是,自动驾驶汽车将大大减少城市停车需求。随着汽车实现自动驾驶,或许不再需要将汽车整天停放在市中心的马路边或停车场。相反,自动驾驶汽车可以在办公室门口放下乘客,然后离开去接另一位乘客,或者将自己停在不挡路的地方。奥迪城市未来计划的负责人表示:"停车场将被转移到室内或市中心之外,释放户外场地用于发展公共空间。"[11]

自动驾驶汽车另一个好处是可以减轻人们的驾驶负担,为目前缺乏交通工具或驾驶能力的广大群体提供富有希望的机动性。驾照不再是老年人、残疾人和儿童的出行障碍。例如,2017 年的一份报告认为,自动驾驶汽车可以帮助 200 万残疾人通勤工作和 430 万人获得医疗服务[12]。此外,由于人们不再负责驾驶,因此在车上的时间可用于其他目的。早上通勤可以成为回复电子邮件、阅读新闻或看电视的时机。

鉴于所有这些预期的好处,人们对自动驾驶汽车将如何改善城市持极度乐观态度。2013 年,摩根士丹利(Morgan Stanley)曾报道称,到 2030 年自动驾驶汽车可能无处不在,未来的世界将成为一个"乌托邦社会"[13]。

这听起来非常神奇,但其实以前我们也曾听过类似承诺。20 世纪 30 年代设想的"汽车时代"是一个"没有事故、没有拥堵、没有延误的汽车时代"[14]。1939 年在纽约举行的世界博览会的重头戏莫过于通用汽车赞助的名为"未来世界"的"仙境",预言了"更高效"的"现代交通系统"可以"消除交通拥堵"，创造"更美好的生活"[15]。

对于城市交通问题，我们一直在等待新技术提供解决方案。正如20世纪的城市是按照"未来世界"的想象重新建设，反而导致了高速公路拥堵、行人和公共交通设施薄弱，所以，今天的城市可能会成为首先服务于优化自动驾驶汽车流程的所在。

当巴克利和蓝侬思考自动驾驶汽车对多伦多的潜在影响时，他们似乎陷入了无止境的问题和情景纠缠之中。的确，每个城市都面临着一项艰巨的任务，即确定未来的汽车将如何影响城市。但是，城市最重要的任务并不是预测技术的未来并满怀希望，而是深谋远虑地运用技术去塑造未来。

* * *

为了避免重蹈覆辙，避免陷入未来世界的陷阱，我们必须向历史学习。人们渴望并追求汽车时代的过程表明，过于相信技术能够解决社会问题是危险的，并显示我们今天为自动驾驶汽车时代来临做好准备的决策至关重要。

20世纪初，人们普遍认为街道是公共空间，有轨电车可以行驶，行人可以步行，孩子可以玩耍。20年代，当汽车被大量引入美国城市街道时，它们带来了混乱和冲突。可怕的事故震惊了公众。父母担心孩子的安全，市中心的商人担心交通拥堵会减少利润，警察早期在街上维持秩序的尝试徒劳无功。汽车似乎无法与行人、儿童和有轨电车和平共处。

历史学家彼得·诺顿（Peter Norton）在《与交通作斗争：美国城市汽车时代的黎明》（*Fighting Traffic：the Dawn of the*

Motor Age in the American City）一书中写道，汽车是城市街道既有平衡的"入侵者"。诺顿解释，作为一种"与旧街道用途不兼容"的新技术，汽车"违反了街道用途的主流观念"[16]。由此造成的不稳定导致了一段时期的"灵活解释"，有关汽车和街道的社会认知不断涌现[17]。司机、家庭、警察、商人和汽车制造商竞相界定如何使用汽车，以及谁对街道拥有合法的权利。

出于中立协调各方的需要，城市向工程师寻求解决方案。虽然管理城市街道具有争议性，但交通工程师被视为解决问题的"公正专家"[18]。因为他们"以科学方式进行（推论）"[19]，人们普遍相信，工程师能够设计出一种社会最优的客观解决方案。

过去几十年来，工程师展示了如何应用技术专长帮助城市有效管理过度负荷的水电公共事业。没有理由认为交通有什么不一样。对于工程师而言，诺顿写道："城市街道就像自来水供应、下水道或天然气管道，作为一种公共服务，需要专家从公共利益出发进行监管。"[20]工程师从管理其他公用事业的经验中总结出新方法（例如交通调查）。他们把交通流比作自来水流或污水流[21]，他们相信"交通的科学组织……可以立刻减少一半的交通拥堵"[22]。

这是本书有关技术障目镜的第一个案例，而这不过是本书众多案例的序曲。如同过去其他公用事业工作一样，交通工程师"坚信提高效率可造福所有人的逻辑"，诺顿写道："他们认为自己的任务是优化交通容量。"[23]因此，工程师开始根据模型方程来调整交通信号配时，力图最大限度地提高每条街道的汽车流量。

　　但是改善交通流量是有代价的，因为优化城市生活的某一方面，需要限制会阻碍其效率的其他方面。司机可能受益于最新的信号配时，汽车得以更快行驶，但是行人却发现这些变化使街道变得非常不友好。用 1926 年《芝加哥论坛报》一篇报道的话来说，穿越城市街道变成了"一连串的心脏狂跳、闪避和跳跃"[24]。

　　通过关注行车速度并忽略行人的需求与行为——行人被完全排除在模型的方程之外——交通工程师提高了交通流量，但是在此过程中，诺顿解释，"这有利于将街道重新定义为机动车道，而行人则不属于这个地方"。然后街道"被社会重建为毫无疑问属于汽车驾驶员的地方"[25]。通过这一被称为"闭合"的过程，引入汽车之后所产生的对街道的灵活解释达成了社会共识，即街道是为汽车而设计的，而妨碍道路的行人是令人头疼的"乱穿马路者"。

　　社会观念的这种转变为汽车工业自利的论点铺平了道路，即应该重新设计城市，优先考虑和促进汽车通行。交通拥堵不是因为汽车自身的空间利用率低下，而是因为街道空间不足。同样，汽车的危险被认为是行人的过错和街道老旧所致。

　　通过广告宣传和类似"未来世界"的比例模型，汽车制造商、石油公司以及其他从汽车和高速公路增长中获利的利益相关者，取得了大众对乌托邦汽车时代的支持，城市应该为汽车而重建[26]。这些利益群体运用他们新获得的力量换来大规模的政府投资。其中最引人瞩目的当属州际高速公路系统，该项目于 1956 年获得批准，它代表了当时世界历史上规模最大的国内公共工程项目[27]。直到最近几十年，城市设计的焦点重新从为汽车而设计转向为人而设计，许多以汽车为中心的设计才逐渐被扭转。

图 2.1　美国工业设计师诺曼·贝尔·格迪斯(Norman Bel Geddes)为 1939 年纽约世界博览会设计的"未来世界"展览。"未来世界"由通用汽车公司赞助，描绘了 1960 年的城市愿景，汽车相撞和交通拥堵将不复存在。

图片来源：诺曼·贝尔·格迪斯，《神奇的高速公路》(纽约：兰登书屋，1940)，第 240 页。

图片版权：伊迪斯·勒琴斯和诺曼·贝尔·格迪斯基金会。

专注于高效汽车行驶具有两个严重的缺陷，当我们今天开始着手规划自动驾驶汽车时，这两个缺陷同时浮出水面。如前所述，交通模型的第一个问题在于它们选择测量和忽略什么内容。尽管工程师竭尽全力评估汽车流量，但他们却甚少关注行人和骑车者的流量与安全以及公共交通问题。"当交通工程师说他们已经优化了交通信号灯时，这通常意味着他们为机动车驾驶者做出了优化。"一位交通工程师如此解释[28]。另一位交通工程师指出："（交通工程师使用的）标准软件 Synchro① 基于最小化汽车延迟，甚至不计算行人延迟。"[29]

由于大多数交通工程师致力于追求效率，而效率仅从汽车出行来定义，因此他们不去评估道路是否满足行人和公共交通乘客的需求。模型方程所遗漏的东西不仅会被忽略，甚至还会被贬损。拆除行人设施可以缓解交通拥堵问题，而行人、骑车者和其他人的损失并不会体现在模型中，因此无论从数量上和还是从科学上看，这种操作毋庸置疑会增进社会福祉。最终，工程师在设计城市拥堵的解决方案时，并没有考虑对人和社区的全面影响。

尽管一个明确将街道让位于汽车的规划会遭到强烈抵制，但是使用数学模型来提高城市街道的效率则在客观的外表下掩盖了这一根本转变。很少有人意识到，提高交通效率

---

① Synchro 是美国一款交通信号协调及配时设计软件，主要用于交叉路口信号配时优化。——译者注

可能会使某些群体受益,并以其他群体受损为代价。

交通模型的第二个主要缺陷可以用另一个历史教训加以说明。1936 年,纽约市大张旗鼓地建设大中央车站、跨区高速公路和劳雷尔顿公园大道。在纽约经历多年交通拥堵之后,纽约的总建造师罗伯特·摩西提出这些雄心勃勃的新项目,誓言为"后世几代人"解决纽约交通拥堵问题。但是,罗伯特·卡洛(Robert Caro)在所著的摩西史诗传记《成为官僚》①中揭露了真相,交通缓解仅仅持续了三周,而不是几代[30]。但摩西丝毫不为所动,继续大拆大建。三区大桥(Triborough Bridge)于 1936 年建成通车;1938 年,旺托州立公园路延长线(Wantagh State Parkway Extension)完工;1939 年,布朗克斯-白石大桥(Bronx-Whitestone Bridge)建成投入使用。每个项目都承诺可以缓解交通,但是每次交通拥堵依旧严重。

规划师开始注意到一个令人费解的模式:每次新公路干道建成之后,很快又陷入交通堵塞,但是旧公路干道的负担却没有得到明显缓解[31]。汽车似乎无处不在。三区大桥开通之后交通拥挤十分严重,以至于《先驱论坛报》夸张地描述为"遍布全国的交通大拥堵"。正如报纸所言,"布朗克斯的有车一族……不约而同决定取道新桥和中央公园大道(Grand Central Parkway)前往海边。然后几乎所有人都陷入交通拥堵——无

① 罗伯特·卡洛所著摩西传记 The Power Broker 中译为《成为官僚》,高晓晴译,重庆出版社于 2008 年出版。——译者注

数其他驾车者也陷于其中"[32]，纽约规划师和工程师们"甚至没有假装明白"，卡洛回忆道，"这座桥是世界上最庞大和最现代的交通分流和运输机器，但它的建造……却未能解决本应解决的交通问题。"[33]

摩西的纽约可能代表了一个极端的例子，人们渴望旅行，新路一建好几乎立刻就被填满，但这其实是一种常见现象，被称为"诱导需求"。1962年，经济学家安东尼·唐斯（Anthony Downs）首次定义了诱导需求。当时他证实"在城市通勤高速公路上，高峰时段的交通拥堵程度会上升达到道路最大容量"[34]。唐斯提出几个因素加以解释："如果道路为区域内更大交通网络的一部分，其高峰时期的交通拥堵无法通过扩充公路容量得到永久性的缓解。"[35]最直接的原因是以前曾走其他路线的人开始使用扩建之后更快的公路（唐斯称之为"空间趋同"）。同时，以前为了避免交通拥堵而错峰出行的人利用新增道路的通行能力，开始在高峰时段出行（"时间趋同"）。还有一些人不再乘坐公共交通，开始自驾（"模式趋同"）[36]。诱导需求的其他原因还包括：人们曾在交通过于拥堵情况下放弃的出行，现在变得可行了；道路通行能力的提高造成出行需求增加。

最近的研究发现印证了唐斯的观察。2011年的一项针对1983—2003年期间城市交通模式的研究中，经济学家吉斯勒·杜兰顿（Gilles Duranton）和马修·特纳（Matthew Turner）认为，道路通行能力的增加会导致驾车成比例增加。他们得

出结论：“我们的研究发现强烈支持了道路导致交通拥堵的
假设。”[37]

　　20 世纪的交通工程师基于他们在公用事业的工作经验，
错误地认为城市的交通需求是相对固定的，因此增加道路通
行能力可以使每个人更快到达目的地。但事实上，许多人避
免出行的主要原因正是交通拥堵。提高道路通行能力会吸引
那些过去为了避免交通堵塞而放弃出行的人开始出行。因为
工程师们忽视了新建或扩建道路将如何改变人们的行为，没
有将这种二阶效应纳入他们的数学模型，因此大大高估了增
加道路容量所带来的好处。也许更多的人能以更快的速度出
行，但交通拥堵问题却远未得到解决。

＊　＊　＊

　　当技术狂热分子把自动驾驶汽车视为通往乌托邦社会的
道路时，他们是在重复历史的错误。他们忽视了城市需求的
多样性和交通的复杂性，围绕技术设计狭隘的解决方案。事
实上，以无处不在的自动驾驶汽车为特色的乌托邦社会既不
合逻辑，也不值得追求。

　　对于自动驾驶汽车和交通的任何现实预测都必须从诱导
需求开始。通过提高行驶速度和道路车辆密度，在城市街道
上引入自动驾驶汽车在很大程度上等同于扩大这些街道的实
际通行能力。而且，随着道路容量的增加，出行需求也相应增
加，人们会通过多驾车来利用这些好处。这种诱导驾驶将增
加交通拥堵，尤其是在通勤高峰时段，从而大大抵消了快速出
行可能带来的好处。

诱导需求现象还表明，自动驾驶汽车将带来相比美国以往更大规模的城市发展。事实与直觉恰恰相反，尽管过去一百年平均出行速度显著提高，但平均出行时间却保持相对稳定，因为出行距离增加了。研究表明人们并未利用出行速度的提高而缩短通勤时间，只是因此搬离市中心去往更远的地方[38]。据此，我们应该预期，在某种程度上自动驾驶汽车提高了出行速度，这将导致社区日益扩张，而不是通勤时间缩短。

此外，如果以前花在驾驶上的时间可以用于工作或休闲，人们可能会愿意接受更长的出行时间，从而进一步增加出行距离。这种由自动驾驶汽车引发的扩张可能导致市中心的投资减少，同时还会对环境造成毁灭性后果——人们住得越远，出行驾驶也越多，车辆排放的温室气体也越多。

类似的逻辑也可以解释将停车基础设施改建为步行街、自行车道和公寓大楼所面临的挑战。在载完乘客之后，自动驾驶汽车可以去接其他乘客，或者把车停在周边地区，从而释放市中心宝贵的房地产，以便用于其他用途。但是空无一人的自动驾驶汽车并不意味着它们没有行驶在路上。如果在市中心之外修建停车场，那么自动驾驶汽车需要往返于这些设施之间。如果零乘客的自动驾驶汽车频繁进出市中心，那么道路上的车辆数量可能会大幅增加。城市中不再是挤满四处兜圈找停车位的车主，而是挤满频繁进出市区的空空如也的自动驾驶汽车。或者，如果交通拥堵太严重，许多人可能会觉得把汽车停在市中心的传统停车设施中更便宜或更方便。这种选择将严重阻碍为实现更有效的用途而重新改造现有停车基础设施的努力。

最重要的是，自动驾驶汽车的梦想重复了同样的错误——把交通效率置于可步行性和社区活力之上。思考如下说法，即提高行车速度和取消红灯将大大减少出行时间。如果你坐在车里，这当然再好不过。但是这将为其他人创建一种什么样的城市呢？麻省理工学院所做的没有交通信号灯的城市模拟显示，与传统街道上行驶的车辆相比，汽车高效地无缝驶过交叉路口[39]。但是模拟中缺少一个重要元素——人。模拟中一个行人、一个骑车者或是一个公共汽车乘客都没有。然而，模拟所示的交叉路口却是全美最适合步行的地点[40]，并且与波士顿最繁忙的行人和交通要道相交。如果连这个位置都变成了高速交会口，那就很难理解车上每个人都急于去哪里。

如果我们希望建设一个行人能够穿越马路的城市（也许你会同意这是一个合理的期望），那么我们就必须放弃自动驾驶汽车不做丝毫停留地驶过市中心交叉路口的愿景。即使偶尔的红灯设置允许行人穿过马路，城市街道上高速行驶的汽车也会严重降低安全性、可步行性和城市活力。城市主要街道变成了高速走廊，想象一下在高速公路边吃午餐或者购物是多么不愉快的体验。尽管无阻碍出行的前景令许多技术人员非常振奋，但这并不是成功城市生活的主要特征。一个为了建设高速街道而摒弃交通信号灯的城市毫无人性和个性可言。

A

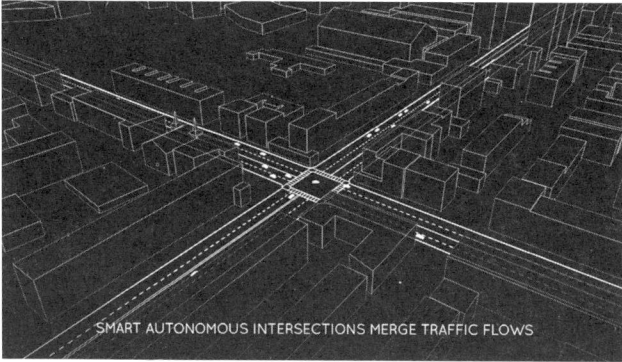

B

图 2.2

A. 麻省理工学院可感知城市实验室的没有交通信号灯的城市模拟视频截屏，显示波士顿市中心的自动驾驶汽车无须减速即可通过交叉路口。

B. 某个周六下午在同一个交叉路口的实拍照片，汽车与行人、骑车者、公交车共享街道。

图片来源：A. 麻省理工学院可感知实验室，"驾驶浪潮"（2015），http://senseable.mit.edu/wave/.

B. 本·格林摄于波士顿，2018 年 4 月。

　　把交通视为一个需要技术解决方案的优化问题时,充满自动驾驶汽车的智慧城市的建议将所有规范性问题都排除在考虑之外,并将城市交通效率定位为中立的社会最优目标。尽管使汽车更高效行驶有一定的价值,但这并不是城市唯一的优先事项。更重要的是,效率涉及政治考量,什么应该提高效率?谁来决定?应该通过什么方式提高效率?

　　这些问题的答案可能会产生深远的社会与政治后果。社会选择衡量和优化的东西体现了我们的优先考量。只要我们重视畅通的汽车交通更甚于宜居的街道和公共交通,改善交通的努力实际上只会针对缓解交通拥堵。正如 20 世纪提高汽车行驶效率的努力促使了激进的城市设计,使汽车比行人和有轨电车更为受益,现在促进自动驾驶汽车高效出行的尝试可能使自动驾驶汽车(及其乘客)受益,而以牺牲行人、公共交通和公共空间的利益为代价。正当城市努力消除 20 世纪误入歧途的城市梦想所造成的破坏之时,我们似乎又倒退回过去的不良习惯。

　　把交通问题定义为一项技术挑战也为私人公司提供了借口,假借提高效率的中立之名,实则暗自推进公司利益,如同20 世纪汽车行业对汽车和高速公路的所作所为。今天,福特许诺自动驾驶汽车将创造一个"交通拥堵大幅减少的未来"[41]。来福车(Lyft)①更是把这一观点往前推进了一大步,声称"结束交通拥堵其实很简单"[42]。来福车的联合创始人约

---

① 美国的一个打车拼车软件。——译者注

翰·齐默(John Zimmer)表示,借助自动驾驶汽车和鼓励人们拼车的技术,"人类历史上,我们第一次拥有了创建完美高效交通运输网络的工具"[43]。

这些方案不仅错误地把棘手的机动性和交通拥堵描述为可以用新技术轻松解决的问题,而且还使我们对其他方法视而不见——替代性交通模式和城市规划政策可以更有效地解决这些问题。恰恰相反,这些公司着重于宣传如何提高汽车行驶效率,这无非是暗示他们的产品或服务才是解决方案。因为这些设想的提出是为了优化交通效率,故而被定义为促进普遍期望的结果而不是追逐利润。在这种花言巧语的蛊惑之下,一些城市和州政府已经考虑减少公共交通投资,期望自动驾驶汽车有朝一日淘汰公交系统[44],并开始为自动驾驶汽车公司大铺红地毯。没有哪个州比亚利桑那州更积极地降低对自动驾驶汽车的法规要求,促使数家公司涌向凤凰城[45]。2018年3月,坦佩(Tempe)发生了第一起自动驾驶汽车致行人死亡事故[46]。

尽管上述局限和警告并不能完全否定自动驾驶汽车的好处,但它们揭示了技术有益的梦想可能走向歧途,并强调未来几年城市必须做出决策的重要性。自动驾驶汽车几乎肯定会提高安全性和机动性,在某些情况下甚至可能会使停车设施重新被设计,用于新的用途。这些都是值得期待的前景。但是自动驾驶汽车不会创造乌托邦,而避免创造反乌托邦未来的最佳方法是充分认识自动驾驶汽车的局限性以及成功实施的障碍。

不难想象,在技术障目镜影响之下发展出对自动驾驶汽车的渴望,经过技术障目循环,城市不断优化自动驾驶汽车,却冷落行人、公共交通和充满活力的公共空间。首先,技术障目镜使许多人仅仅依据交通效率提高来评价城市交通的改善,即让每辆汽车以最快的速度从出发地到达目的地。这一信念促使技术专家和城市优先采用自动驾驶汽车去解决几乎所有的交通问题。由于城市设计旨在为自动驾驶汽车提供便利,因而替代性交通方式被忽略,人们除了依赖自动驾驶汽车提高机动性之外别无选择,进而对其他优先事项和潜在解决办法更加视而不见。

城市规划师杰夫·斯佩克(Jeff Speck)著有《适宜步行的城市》(Walkable City)一书,他对企图优化交通流量所带来的危险感到不满。"交通研究中最让我不安的是,他们在市政话语中占据霸主地位,"他在书中解释道,"在某个环节上,我们的社会认定社区设计中唯一不可侵犯的原则是我们必须对抗交通拥堵。问题难道不应该是'它会增加活力吗?它会促进平等吗?它会增进城市的成功吗?'"[47]斯佩克认为"自动驾驶汽车是解决错误问题的正确答案"[48]。

＊ ＊ ＊

多伦多对自动驾驶汽车采取了一种探索性而又有原则的方法,展示了一个足够智慧的城市如何在准备迎接革命性新技术所带来的变化时思考正确的问题和优先事项。

在充分反思自动驾驶汽车的潜力与局限之后,巴克利意识到多伦多需要主动追求想要的未来,而不是被动地让技术决定城市的未来。"为什么我们只是听任其发生？"巴克利问自己。于是他将自动驾驶汽车工作组的讨论重心从最初的焦点——自动驾驶汽车对多伦多意味着什么，转向另一个问题——我们如何规划和影响自动驾驶汽车的发展。原因何在？正如巴克利所言，"我们不能让技术之尾摇晃城市之头"。

毕竟，诚如蓝侬所观，尽管自动驾驶汽车带来了机遇，但并非灵丹妙药。"我们从历史经验中知道，任何效率的提高都会引发额外的需求，"他说，"无论是自动驾驶还是人工驾驶，我们现有的道路空间可容纳的数量依然有限。公共交通系统依然是城市某些地区和某些路网运送大量人员的最高效和最佳方式。"

巴克利和蓝侬开始思考多伦多如何规划和影响自动驾驶汽车所采取的形式。巴克利认为关键问题在于"这些系统有哪些好处？有哪些潜在的负面影响？如何构建这些系统，从而能够从中获得尽可能多的好处，并在未来免遭问题之苦"。

蓝侬补充道："多伦多对未来希望建成的城市抱有远见——一个更加公平的城市，一个可持续发展的城市，一个经济不断发展的城市。"蓝侬指出多伦多过去十年主要投资于公共交通和可步行性，而不是开发新设施或增加汽车容量。他解释说："我们希望减少交通拥堵。我们希望鼓励人们使用公共交通和主动的交通方式。我们希望使多伦多成为一个更宜居的城市。我们希望街道更具吸引力。无论是自动驾驶汽车还是人工驾驶汽车，我们都有相同的目标。"对于蓝侬而言，根本问题不在于多伦多如何为自动驾驶汽车优化城市，而在于"我们如何利用颠覆性力量和模式转变去实现既定的目标"。

为了回答这个问题,蓝侬和巴克利开始领导自动驾驶汽车工作小组,评估自动驾驶汽车如何能够推进多伦多的优先事项。他们分析了自动驾驶汽车各种所有权模式的利弊:私人所有权(就像今天人们拥有自己的汽车)以及共享按需使用(例如优步)。虽然这两种模式都能带来安全益处,但巴克利解释说:"共享模式比自动驾驶汽车私人所有模式更好。"按需自动驾驶汽车更有可能减少在市中心停车的需求,减少在途汽车数量,并增加无车人士出行的机动性。自动驾驶汽车私人所有虽然可以提高道路的通行能力,但也会导致出行时间加长,路上零载客汽车增多,并导致城市进一步扩张[49]。

工作小组还开始规划自动驾驶汽车的未来,更多地着眼于基础设施,这样无论自动驾驶汽车以何种方式被拥有,多伦多都可以利用该技术的优势。为了使自动驾驶汽车更安全,多伦多正在评估改善路面标记的必要性,并研究以无线宽带传输信号的交通信号灯,而不是要求汽车必须具有直接视线。为了在适当时机对停车空间进行改造用于新用途,多伦多正在评估停车基础设施和相关法规。

与此同时,自动驾驶汽车工作小组继续通过情景规划活动促进讨论,并教育政府官员。计划在 2020 年启动一个试点项目,利用自动驾驶汽车作为往返于公交车站的穿梭巴士,从而提高交通可达性[50]。

通过采用这种方法,多伦多正在超越智慧城市和愚蠢城市的错误二分法,既不是毫无保留地接受自动驾驶汽车,也不是完全拒绝,而是坚持城市规划和交通目标,同时探索技术提供的实现这些目标的机会。如此这般,多伦多避免了不考虑如何创造更宜居的城市环境,而是单纯拥抱技术的智慧城市陷阱。因为尽管拥有自动驾驶汽车的汽车主导型城市可能比没有自动驾驶汽车的汽车主导型城市更受欢迎,但是与公共交通、可步行性和公共空间蓬勃发展的宜居城市相比,这两种城市都相形见绌。

"我们有机会开始讨论自动驾驶汽车,并设法将其做好,"巴克利说,"现在采取行动总比把精灵从瓶子里放出来再试着将它放回去要好。"

* * *

某些城市甚至比多伦多走得更远,不限于规划演习,而是采取更为大胆的措施,利用技术提高流动性和宜居性。一马当先的当属俄亥俄州的哥伦布市,该市为 2015 年 12 月美国交通部组织的"智慧城市挑战赛"的获胜者。这项挑战旨在激励美国中型城市规划"史无前例的智能交通系统",并且提供 4 000 万美元的奖金[51]——获奖城市可以将这笔钱用于彻底改造其交通生态系统。

乔丹·戴维斯(Jordan Davis)成长于哥伦布市,她总是喜欢叫板。"哥伦布市之后不能没有'逗号,俄亥俄州',"她哀叹道,"否则没人知道哥伦布市。"戴维斯毕业于俄亥俄州立大学,其父为商会会长,戴维斯说:"想要建设一个更好的城市写在我的基因里。"鉴于哥伦布市最近的经济复苏和市中心的复

兴,加上它是中西部发展最快的城市,戴维斯一直渴望外界更
多地关注她的家乡所提供的一切[52]。

当"智慧城市挑战赛"宣布后,几个本地组织在一个名为
"智慧哥伦布"的新联盟组织下联合起来,聚集在当地创业孵
化器的一个联合工作空间里设计方案。他们的努力在 2016
年 6 月获得了回报,当时交通部宣布哥伦布市击败其他 77 个
城市(包括奥斯汀、丹佛和旧金山在内的 7 个决赛城市)赢得
了比赛。哥伦布方案之所以能脱颖而出,并不是因为它提出
了一个以自动驾驶汽车舰队来终结交通问题的未来主义规
划,而是它关注了如何应对降低社会福利的交通瓶颈问题。

"这正是哥伦布所需要的。"戴维斯说。她在哥伦布合作
伙伴(Columbus Partnership)——一个强调地区经济发展的非
营利性社会组织——领导制定智慧城市战略。"交通并不是
我们最耀眼的明星。我认为是时候用不同方式去思考我们的
未来了。"

哥伦布击败了其他许多城市,其中几个被视为美国交通
和科技产业的温床,这绝非偶然。"我们并没有坐等馅饼从天
上掉下来。"俄亥俄州中部区域规划委员会交通主管西娅·沃
尔什(Thea Walsh)解释说,该委员会在阐明哥伦布应对挑战
的愿景时发挥了不可或缺的作用。"我们做了很多地方规划,
当机会来临时,我们意识到,'等一下,这听起来像是我们正在
谈论和规划的事情'。"[53]

过去几年里,哥伦布一直在寻找并解决其交通运输系统
中的不足之处,开始探索新技术可能带来的机会。"1880—

2010年,俄亥俄州中部经历了美妙的扩张。"俄亥俄州中部区域规划委员会的规划主管克斯丁·凯尔(Kerstin Carr)辛辣地嘲讽。"人们过度依赖单人驾驶的汽车,"她的同事沃尔什补充道,"我们不是一个拥有高容量或高质量交通系统的社区。这是一座较大的城市,其交通设施运作却像一个小镇。"预计到2050年,哥伦布将增加50万人和30万个工作岗位(2010年人口为180万)[54],哥伦布亟须一种新方法。

　　2013年,俄亥俄州中部区域规划委员会开展了一项名为"洞见2050"(insight2050)的长期规划评估。它考虑了该区域未来几十年可能追求的四种潜在增长情景,从延续历史趋势的蔓延发展到最大化填充和再开发的密集发展。每种情景都根据与土地消耗、能源使用、交通和成本相关的结果进行了评估。

　　总体而言,结论很清楚,"我们的社区越密集、功能越多、越适于步行,则城市越紧凑,生活越美好。"凯尔说。如果哥伦布的公共汽车继续遵循传统的规划方法,最密集的情景预计将减少该区域30%的总驾驶量,减少33%的温室气体排放,每年为城市节省8 000万美元,并显著改善公共卫生[55]。

　　这是一场"非常低技术含量的对话,"沃尔什强调,"但我们需要这种对话,如此才能促进更好的服务。"沃尔什认为,只有在为未来发展规划愿景奠定基础之后,这座城市才准备好开始思考如何通过技术推进其目标,从而才有可能赢得智慧城市的挑战。

　　获得交通部资助之后,智慧哥伦布开始尝试用新方法来解决"洞见 2050 年"发现的问题。其目标之一是改善伊斯顿周边的流动性,伊斯顿是哥伦布市中心东北部一个主要的办公和商业区域。凯尔指出"这里交通不可达"。从最近的中转站到达伊斯顿需要穿过十条车道,然后再步行一段路程。此外,伊斯顿本身在蔓延,难以通行,这迫使人们不得不在各路段之间开车,否则就会被困在孤立地块里。为了改善综合区内的交通可达性和流动性,智慧哥伦布计划采用自动驾驶汽车作为穿梭巴士。一条线路将连接交通中转中心和伊斯顿;另一条将在伊斯顿内部运行。戴维斯说,希望这种解决方案有助于创建"一种独立的交通体验,即使你没有车"。

　　除了总体上改善交通和流动性,哥伦布的努力还体现了一种减少不平等和改善社会福利的愿景。卡拉·巴伊洛(Carla Bailo)解释道:"你必须使流动性民主化。"巴伊洛是日产汽车的前高管,目前在俄亥俄州立大学从事交通流动性研究,并在动员社区申请智慧城市挑战赛中发挥了不可或缺的作用[56]。智慧哥伦布通过交通解决不平等的努力主要集中在林登(Linden),一个位于哥伦布市中心和伊斯顿之间的社区,失业率是哥伦布的三倍,人均收入仅有哥伦布中位收入的一半[57]。林登的一个关键问题是缺乏产前和幼儿保健,导致其婴儿死亡率为哥伦布平均水平的两倍以上[58]。因为林登居民很少买得起汽车,而城市提供的公共交通选择少得可怜,林登居民经常错过看病预约或迟到。在一个社区论坛上,一半的居民同意如下说法,"我不坐公共汽车,因为去目的地要花很

长时间"和"从家步行到目的地实在太远"。一位与会的居民
说，"一天时间根本不够做完所有的事情和到达要去的地
方"[59]。

　　听说这些问题之后，多数技术专家会本能地开出自动驾
驶汽车作为万能药方。事实上，巴伊洛报告称，智慧哥伦布最
初解决这个问题时，"只关注第一英里①和最后一英里的解决
方案"，也就是人们往返于公交车站和交通枢纽之间的挑战。
但是当工作小组与林登居民讨论他们的需求时，智慧哥伦布
了解到林登在就业和医疗保健方面的障碍要比缺乏便捷的交
通更为严重。"这不只是妈妈们没去看医生的问题，还包括
缺乏基本信息的问题。"巴伊洛解释道。虽然多数林登居民
都有智能手机，但许多人没有手机流量套餐或无线网络。加
上哥伦布的公共交通信息分散于多个网站和应用程序之中，
即便那些能够上网的人也难以确定最佳的出行方式。基于这
项研究，智慧哥伦布着力改善林登的无线网络接入，特别是
学校和社区中心，并创建一个简化的应用程序来整合所有的
交通选择。"如果我们要求他们浏览各种不同网站，创建一
堆不同账户，我们注定会失败，"巴伊洛说，"如果我们有一
个简单的应用程序并提供替代方案，允许他们使用常见的支
付方式，那么就是可行的。"

　　第二个障碍是许多林登居民无法使用交通应用程序，因
为他们没有银行账户或信用卡。优步、来福车以及本地汽车

---

① 1 英里 = 1 609 米。——译者注

共享和自行车共享公司都需要信用卡或借记卡来支付旅程费用。此外，本地公共汽车系统只收现金，这使社会服务提供者很难补贴看病或上班的交通费用。为了解决这些问题，智慧哥伦布正在创建一个统一的支付卡和应用程序，以便用户能够支付哥伦布各种交通方式的费用。在关键地段设置充值亭，人们可以将现金充入账户。

林登的妈妈们还面临另一个挑战，当她们怀孕或已有年幼的孩子时，如何前往医院做产前检查或新生儿护理，因为她们无法去公共汽车站等车。为了消除这些障碍，智慧哥伦布正在开发一种有补贴的按需乘车服务，将怀孕的妈妈们直接从家接到医院，然后再送回家[60]。同时智慧哥伦布还在探索如何改善托儿设施，让林登居民前往工作面试和看病更加方便。

哥伦布展示了培育足够智慧城市的两个关键因素。首先，在部署技术之前，城市需要一个清晰的政策议程。巴伊洛认为，在考虑技术之前，充分考虑城市的挑战和需求才是至关重要的。"城市首先需要明确存在哪些问题、如何优先应对这些问题，以及技术和数据如何解决这些问题，然后根据存在的问题和问题的轻重缓急为城市制定一个路线图，"她解释道，"关键是要改善人们的生活。否则不过是为了好玩而投入技术和数据。"

其次，研究过程应该关注人而不是技术。正如哥伦布所展示的，避免技术障目镜造成的简单化和解决主义思维模式的最佳办法是去了解人们实际面临的障碍和挑战。这就意味着要去实地与城市居民交谈。"我们原本以为的基本问题——让人们从 A 地到 B 地——变成要配置整个支持系统去解决这个问题，"巴伊洛总结道，"我们确实需要从全局来思考问题，考虑为社区居民提供多种不同的交通方式。作为技术极客，如果没有全盘考虑，我们不可能想到这些事情。"

尽管已经付出这些富有希望的努力，但前进的道路依然艰难。制定计划去援助一个服务水平低下的社区，与在可以进行更华丽的项目时依然切实满足其需求，仍是两个截然不同的任务。有人担心，对产前保健的关注正在减弱[61]。哥伦布深知必须从过去城市发展的错误中吸取教训：一个世纪的无序扩张以及建设割裂的社区所滋生的贫困。"我们不想再次陷入这种境地，"沃尔什说，"如果我们现在做了错误的决定，我们会被紧紧锁入困境，而且难以从中解脱出来。"

但是过去也蕴含着希望。如果哥伦布能够取得成功，这座城市将恢复往昔运输技术领导者的地位。1900 年，哥伦布马车公司（Columbus Buggy Company，CBC）是当时世界上最大的马车制造商，产量占世界五分之一，因此哥伦布有"世界马车之都"的美誉[62]。哥伦布马车公司还生产了世界最早一批电动汽车，充一次电就能行驶 75 英里。但是当亨利·福特的 T 型车在 1908 年问世时，哥伦布马车公司无法与之竞争，于 1913 年破产。

今天，作为市中心复兴的一部分，哥伦布马车公司昔日的仓库已被改建为住宅楼。对于曾为哥伦布马车公司一员的乔丹·戴维斯来说，这段历史是持续动力的源泉。"想想当年从马车变成汽车时所发生的颠覆性变化——我们因此深受其影响，当我们从人类驾驶变成机器驾驶时又将会发生怎样的戏剧性转变。希望这一次哥伦布能赢。"

* * *

交通的过去与未来说明了为什么戴上技术障目镜追求新技术是危险的。首先，技术障目镜盲目地把技术等同于创新和进步。假设一个复杂问题可以很容易地用技术解决，我们忽视了需要采取更系统的变革。不去充分思考应该创建什么样的城市以及自动驾驶汽车如何支持目标城市的实现，反而只考虑如何让现有城市迎合自动驾驶汽车的效率要求。尽管自动驾驶车辆明确承诺可以带来显著好处（例如提高安全性和机动性），就像一个世纪前机动车辆带来重大进步一样，但是城市不仅仅是由高效的交通流所定义的。对汽车（无论自动驾驶与否）的过度关注转移了我们对城市整体宜居性的需求，也分散了我们对改善流动性的其他策略的注意力——公共交通、密集发展和拥挤定价，更不用说用户友好的应用程序和更好的儿童保健等。

汽车发展的历史教训告诉我们，社会规范围绕着某一特定技术这一事实并不意味着这一技术就是最优的。这里包含闭合的危险，即我们对某种技术达成共识的过程。历史学家托马斯·米萨（Thomas Misa）解释说："闭合发生并非因为出现了一个完美的解决方案，而是因为一个社会群体认为问

题已经解决了。"事实上，米萨补充道，"闭合可能会模糊备
选方案，因而使特定人造物品似乎是必需的或是有逻辑
的"[63]。从这个意义上说，我们可以把技术障目循环的"强
化"阶段视为与技术障目镜所鼓吹的特定技术安排相关的一
种闭合形式。

　　由于拥抱次优技术之后的闭合会使我们对更好的替代方
案视而不见，并陷入有害的实践当中，故而我们必须拒绝为
了自动驾驶汽车而设计城市。随着自动驾驶车辆现身于城市
街道，一个新的"灵活解释"时期开始出现。鉴于"当一件
人造物品尚为新奇之时，其解释的灵活性往往最大"[64]，我
们在未来几年的决策将塑造几十年后的城市。如果我们把城
市想象为只有自动驾驶汽车才能解决交通优化的问题，我们
很可能会动摇正在形成的共识，即城市应该培育密集、适宜
步行的社区，而不是引入一种迎合自动驾驶汽车的城市设计
的新范式。我们越是为无处不在的汽车而设计城市社会，等
我们终于认识到替代性城市愿景的好处的时候，追求这些愿
景会变得越发困难。

　　本章讨论的技术障目镜的第二个危险是，优化和效率往
往将政治决策伪装成客观的技术决策。当我们将复杂的社会
问题误解为技术问题时，我们会根据纯粹的技术标准来评估
解决方案，而忽略其政治后果。政治辩论被简化为关于效率
的狭隘的技术讨论。

　　这种方法忽视了提高社会局部效率的整体影响。尽管交
通工程师被认为是中立的，因为他们采用了"科学"方法，

他们的模型优化了汽车的效率，但却忽视其他街道使用者对社会的革命性影响。同样，今天优化自动驾驶汽车的模型被认为是客观的乌托邦，但是它们忽视了更顺畅交通之外的社会影响，这实际上意味着城市将优先考虑自动驾驶汽车的需求并为之改变，而不去考虑行人和社区的需求。

将社会问题视为技术挑战还有利于企业推进其自身利益，而且不会显得有党派之争。正如 20 世纪的汽车工业为"汽车时代"贴上自由和人人值得拥有的标签，今天的科技公司也将"智慧城市"宣传为一种提高效率和改善日常生活的科学方法。既然我们已经认识到汽车时代的真正鼓吹者和一味追求汽车所造成的不幸后果，我们也应该对智慧城市及其承诺背后的议题持怀疑态度。允许科技公司把我们推向智慧城市重复了允许汽车工业把我们推向汽车之城的伤害。

足够智慧的城市必须忠于城市的优先等级，吸收新技术的好处，而不是沦为技术至上主义的牺牲品。哥伦布市展示了为什么关注社区中真实的个人和问题比追求新技术更为重要。"让一群技术人员待在房间里部署酷炫的技术，对我们来说其实更容易，"乔丹·戴维斯说，"但相反，我们说'让我们考虑人的需求'。"于是哥伦布发现人们面对的问题比预期的更复杂，与技术的关系也没有那么密切。技术提供了新机会，但是不能提供所有答案。"交通技术过度夸大了自身的好处，"戴维斯说，"我很想搞清楚其中什么是真实的，什么不是。"

　　做出这种区分是城市面临的基本任务。为了避免重复 20世纪的错误，我们必须摘下技术障目镜，放弃对自动驾驶汽车不切实际的、乌托邦式的愿景。只有认识到技术的局限和危险之处，我们才有希望获得技术的好处。

第三章
民主之城：技术影响的社会决定因素

　　透过技术障目镜看到的民主和政治是什么样的？这是审视智慧城市的核心问题。上一章阐述了表面看起来似乎是技术的问题——城市如何提高机动性？城市应该如何为新技术做好准备？——实际上是政治问题，其答案可能会产生重大的社会和政治影响。然而，对于新交通技术愿景中的缺陷是否会殃及智慧城市的其他方面，我们仍然不甚清楚。当城市拥抱自动驾驶汽车时出现的问题是汽车和交通独有的，还是反映了以技术为中心的世界观更基本的东西？正如我们将要看到的，戴着技术障目镜的人不仅忽视了诸如交通等看似为技术问题的政治本质，而且还忽视了政治本身的政治本质。

　　许多技术专家指出民主公民参与的顶峰是直接民主。最为人所称道的模式当属美国新英格兰地区的镇民大会，社区成员聚集在一起审议并做出重要决定。在技术专家看来，社会从镇民大会演变为如今政府的形式，纯粹是出于规模和协调的实用需要——国家变得太大（无论是地理还是人口），以至于无法为每一个决定都举行全民会议。

　　"可悲的是，直接民主无法扩展，"技术专家多米尼克·席纳（Dominik Schiener）解释说，"最纯粹的直接民主对于规模更大的社区而言根本不可行。"解决这个问题需要许多层级的代表，但席纳认为这是一个有缺陷的解决方案。"代议制民主规模适宜，但它们不能最好地服务于公民的最大利益，"他写道，"政客们并不关心他们所代表的人民，而是存在于党派政治组织和腐败的特殊利益集团的网络之中。"席纳声明，我们一直为技术限制的遗留问题所困扰，因为"实施障碍"而无法回归直接民主[1]。

　　数字技术和社交媒体似乎打破了这些障碍，使采用更民主的治理形式成为可能。前旧金山市市长加文·纽瑟姆（Gavin Newsom）抱怨政府特有的"高声辩论"和"争吵"，他断言："技术已经使我们当前的政府体系变得无关紧要，所以现在政府必须依靠技术来自我修复。"[2] 马克·扎克伯格（Mark Zuckerberg）承诺，脸书（Facebook）将"围绕政府进行更诚实、更透明的对话，从而更直接地赋权于人民"[3]。纳普斯特（Napster）的联合创始人、前脸书主席肖恩·帕克（Sean Parker）宣称"新媒介和新媒体……会让政治更高效"[4]。内森·达施勒（Nathan Daschle）① 承诺，技术可以将人们从党派失能和权力剥夺中解放出来，并声称有了现代连接性，"我们现在可以在线复制核心的政党功能"[5]。

──────────

① 前参议院多数党领袖汤姆·达施勒（Tom Daschle）的儿子。

在这些梦想的驱使之下，技术人员创造了改变政治的应用程序。帕克创立了在线公民参与平台"Brigade"，自称为"世界上第一个选民网络"[6]，承诺由社交媒体驱动"政治参与革命"[7]。该应用被誉为"一种极其简单地表明政治立场的方式"，允许用户同意或不同意诸如"联邦最低工资应该提高到每小时 15 美元"的说法[8]。另一个平台"Textizen"① 承诺"数字时代的公众参与"[9]，让人们通过短信回复政府提出的简单问题，比如"你最喜欢盐湖城的什么？"[10] 一位观察者解释，"Textizen 使城市能够实时收集和分析数据，"他继续补充，"Textizen 正在重塑政府和公民之间的关系。"[11] 达施勒的应用程序"Ruck. us"，创建了一个在线社交网络，用户可以讨论时事并策划政治行动。

没有哪项技术比名为"311"的数字服务应用程序更能预示公民参与的转变。这些应用程序以城市使用的非紧急市政服务电话号码命名，承诺通过提供更个性化和更高效的服务来提高公民的参与度。居民无须打电话到市政厅要求服务，只需拍摄道路坑洼或损坏的街道标志，直接用智能手机通知政府。一旦问题得到解决，居民就会收到政府的最新进展报告。此外，一个附带的好处是，市政工作人员可以依赖居民在问题出现时通知他们，而不必在城市里四处寻找需要修补的坑洼。数十个城市政府（包括巴尔的摩、洛杉矶和内

---

① Textizen 由短信（text）与公民（citizen）两个词合并而成，意为用短信参与的公民。——译者注

布拉斯加州的林肯）开发了针对各自城市的 311 应用程序，用于报告辖区内的问题。

311 应用程序的开发基于如下信念：随着公众作为政府的"眼睛和耳朵"[12]，提供服务的效率将会提高，对政府的信任亦随之增加。芝加哥 311 应用程序的早期版本出现在苹果应用商店，其描述如下："公民参与政府的日常管理将促成更高效的税收分配，提高透明度，并增强对芝加哥政府的信任。"[13] 根据 IBM 的说法，"数字工具越多，与政府互动越容易，公民对政府提供重要公共服务的信心也越大"。该公司一位经理宣称："社交和移动应用从根本上，并且更好地改变了公民与政府的互动方式。"[14]

这些技术发展体现了值得称道的目标。毕竟，我们目前的代议制民主显然是不完善的，使许多人权利受损并心生不满。公众参与民主决策是抵制日益集中的政治权力以及对公共机构信任度下降的一种重要方式。在地方政府环境之下，公众参与尤其重要，因为手边的问题最直接影响日常生活，参与的机会也最直接。除了允许个人在设定优先事项和制定政策时发声之外，参与也是一种至关重要的工具，有助于培养个人的兴趣和能力，使之成为能够参与审议的积极公民。因此，公民能够作为个人和民间组织的一员向政府表达自己的意见十分重要，这是集体行动的基础，亚历西斯·德·托克维尔（Alexis de Tocqueville）1840 年曾将其称为民主的"伟大自由的学校"[15]。

然而，尽管技术专家对新技术满怀乐观，他们也发现

"政治规则难以打破"[16]。例如，达施勒的平台 Ruck. us 在两年之内就放弃了它的使命。甚至帕克也承认公民参与的应用程序领域"充满了失败"[17]。

新技术显然改变了人们交流和联系的方式，但为什么还没有改变民主？

* * *

技术的局限性源于技术设计时嵌入的假设和优先级。帕克想让政治变得更加"高效"，他的应用程序 Brigade 因为"极其简单"而广受赞誉。席纳根据扩展能力来评价政治制度。在美国，应用程序 311 因为可以让政府变得"更便捷"和"更高效"而引起全国广泛关注。

围绕这种价值标准而设计的技术，其失败并不是因为设计拙劣或带有恶意，而是因为没有解决民主和参与背后的根本挑战。透过技术障目镜，我们将民主决策和公民参与的核心限制——权力、政治、公共动机和能力——误诊为低效和信息不足的问题。

这种逻辑认为政治是一个协调问题，可以用新技术来解决，把我们从愚蠢城市的危险之中解脱出来。例如，受人工智能和 3D 打印兴起的启发，麻省理工学院计算机科学家克里斯托弗·弗赖伊（Christopher Fry）和亨利·利伯曼（Henry Lieberman）主张用"基于逻辑推理的理性民主"取代美国民主。在这种被提议的政府形式中，由"理性官僚（Reasonocrat）"做决策，即民选代表"用理性推理而非权力来解决问题"。与之相反，代议民主制下官僚"通过固定程序实施政府政策，而不是运用明智的判断"[18]。

但是正如政治学家科里·罗宾（Corey Robin）所解释的，政治"是一场争夺社会主导的斗争"，涉及相互竞争的利益之间的谈判[19]。当群体一半成员想要一个东西，而另一半想要另一个东西时，分歧和失望是不可避免的。力图在不同立场之间进行斡旋的政客们注定会让双方都失望。这正是拉图尔在写作中指出的，"我们所鄙视的政治'平庸'不过是我们强迫政客们为了我们的利益而做出的妥协的集合。如果我们鄙视政治，那么我们也应该鄙视自己"[20]。此外，在包括教育和刑事司法在内的许多领域，分歧不仅围绕权力或资源分配，而且从根本上围绕对一个美好和公正社会的道德愿景的竞争。换句话说，民主不仅仅是一个集合偏好然后做出合理决策的项目。

由于没有认识到这些政治现实，技术专家错误诊断了政治失权和政治失能的根源，并错误定位了我们应该努力实现的理想。因此，技术专家最为渴求的目标——一个高效并且毫无冲突的政治——是荒谬的。

技术专家忽略了政治的许多方面，因此导致了他们所谴责的问题，并限制了他们提出的解决方案。一个显著例子是政治制度的设计和结构。政治学家阿乔·冯（Archon Fung）、霍莉·鲁森·吉尔曼（Hollie Russon Gilman）和詹尼弗·什卡巴图（Jennifer Shkabatur）指出，"关于数字技术对民主潜在有益的说法过于关注技术带来的新动力，但却忽视了政治系统的制度动力"。技术将赋权公众并实现直接民主的宣称忽略了一个事实，即集体行动需要资源和权威，"决策者和政治家几乎没有动机"更深入接触公众。三位学者进一步解释，尽管类似 311 这样的应用程序使个人能够向政府发送信息，"它们的目标不是创造更平等、更包容、更具代表性、更具商议性或更有效的公民影响政府的形式"。

公众可能得到了一个新工具用于告知市政运营，但这种工具被置于传统关系的框架之内使用：被管治者从政府获得服务，但并没有在公共优先事项或决策方面获得更大的自主性。事实上，正是因为类似 311 和 Textizen 等衍生应用程序"与现有激励机制和制度约束兼容"——而不是革命性的——政府才会急切地采用它们[21]。

政治和民主作为协调问题的观念还曲解了是什么让人们参与政治，是什么障碍让他们置身事外。参与应用程序尽可能简化公民互动，仿佛公民参与的唯一障碍只是与邻居和公职人员面对面交流需要时间，于是降低沟通障碍就能促进真正民主的实现。席纳信奉这一观点，宣称"尽可能降低进入门槛……将更有可能满足大部分人的需求，并促使国家整体治理得更好"[22]。

这些假设违背了公民组织确立已久的经验——仅仅靠简化参与来改变民主的尝试注定要失败。正如政治学家汉瑞·韩（Hahrie Han）在《组织如何发展积极分子：21 世纪的公民团体和领导力》（*How Organizations Develop Activists: Civic Associations and Leadership in the 21st Century*）一书中所解释的，以快速和简便为目的的动员努力无法培养出有意义的参与和公民意识。在一项历时多年对全国数十个公民团体的研究中，韩得出结论，依赖"交易型动员"困扰着低参与度组织，而强调"转变型组织"则使得组织培养了大量有奉献精神的参与者，进而产生更重大的政治影响[23]。

根据韩的定义，交易型动员策略把参与概念化为"积极分子与组织之间的交易型交流"[24]。一个公民团体组织机会参与议题——打电话给民选官员、出席抗议活动——而个人则提供时间和精力。按照这个观点，促进参与的最佳方式是让参与越快越好、越简单越好。借助大幅降低沟通障碍的新数字工具，这项任务变得日益简单。

但是当接触众人变得如此简单之时，参与者数量众多有可能会成为测量强度的误导性指标。为数众多的人填写了问卷，但并不代表着他们不再迟疑，已经做好成为更积极公民的准备。换句话说，通过尽可能降低与人会面的障碍，交易性策略并不能赋权个人或激励他们采取下一步行动。在韩的研究中，依赖交易型动员的组织"陷入困境"，疲于维持参与[25]。而且因为当选官员往往认同并贬低政治行动不过是"廉价空谈"[26]，这些组织缺乏实现变革的能力。

韩的研究显示，相比之下，高参与度组织采用转变型组织策略，即"为进一步行动主义和领导力培养人们的动机、技能和能力"[27]。这些组织还采取动员策略鼓励人们参与，重点放在公民发展，而不是交易，招募参与的人承担更多责任并教育他们如何领导未来的努力。通过这个过程，高参与度组织教育成员思考自身工作的价值，并让他们融入社会关系，作为保持参与的关键动力。与之相反，低参与度组织的参与度下降，因为个人缺乏目标感和集体认同感，难以保持激励。

参与应用程序属于典型的交易型动员，为了实现最大化互动数量，它们最小化了提交请求和意见的障碍，但它们并没有培育更深层次的参与或为用户创建社区。就像韩研究的低参与度组织一样，他们随时会沦为政治无能的牺牲品，正如这些组织的瓶颈在于其成员缺乏动力和公民技能，依赖观点或服务请求的数字平台的瓶颈在于它们鼓励参与的有限性。

换句话说，报告坑洼不会突然迫使某人投票或竞选本地学校董事会，也不会让其在政策辩论中具有更重要的发言权。波士顿的研究发现，及时收到服务请求回复的居民将来更可能提交请求，但没有迹象表明这会转化为其他公民行动（例如投票、加入社区团体）或态度（例如增加对政府的信任)[28]。

事实上，波士顿的另一项研究发现，311 应用程序报告反映了过于本地化的个人需求，而非公民动机——80％以上的报告集中于报告者住所临近范围之内。该研究得出结论，"不应把 311 应用程序报告视为投票或志愿者活动的代表"[29]，纽约一项类似研究也得出同样结论[30]。针对公民参与的交易型技术解决方案还忽略了赋权某些声音，却忽视其他声音的社会政治的结构性因素。在《非天籁合唱团：不平等的政治声音与美国民主承诺的破灭》(*The Unheavenly*

Chorus：*Unequal Political Voice and the Broken Promise of American Democracy*）一书中，政治学家凯·施洛兹曼（Kay Schlozman）、西德尼·韦尔巴（Sidney Verba）和亨利·布雷迪（Henry Brady）认为持续存在显著的"社会各阶层政治发声的差距"，其中，无论是线上还是线下，"富人和高学历群体均过度发声"[31]。

造成这种差异的因素除了最显著障碍——教育、技能、金钱、时间和互联网接入——之外，个人经历也塑造了人们在公共生活中发表自己主张的能力。正如南希·伯恩斯（Nancy Burns）、施洛兹曼和韦尔巴（Verba）在《公共行动的私人根源》（*The Private Roots of Public Action*）一书中指出的，自美国女性首次争取到投票权已经将近一个世纪，女性参政仍然不如男性活跃。

这种差异部分源于与社会态度和机会相关的不平等。乍看之下，这些不平等似乎与公民参与无关，例如，男性"比女性更有可能获得发展公民技能的工作，更有可能获得信徒领袖的职位"。因此，女性"比男性更不太可能……对政治感兴趣、对政治知情或产生政治效能"[32]。

由于受到系统排斥，某些群体无法参与公民社会。法律学者莫尼卡·贝尔（Monica Bell）观察到，"贫困有色人种社区的许多人直觉感到，法律的作用在于将他们排斥在社会之外"。贝尔把这种认知背后的观念称为"法律隔阂"，非裔美国人不仅认为他们受到警察和法律的不公正对待，而且广而言之，"经常认为自己本质上是无国籍的——不受法律及执法人员的保护，对美国社会建设的影响微乎其微"。贝尔的研究中，有一名青少年报告，在社会和政治上感到无力，声称"我们的声音基本上无关紧要"[33]。

如果贫困的少数族裔社区认为自己被排除在"法律保护和社会合法地位之外"[34]，更不用说经常遭遇最显眼的"街头官僚"[35]——警察的骚扰乃至枪击，即使他们能使用应用程序联系政府又能带来什么不同呢？事实上，2016 年的一项研究发现，"警察行为失当会极大降低"非裔美国人拨打 911 电话的频率，表明系统性失权和权力滥用是妨碍政府信任和公民参与的关键[36]。

* * *

尽管没有一款应用程序能够解决公民参与的种种障碍，但参与应用程序的创建者并没有去思考或应对这些障碍，表明了技术中心论的严重不足之处——创建者没有认识到这些问题，或者即便认识到了，他们相信技术可以解决。从这个意义上说，对提高公民参与和治理效率的短视关注源于一种"信息谬误"信仰——政府存在缺陷，由于公众进入门槛太高，导致政府对于公民视角和基础设施状况缺乏充足的相关信息，因此，减少这些障碍可以为政府提供更多信息，使其更为高效，从而更加有效。

这一观点的谬误不在于信息是无用的，而在于仅仅把信息作为改善城市民主的方式完全忽视了政治和权力的作用。民主不仅意味着允许人们用一种简单的方式表达他们的需求和意见，以便政府能有效提供服务，民主还需要构建社会，使所有人"处于平等的关系之中"，并能够"依照所有人都接受的规则，通过平等公开的讨论，追求集体自决"[37]。

通过将政治问题（如何在人口中分配资源）变为协调问题（如何有效响应选民要求），技术障目镜模糊并加剧了既有的不平等。同时，对解决方案效率的关注分散了我们对权力结构和公民程序系统地排斥和降低某些群体声音的注意力。这些扭曲无法用技术加以纠正，只有通过法律和制度变革才能解决。使这一问题复杂化的是，通过 311 应用程序提高参与效率，尤其是强调提供高效服务，向公众暗示政府的存在是为了满足个人需求，仿佛政府是一个客户服务机构，削弱了公民权的应有之义。

迅速修复每一个路面坑洼的承诺掩盖了政府资源有限的现实，但有限的资源还必须分配给其他问题或其他人群。故而，这一承诺会导致出现类似失望消费者的公民，从而削弱"人们接受公民集体责任的意愿"，政治学家凯瑟琳·尼达姆（Catherine Needham）解释道："把公民视为消费者的根本危险在于这会培育私有化和心怀不满的公民，政府永远无法满足他们的期望，他们也无法形成对于公共利益的关切，而这恰恰正是民主参与和支持公共服务的基础。"[39]

政治学家简·方丹（Jane Fountain）写道，过度关注客户服务实际上可能会"加剧政治不平等，即使它改善了生产和提供服务的某些方面"[40]。因为客户服务依赖于满足客户的需求和期望，在客户服务框架之下，那些权力较小、期望较低的社会群体，即较为贫穷的"细分市场"将获得质量较低的服务。

以效率和客户服务为导向的参与技术所固有的不平等，清楚地体现在 311 应用程序之中，尽管这些应用程序看似价值中立，但嵌入其中的效率使某些群体受益更甚于其他群体。这些应用程序围绕公众可提交的一组预定的请求类型而设计，最常见类别包括路面坑洼、路灯、涂鸦、人行道和树木[41]。对于那些需求正好属于这些有限类别的人，这些应用程序简化了其获得市政服务的方式；但对于那些需求超出类别范围的人，这些应用程序则爱莫能助。例如，波士顿的一项研究发现，"黑人和拉丁裔受访者都表示希望使用该系统与邻居联系"，而且这些社区"不太可能报告公共问题"[42]。因此，311 应用程序的用户报告严重偏向富裕白人社区居民，他们最倾向于报告问题，而不是那些最需要的人[43]。

最根本的是，尽管号称赋权公众，但效率优先的技术并没有为公众提供要求更好的学校、更好的公共交通服务或减少过度警察干预的渠道，换句话说，无法表达那些需要艰难的实质性（因而效率低下）政治改革的需求。事实上，311 应用程序优先考虑诸如歧视性的"生活质量"或"破窗"① 治安等问题，导致少数族裔在绅士化的社区中被定罪[44]，以及埃里克·加纳（Eric Garner）的死亡（由于某房

---

① 破窗效应由詹姆士·威尔逊和乔治·凯林于 1982 年提出，以一幢有少许破窗的建筑为例，如果置之不理，会招致更多窗户被破坏，因此，如果放任环境中的不良现象，会诱使人们模仿破坏，变本加厉。破窗理论对于治安和社区安全的指导意义为打击轻微罪行有利于减少更严重的犯罪。——译者注

东在 311 应用程序里报告"埃里克"在他家大楼外贩卖香烟）[45]。

通过如此的设计选择，311 应用程序缩小了对于一个统一政治体系而言不可或缺的集体经历和挫折的范围。如果某些群体的需求得到快速简便的解决，他们就难以意识到其他问题更为严重的群体所面临的挑战。当一个中上阶层的白人妇女毫不费力地解决了修补她家门前路面坑洼的要求时，她可能会更加认同城市政府是一个客户服务机构的假定，她很满意城市政府解决了她的问题并渴望将来要求更多的服务，但她对以更有意义的方式参与政府或社区治理不感兴趣。她不仅对许多贫困少数族裔社区存在的更加棘手的问题一无所知，对贫困少数族裔社区居民试图说服政府解决问题时遭遇的困难险阻也浑然不觉。

相反，假设 311 应用程序不存在，假设没有一个容易的方式让居民报告修理家门前的道路坑洼。也许她不得不打电话给公共工程部门，对方则回复说镇上另一个地方道路坑洼更严重，需要优先填补。她开始意识到自己经历的个人问题也是集体问题的一部分，许多居民家门前的道路都有坑洼，因为政府没有足够的资金维护基础设施。由于对政府工作滞后感到不满，也许她会发动邻居组织一个公民团体。他们与本地民选代表合作，在下一次市政选举中组织一次公投，就支持基础设施维护的税收问题举行全民公决。在此过程中，这个公民团体还接触到那些尝试解决社区更系统问题的人，例如黑人社区缺乏公共交通服务且学校资金不足，然后与他们联合起来共同倡导变革。

当然，这肯定比提交一份 311 报告要求填补道路坑洼所做的工作要多得多，而且需要比许多人期望的更高的参与水平。也许只有在乌托邦社会里每个人才会除了政府的高效服务之外没有任何其他需求。但在现实世界里，不同群体面临的问题的种类和范围大相径庭，政府官员对不同需求的响应速度也不同，为优势群体提供机会优化他们已经享有的与政府之间的特权关系，同时基本上忽视了那些有着更严重、更棘手需求的群体，此乃深层的不民主。

更重要的是，将 311 应用程序定位为公民参与的解决方案模糊了城市反民主力量的真正决定因素。正如社会科学家雅森·萨多夫斯基（Jathan Sadowski）和律师弗兰克·帕斯奎尔（Frank Pasquale）的解释，"花时间组织开发一个'公民参与和互动的市政平台，通过文本、声音、社交媒体和其他应用程序实现'，却不去花时间强调正是富人抵制税收才造成人力短缺，反而鼓吹智慧城市可以让城市剩余人手'力量倍增'有助于解决人力短缺的问题"[46]。换言之，随着更多公共资金用于社会服务，似乎没有必要如此迫不及待地去让每一个公共机构变得更高效。

然而，数据和算法的逻辑合理化并加剧了财政紧缩。在 2016 年的一篇评论中，经济学家雷马·瓦提亚纳森（Rhema Vaithianathan）（她开发了匹兹堡用来预测虐童的机器学习模型）[47] 认为，"预计至 2040 年，大数据应该会使公共部门大幅缩减至面目全非"。瓦提亚纳森提出，数据应该取代公务员，更妙的是，"理想情况下，所有完全不关心政治的人都会一致认同信息和洞见"[48]。瓦提亚纳森透过技术障目镜来观察政府，她认为市政当局所做的不过是监测服务和收集服务信息的机械任务。按照这个逻辑，强调数据可以让政府更高效，同时实现更多的社会最优。站在这一立场，瓦提亚纳森主张大幅削减公共部门的开支，这一主张并非出于政治考虑，而纯粹出于技术考虑，因而"与政治无关"。

因此，技术解决方案提供了一种冠冕堂皇的方式，借此回避对政治价值观以及如何实现这些政治价值观进行有意义的讨论。正如自动驾驶汽车妨碍了关于通过更好的城市设计和公共交通来改善城市宜居性和减少拥堵的讨论一样，公民参与应用程序也妨碍了对能够显著赋权公众的系统性变革的思考。通过技术努力降低公民参与障碍，理所当然地认定没有其他更有价值的途径促进有意义的公共参与。然而，事实显然并非如此。如果公共和私人生活中的不平等阻碍了某些群体的公共参与，那么减少这些不平等将产生更广泛和更实质的参与。废除那些系统性排斥某些社区的做法和制度，比开发一个让这些群体用来报告涂鸦的应用程序更有助于增强公民信任和公共参与。

但问题不仅限于可能有更好的解决方案，通过技术障目循环，公民参与应用程序改变了我们对民主的认知和实践。透过技术障目镜观察民主，人们会高估技术的影响，而忽视影响公民参与的复杂的社会政治因素。他们只看到沟通障碍很大——这是技术善于解决的问题——但却对其他限制因素视而不见，例如社区组织能力和重新分配权力的政治动机严重不足。然后人们设计技术，使城市居民可以无缝联系政府，但互动仅限于那些使政府成为更高效的服务提供者。这种技术塑造了公民和公务员的行为，并强化了如下信念：治理问题源于缺乏协调；政府存在的意义在于高效提供服务；城市生活的根本政治挑战是满足基本服务需求。由于应用程序简单地把观点陈述视为公民参与的主要形式，人们可能看不到组织、建立联盟或制定法律的理由。正是由于只关注技术和效率，这种关于民主和政治的贫乏观点才得以生根。

当然，技术专家断言他们的工具可以减少信息获取和公民参与的障碍并没有错——任何使用电子邮件和社交媒体的人都可以为此证言。在某些情境下，例如当政府需要关于整个城市状况的信息时，公民参与可以提供有价值的援助。底特律居民使用移动应用程序报告超过 40 万间房产的状况，为城市和当地非营利组织提供精确数据指导城市复兴的努力[49]。飓风桑迪过后，纽约依靠其 311 系统来确定树木倾倒的位置和其他问题[50]。

但是，我们不应把这种互动与有意义的公民参与或公共赋权混为一谈。两者都依赖于交易性信息共享以及公民和政府之间的传统关系。透过技术障目镜，模糊了司法、公民身份和权力的问题，这种动态关系似乎可以解决公民参与的问题。然而，对公民参与的障碍进行更透彻的解释呼应了开放政府倡议者约书亚·陶伯勒（Joshua Tauberer）所言："治理关乎权利。权利是一种社会事物，而不是技术事物。网站并不能神奇地赋予人们权利。"[51]

波士顿市幕僚长米奇·韦斯（Mitch Weiss）协助创建了第一个 311 应用程序，他也得出类似结论。"我们从数据中了解到，对政府的信任正处于历史低点，"他边说边做了个鬼脸，"我并不认为试图让政府变得更高效，像对待顾客一样对待我们的公民，为顾客提供更好的服务就是答案。我们需要在公共生活中做出技术无法解决的重大决策，我们需要公民参与制定这些决策。如果你用技术把他们推得越来越远，他们就无法和你一道做出那些重大决策。"[52]

* * *

史蒂夫·沃尔特（Steve Walter）生逢其时。尽管沃尔特身为波士顿市政府的一名技术研究员，但他对游戏的变革力量的兴趣却远胜于新技术的能力。他用一个简单的重力实验来说明游戏的价值。他把一支钢笔举在空中，放手，看它落下。钢笔落在地板上，发出砰砰响声。"我在学习重力！"沃尔特感叹，"我在玩耍的同时也在学习。这就是游戏的作用。"[53]

长久以来，游戏和玩耍一直吸引着沃尔特的想象力。"我们都有过这样的经历，全神贯注投入一场游戏，感受到从未有过的活力，"他说，"但这往往是出于一个愚蠢的原因——打赢一个愚蠢的游戏！想象一下，如果你是在帮助别人时体验到这种感受。"

沃尔特具有媒体和用户设计专业背景，他为市政府提供了一个重要视角——高度关注在城市生活和工作的人们的居住现实。"城市环境是一种体验——城市绝不只是一个密集地区，"他解释，"这是关于你如何与他人互动，以及你如何与他人共事。我们必须考虑到人类的体验。"在这种环境下，沃尔特说，大部分城市生活的价值来自游戏的能力——通过探索、质疑和拓展经验范围来获得新的意义。

　　游戏一直以来被认为是健康民主的必要条件。哲学家马歇尔·伯曼宣称："任何认真对待人权和公民权的社会都有责任提供空间，让这些权利得以表达、检验、戏剧化和相互竞争。"伯曼指出，歌手辛迪·劳帕（Cyndi Lauper）1983 年的热门单曲《女孩只想玩乐》[55] 的音乐电视即象征了这种价值观。这首歌的音乐电视描绘了劳帕和她的朋友们在纽约街头唱歌跳舞。一路上，他们吸引旁观者和同伴（从黑人建筑工到古板的白人商人）的加入，形成一个欢乐舞会，这与 1986 年电影《春天不是读书天》（*Ferris Bueller's Day Off*）中更加华丽和团结整个城市的游行如出一辙[56]。用伯曼的话来说，劳帕和布依勒（Bueller）① 两人都通过歌舞这种游戏的形式，"改变了街道生活本身，用歌舞的结构性开放打破了种族、阶级、年龄和性别的障碍，把截然不同的人聚在一起"[57]。

　　但是随着城市急于采用技术去提高公民参与的效率，沃尔特观察到游戏让位于增效，惨遭出局。虽然技术领域极力

---

① 布依勒是电影《春天不是读书天》的主人公，全名菲利斯·布依勒（Ferris Bueller）。——译者注

称道新技术促进了公民参与，但沃尔特却认为它只是"提高参与的一个新奇玩意"，并没有使参与变得更有意义或更赋权大众。

结合游戏精神与数字技术的可能性，沃尔特希望"用游戏创造新形式的公民行为"。他的目标不是设计一款可以打赢的游戏，而是设计一个产生反思、共情和学习的过程。例如，在社区规划过程中，沃尔特认为"游戏机制有助于更加感同身受地理解其他利益相关者"，他解释道："作为一个年轻白人，我可能扮演一位 80 岁亚裔移民，他有着与我截然相反的需求。"这种探索可以带来新的理解，并创造跨群体对话的机会。沃尔特认为，这也可以使参与变得更加充实有效。"如果我们能让这个过程本身变得令人愉快，我们将获得更好的结果。如果人们希望成为其中一员，他们会付出更多努力。"

几年前，沃尔特开始与一个志趣相投的伙伴合作，他是位于波士顿市中心的爱默生学院的公民媒体教授及公民参与实验室的创始人埃里克·戈登（Eric Gordon）。戈登注意到技术日益成为公民参与的手段，他开始担心"参与往往被简单地等同于为官方交易提供机会，而不是促进公民之间的联系或有意义的反馈"[58]。正如戈登所见，过分关注提高公民参与效率的技术会造成"系统性忽视政府对于培育对话、意义和异议的责任"[59]。他举了一个例子：审议是一个极为低效的过程，但对于健康的代议制民主却至关重要。"我们如何才能将审议构建到效率是首要价值的系统当中去？"[60]

　　为了回答这个问题，戈登和沃尔特创建了"社区共规划
（Community PlanIt，CPI）"，一个多人游戏的在线平台，旨
在促进社区参与、审议和决策。游戏围绕一系列为期一周的
任务组织起来，每个任务关注一个具体问题，并由种种挑战
构成，包括细节问题、问题解决和创造性练习等。在完成这
些活动的过程中，游戏会提示参与者考虑其他人的观点和视
角，同时在游戏中积累点数和影响力。游戏的目标不是将用
户推向一个特定的结果，而是提供一个社区聚集在一起共同
商议的环境。

　　显然，"社区共规划"并非典型的公民参与的技术平台，
但是它已经被成功地应用于许多场合，包括 2011 年波士顿
公立学校的规划过程和 2012 年底特律的总体规划过程。这
两个城市都因此取得了显著效果，远远超过典型的公民参与
应用程序所带来的好处。对"社区共规划"的一项评估发
现，这款游戏"建立并加强了个人与地方社区团体之间的信
任"，并"鼓励了互动的参与实践"[61]。在底特律，作为长期
规划工作的一部分，采用过各种公民参与的策略，"社区共
规划"被选为让参与者对未来最有希望的技术平台[62]。

　　"社区共规划"没有采用那种僵化的引导用户实现预定
目标的游戏结构，而是拥抱游戏，鼓励探索和审议。游戏任
务要求每个用户都要对开放式提示做出响应，而为了看到其
他人的回应，用户必须首先提交自己的答案。这种游戏机制
会带来积极的和反思性的审议，一位参与者将其称为"市政

厅会议上未曾有过的来回折腾"。玩家还注意到游戏鼓励他们反思自己的观点，并理解其他观点。一位参与者说："游戏迫使你认真思考你想说的话，以便了解别人的看法。"另一个人补充说："每当我发现自己是少数派时……这让我思考为什么人们认为另一个主意更好。""我发表了我的评论，但有人不同意，"第三名参与者说道，然后又补充，"我真的不知道谁才是对的，但我感到这让我认真思考自己原来的想法。"[63] 通过这些互动，参与者发展了反思自己立场的能力，并对社区产生了更深的信任。

沃尔特认为"社区共规划"最特别的地方在于"游戏允许人们利用它的机制"。游戏中出现的对话往往不是公职人员在游戏一开始所预料的。例如，在马萨诸塞州的一个小城市，当地规划委员会提出了一组调查问题，而公众却把话题转向了一个完全出乎意料的内容——垃圾收集。沃尔特解释说，尽管这不是游戏预设的内容，"但就是会不断涌现新的东西。居民希望谈论的东西"。

"这正是使用游戏机制的系统的最佳之处，最终它更关心的是游戏而不是结构，"沃尔特说，"你提供某种结构，但你允许人们把它推向他们希望的方向。"

观察"社区共规划"的影响让戈登和沃尔特形成了一种认识，他们称之为"有益低效"。与导致系统不必要滞后的"纯粹低效"相比（例如，低效除雪没有什么价值），他们解释道，当它促使"公民平等分享彼此的经验，扩大彼此之间的意义范围和感知"时，"低效就变得有意义了"。有益低效使"对游戏可供性①开放的公民系统"成为可能,"用户可以选择在规则内游戏或者利用规则来游戏,而不仅仅是执行既定的任务"[64]。

显然,技术障目镜无法区分纯粹低效和有益低效——所有的低效都是不好的。"当公民生活的技术应用纯粹因其便利性、交易性和工具性而受到颂扬时",戈登和沃尔特感叹,诸如审议、异议和社区建设等公民行为"就被潜在地边缘化了"。他们认为,"通过默许管理可能的自治形式和可能的公民行动领域",政府利用技术来维持其控制,"远比通过外部力量更有效、更普遍"[65]。

这与许多人希望互联网和社交媒体能够促成的自下而上的革命相去甚远,戈登说变革只能来自"文化转变。我认为,社会日益认识到要把城市制度视为不仅是提供服务,而是创造宜居环境,这一点非常重要",他说:"这不仅仅是基础设施和服务提供的问题,还是一个文化创造的问题,对话和审议至关重要。仅仅通过交易无法产生文化。"[66]

正如"社区共规划"所示范的,有益低效不需要用技术来根除。类似"社区共规划"这样的系统不可能解决每一个社区挑战,也无法让公民对公共决策享有更大影响力,但是它比我们看到的典型的参与应用程序更有能力促进公民参与。有益低效不是引导公民走向简单的交易行为,而是让游

---

① 可供性(affordance)由美国知觉心理学家詹姆斯·吉布森(Jerome Gibson)提出,用来描述环境可以提供给人或其他生物的属性。——译者注

戏改变公民的观念、动机和能力。从这个意义上讲，有益低效可以被视为点燃转变型组织的火种。

因为在发展技术创造更民主的城市时，拥抱效率之外的价值观和政策至关重要。事实上，效率往往根植于有益低效。因为正如戈登和沃尔特所解释的，根本问题不在于"我们如何利用技术使公民生活更高效"，而在于"我们如何利用技术使公民生活更有意义"[67]。

＊　＊　＊

正如我们所见，技术并非存在于真空之中，尽管众望如此，但技术不能自行摧毁制度和政治结构。相反，只有在使用者对于制定公共优先事项和政策拥有真正意义上的发言权的情况下，技术才能支持审议和能力建设。试图提高公众参与度的城市所面临的挑战不是部署酷炫新技术，而是创造赋权公众的公民空间。权力转移的发生不在一项新技术使既有过程和互动更高效之时，而在重组这些过程和互动赋予社区对地方治理更大的影响力之时，不论其是否通过技术实现。

参与式预算（participatory budgeting，PB）是提供这种发言权的一个途径，即政府授权居民直接决定如何使用部分城市财政预算的过程。通过参与式预算，居民们相互合作，并与政府官员一起为政府资助的项目制定提案，然后政府与社区合作实施经由民主投票选出的项目。

与公众对于公共资金的使用几乎毫无发言权的传统预算分配方法相比，参与式预算代表着鲜明的权力转移。政治学家霍利·拉森·吉尔曼（Hollie Russon Gilman）在《民主再造：美国的参与式预算与公民创新》（*Democracy Reinvented*：*Participatory Budgeting and Civic Innovation in America*）一书中写道："通过为公民和机构如何共享信息、互动和制定公共决策创造一个全新的过程，参与式预算有可能加强地方民主实践，并改变当前公民与地方政府之间的关系。"[68]

除了允许居民集体开发和分配资金给满足社区需求的项目之外，参与式预算还创造了一个罕见的审议和知识转移的环境。当公众与政府官员合作发展市政项目时，他们能够更透彻地理解政府的作用和局限。通过这一过程，公民创造了社会资本，培养了社区领导力和自主性，并逐渐认识到公共政策必须权衡需求和价值观的多元性。虽然有时令人沮丧，但参与式预算的这些特性对其吸引力至关重要，一名参与者声称参与式预算是"我经历过的最有成就感的公民参与模式"[69]。

然而，这并不意味着参与式预算已经司空见惯或者易于实施。美国自2009年起才开始实行参与式预算（尽管参与式预算实践的起源可以追溯到20世纪80年代的巴西），而且整个过程异常耗时。为了发展和选择项目，人们必须参加无数的会议，而许多人不能或不愿这样做，特别是那些工作时间固定、担负育儿责任的人格外受到时间要求的限制。吉尔曼指出，如果要让参与式预算涵盖更大的范围并吸引更多人参与，"它需要减少资源密集型的倾向"[70]。

用于信息共享和交流的数字工具可以简化审议程序，大大减轻参与式预算的负担，但吉尔曼警告说，以效率为重心改革参与式预算的过程，可能"削弱让审议工作富有价值的面对面参与的承诺"。吉尔曼发现，"公民之所以能够持续参加参与式预算，主要是出于公民回报，而不是物质奖励"，而公民回报"更难在网上获得"。例如，与公职人员合作是"审议过程中最有回报的一面"，但在一个旨在提高对话效率的技术平台上几乎无法复制这种回报。同样，用电子通信代替集体审议可能会缩小话题和参与者的范围，同时还会减少参与所创造的社区建设。吉尔曼断言，综上所述，技术可能会稀释参与式预算的好处，因其阻止参与者"体验亲身参与公民对话所获得的艰辛回报和相关知识"[71]。

　　吉尔曼的担忧不无道理。采用典型的公民参与技术，例如，为求高效决策，用一个在线平台代替面对面的讨论，将重点从变革转移到交易，可能会降低参与式预算的价值，毕竟，汉瑞·韩的研究强调了变革型组织的价值，可以帮助发展人们作为积极分子和领导者的能力。交易型动员可以协助把人们带到谈判桌前的努力，但它本身不能产生持续的公民参与。参与式预算亦是如此，除了为公众提供影响市政决策的新机制之外，参与式预算主要在它所涉及的变革过程中发挥价值。在了解政府的运作方式并发展他们实现变革的能力之后，参与者不断涌现。吉尔曼写道，即使这个过程令人沮丧，参与者仍然坚持不懈，因为他们"在形成……一种维系他们参与的集体身份"[72]。

　　但也许吉尔曼之所以认为技术对于参与式预算而言是个诅咒，只是因为典型公民参与的技术发展通常都精准聚焦于效率。值得注意的是，韩并没有完全否定交易型方法。尽管这种方法本身不足以维持成员高度参与的有效组织，但这种方法仍是吸引人们参与的重要工具。让加入参与式预算变得更容易的交易技术可能是吸引更多公众的有效工具。事实上，来自巴西的证据表明，某些注重效率的方法，例如网上投票和事件提醒短信，可以扩大参与式预算中更具交易性的受众，"可以被视为政治不活跃或较不活跃的公民参与的门户"[73]。

　　与此同时，戈登和沃尔特关于有益低效的概念解释了吉尔曼所说的"（参与式预算）创新所带来的悖论，即实际上既创造了又依赖于某些人所认为的低效[74]。当吉尔曼把参与式预算的价值与其相对于传统预算的低效相比，她开始意识到有益低效是公民回报的来源。从这个角度来看，悖论根本不存在，正是因为参与式预算需要采取更慎重的方式来实现最终结果，所以它极具变革性。因此，尽管吉尔曼认为多数公民参与技术对参与式预算有害无益的观点没有错，但"社区共规划"的案例表明，如果技术被开发和部署用于支持而不是消除有益低效，那么技术也可以促进参与式预算更为审议性的部分，而不会加以扭曲。

　　加利福尼亚州的小城瓦列霍（Vallejo）认识到需要提高参与式预算的公众可达性，已经开始采用这种类型的技术。2015 年，瓦列霍与斯坦福众包民主团队合作，开发了一个便于在线投票的平台。2017 年，巴列霍还与加州大学伯克利分校的社交应用实验室合作，将一个名为 AppCivist 的额外平台整合到参与式预算之中，该平台提供了一个集中的地方用于制定提案、跟踪项目进展以及与城市公职人员交流。

巴列霍实施这些新的便利措施，用于支持而不是消除参与式预算的核心构成。巴列霍参与式预算的项目经理阿莉莎·莱恩（Alyssa Lane）强调，"技术不能取代面对面的交流"。她指出，尽管项目团队可以通过 AppCivist 制定提案，城市公职人员也可以通过 AppCivist 提供反馈，但大多数人更愿意面对面交流，进行更私人、更深入的对话。因此，项目团队主要使用该平台来记录面对面会议交流的情况，从而让错过会议的人了解最新进展。"我认为面对面交流有助于解决问题，"莱恩说，"我并不认为未来面对面交流会消失。"[75]

当然，不论有没有技术，参与式预算都不是解决城市公民参与和民主决策不足的灵丹妙药。参与式预算极为耗时的特性大大限制了参与者的人数以及这一实践的普及程度。即便对那些确实亲身参与的人而言，审议也不是万无一失的。尽管显然它可以提高公民回报，但它无法排除反民主的结果[76]。而且，迄今为止，参与性预算仅限于资金分配相对较少、相对非政治性的项目。吉尔曼认为，如果参与式预算要"重振地方民主"，这个过程"必须包括主要预算问题，包括城市重建、分区和社会福利支出"[77]。这种变化将使参与式预算受到更严格的审查，从而使参与式预算难以保持其本质特征。最后，许多重要的市政决策是在预算范围之外做出的，无论是执行已批准的项目还是制定优先事项和立法。忽视了政治和权力的这些非预算组成部分，将使公民赋权的努力变得力不从心，因为重要决策可能会被转移到参与式预算的权限之外。

尽管如此，深谋远虑地将技术融入参与式预算恰恰代表了足够智慧城市的创新形式。欲改善一个有价值然而烦冗的过程，城市需要明智而审慎地区分技术能够而且应该克服的纯粹低效和允许转变型组织发生的有益低效，前者可以为吸引更多人参与的交易型动员创造机会，后者则无须用技术来缓解。这是经常被技术专家们所忽视的关键区别：尽管所有低效都会使民主治理更具挑战性，但只有纯粹低效才应该被根除。有益低效是民主一个富于挑战但必不可少的组成部分，这是技术迷们难以理解的一个悖论。

尽管技术不应消除面对面审议所必需的困难，但它可以通过改善信息共享、增加参与者的数量和多样性、通过电子投票动员社区等方式来改善审议。不同于 311 或其他在真空中促进交易型动员的参与应用程序，巴列霍所使用的参与式预算技术融入了变革性体验，其设计旨在提升人们的参与度。这种在消除纯粹低效的同时培育有益低效的组合将削减参与式预算的冗余，使其更具可持续性，同时又不妨碍其赋权公众和培养公民身份的能力。

例如，在巴列霍，参与式预算正被用来修复 2008 年该市破产对政府信任的损害。"我们有几个项目如通过正常预算过程是不可能得到市政府资助的，"阿莉莎·莱恩说，"但和项目相比，我认为最让我振奋的是看到具体代表及委员会成员开花结果。"莱恩分享了一个故事，主人公开始参加参与式预算会议，而此前他从未主动参与过任何社区活动。他最初极为安静内向，而在这一过程结束时，他已经制定了一个由参与式预算资助的项目，并定期与政府官员接触。他作为志愿者继续从事日后的参与式预算周期。"看到他在公民参与方面的进展非常鼓舞人心，"莱恩说，"而这样的故事还有很多。"

＊　＊　＊

回到本章开始提出的问题，我们现在认识到，技术专家把民主主要视为一个技术问题的概念认知具有严重的缺陷，并且充满危险。更重要的是，现在很清楚，上一章探讨的问题并不仅仅反映了技术专家对汽车的看法，而是他们对于技术的社会价值的核心误解。与自动驾驶汽车一样，公民参与应用程序本质上并不坏，但是相信技术可以解决长期存在的社会政治难题的信念在创新的光鲜外表之下加固了既有的结构和不平等。

参与式预算表明，最重要的创新是以改变社会状况及社会关系的方案和政策的形式出现，而不是以新技术的形式出现，新技术往往支持既有的结构和关系。尽管参与式预算将受益于恰当的技术实施，但其真正创新之处在于为公众提供了一种新的权利来源和一个行使权利的审议空间。因此，参与式预算向吉尔曼证明，"创新可以有许多不同形式，包括参与者的构成和流程结构"。不过这样的倡议在智慧城市中没有立足之地，因为智慧城市将创新等同于技术，它只关注新技术如何使参与更加个性化和高效。正是因为参与式预算没有遵循这种追求技术兼效率的标准方法，所以吉尔曼认为，参与式预算是"21世纪创新的一个非典型的典范"[78]。

足够智慧的城市不是减少最简单形式的公民参与的障碍，而是首先改革公民进程，然后采用技术来改善实施。因为技术本身不会让城市变得更有意义、更加民主，技术必须被用于推进赋权公众的项目和政策。与前一章的结论相似，制定城市发展目标是利用新交通技术好处的先决条件。在后续的章节中，我们将继续探讨非技术性的创新和长期规划如何为有效利用技术奠定基础，并推动足够智慧的城市形成。

我们已经开始认识到，技术的社会政治影响如何主要取决于技术设计和技术功能所蕴含的价值标准。在上一章中，城市面临的根本挑战是为采取新技术做好准备，但在这一章，我们遭遇城市应该如何开发和部署新技术这一更模糊、后果更重大的领域。当然，决定在创造技术时优先考虑何种价值标准，就像制定技术支持的政策和结构一样，是一个政治问题。我们无法单纯用技术来逃避这些棘手问题。这将是下一章的中心主题。

第四章

正义之城：机器学习的社会与政治基础

2012 年，马萨诸塞州坎布里奇市警察局的一名数据分析师在查看近期的犯罪报告时，发现了一个惊人的盗窃模式：每周二和周四下午，当地一家咖啡馆连续发生笔记本电脑和钱包失窃案。单个案件本身并不能说明什么，但综合一系列案件来看，可以清楚发现窃贼有规律作案的模式。确认这一行为模式之后，分析师便可预测窃贼下一次作案的时间和地点，并当场人赃俱获。

坎布里奇市警察局犯罪分析小组的指挥官丹·瓦格纳（Dan Wagner）中尉回忆道："我们告知警探最精确的时间范围——周二下午四点至六点。他们派了一个实习生带着背包和电脑，假扮诱饵引盗贼上钩。果然没多久，他们就看到有人偷电脑，立即当场逮捕。"[1]

这个故事听上去似乎很简单，但通常犯罪模式并不容易被发现，数据分析师苦苦挣扎于海量犯罪数据之中犹如大海捞针。实际上，坎布里奇市警察局花了好几周时间才确定咖啡馆案件属于连环盗窃案，而且这一发现带有一定偶然性，当又一起咖啡馆盗窃案报告上来，数据分析师恰巧想起之前看过类似案件。咖啡馆失窃案告破当然值得高兴，但瓦格纳意识到这种特殊的、个体化的方法作用非常有限。他解释道："没有哪个分析师真的能记住并想起犯罪历史数据库中的所有案子。"

瓦格纳的导师里奇·塞维埃里（Rich Sevieri）于 1978 年成立坎布里奇市警察局犯罪分析小组，该小组是美国最早的同类分析团队之一。塞维埃里见证了犯罪分析小组的巨大转变，从最初使用标针地图和打孔卡片到今天的数据库和预测模型。塞维埃里早年是一名记者，尽管已经跟数据打了几十年交道，他依然对"5W①"情有独钟，即谁、什么、何时、何地以及为什么。即使犯罪调查越来越关注数据和算法，但塞维埃里的分析方法从未改变："你必须洞悉动机，你必须知晓犯罪情节。"

意识到只靠分析师手动查询数据库来寻找犯罪模式很可能徒劳无功，塞维埃里和瓦格纳找到麻省理工学院统计学教授辛西娅·鲁丁（Cynthia Rudin），希望她帮忙找到一种自动分析犯罪趋势的方法。虽然连环犯罪案件通常依照罪犯作案手法而呈现某种犯罪模式，但是单靠人工或电脑去识别犯罪模式依然比较困难。犯罪分析师可以凭直觉洞察某些特征可

① 新闻传播的 5W（who，what，when，where，why）模式，分别指"谁、什么、何时、何地以及为什么。——译者注

能表明一系列案件存在关联，但他们无法手动审阅过去每一起犯罪数据以寻找模式。与此相反，计算机则很擅长分析海量数据，但它们可能会错过表明连环犯罪的微妙线索。

塞维埃里认为，如果他们能教机器学会"资深分析师的工作过程"，则通过某种算法就能够识别犯罪模式，否则警方需要花数周乃至数月时间去识别（前提是模式能够被识别）。这将有助于坎布里奇市警方更快识别犯罪模式并阻止罪犯。

当鲁丁教授了解了坎布里奇市警察局破获咖啡馆系列失窃案的过程，她立刻意识到"寻找犯罪模式无异于大海捞针"[2]。作为一位致力于辅助人们决策的计算系统设计专家，鲁丁非常希望能帮助坎布里奇市警察局在数据海洋里辨别出有用信息。鲁丁和她的博士生王彤（Tong Wang）与塞维埃里和瓦格纳合作，共同开发一种能够侦察入室盗窃（一种众所周知难以破案的犯罪）的连环犯罪模式的算法[3]。

算法的核心在于甄别罪犯的作案手法。对于入室行窃这样的犯罪，作案者通常表现出一种特殊行为模式，贯穿于多起犯罪活动之中。当看到对的数据时，瓦格纳和塞维埃里说他们几乎可以"自动"辨认出模式。但是，问题在于他们不知道应该看哪里以及他们能处理的数据量是有限的。此外，对于电脑识别犯罪模式而言，难点在于每个罪犯的作案手法都是独一无二的。有的窃贼在工作日早晨强行撬开公寓前门，有的窃贼则在周六晚上从窗户潜入，洗劫一空。因此，仅仅教会电脑如何识别某种特定模式是不够的，该算法还必须要"捕捉犯罪分析师的直觉",并且能够大规模重建这种直觉[4]。

在瓦格纳和塞维埃里前期重要投入的基础上,鲁丁和王彤开发了分析连环犯罪的模型,分为两个相辅相成的阶段。首先,模型学习"普遍模式"的相似之处(例如犯罪的时空临近性),代表着典型连环犯罪模式的广泛类型。其次,基于第一阶段的学习结果,模型识别"特殊模式"的相似之处,即某起连环犯罪的具体作案手法[5]。采用这种两分法,模型首先学习人类分析师的直觉,然后将其运用到入室盗窃案的大型数据库中去甄别连环犯罪案。

该算法的最后一个要素是历史数据语料库,用于学习一个典型连环犯罪案的实际状况。得益于塞维埃里的出色管理,坎布里奇市警察局拥有全美最全面的犯罪记录数据库,其中包含过去几十年犯罪案例的详细信息。这个数据库使麻省理工学院的模型得以学习过去 15 年间剑桥市发生过的 7 000 起入室盗窃案件,每起案件的详细信息包括地理位置、星期几、入室方式以及房子是否遭到洗劫,等等。该算法还从同期由分析师识别的 51 起连环犯罪中学习和提炼连环犯罪的典型特征。

一旦从数据中学习,该模型很快就显示出其协助警方破案的潜力。2012 年,坎布里奇市发生了 420 起入室盗窃案。分析团队第一次运行该算法就识别出过去的一起连环犯罪,相比之下,犯罪分析小组当时足足花了六个多月才侦破该案。

　　在一项回顾性分析中，该算法进一步展示了其协助警方调查的能力以及人类所没有的推理能力。坎布里奇市警方曾破获了发生于 2006 年 11 月至 2007 年 3 月间的两起连环犯罪案。然而当算法重新分析这些历史案件时发现，原来警方认定的相互独立的连环犯罪案实际上紧密相关。尽管两起案件之间有一个月的时间间隔，案发地点也向北移了好几个街区，这导致警方怀疑两起案件互不相干，但两起案件的作案手法极为相似：几乎每起案件罪犯都在工作日从前门破门而入。当算法把推断结果——两起盗窃案实际相互关联，属于连环犯罪——呈现在瓦格纳和塞维埃里面前时，他们都同意这一推论。两起案件的时间间隔可解释为寒假期间更多的人待在家，对窃贼有威慑作用；地理上的转移则是窃贼为了应对上一起盗窃案被人发现的一种策略[6]。如果坎布里奇市警察局当时就掌握了这些信息，他们本可以在案情进一步扩大之前早点识破并及时处理正在发生的连环案件。塞维埃里反思道："如果不及时制止连环犯罪，后果就是如此。"

＊　＊　＊

　　坎布里奇市算法采用了一套被称为机器学习的技术。这种预测分析方法十分强大，它们可以挖掘大型数据库，分析复杂趋势，从而识别人类调查者难以发现的模式。随着生成和储存的数据呈指数级增长，利用数据做出明智决策的能力越来越有价值。

　　不妨考察谷歌邮箱（Gmail）监测垃圾邮件的方式。每当你收到一封新邮件，谷歌邮箱都会加以评估，判断邮件是常规邮件（应该发送到收件箱）还是垃圾邮件（应该发送到垃圾邮箱）。虽然工程师可以预设识别垃圾邮件的规则，例如包含"限时优惠"字样或至少有两处拼写错误就可被判定为垃圾邮件，但机器学习算法可以从以前的邮件中提炼出更微妙、更复杂的模式来识别垃圾邮件。

　　典型的机器学习算法依靠"训练数据"，由已经分门别类的历史样本组成。对垃圾邮件过滤器而言，训练数据相当于邮件语料库，包含已被人们标记好的"垃圾邮件"或"非垃圾邮件"。谷歌邮箱工程师的下一步工作就是定义每封邮件的属性或者特征，供算法评估邮件是否属于垃圾邮件时参考。相关邮件特征可能包括邮件的语言表达、发送电子邮件的地址（例如，它在收件人的联系人列表中吗）以及所使用的标点符号类型。然后谷歌邮箱利用机器学习算法确定邮件特征和两类标签之间的关系。通过一个称为"拟合"的数学优化过程，该算法判断每一特征对应于垃圾邮件的关联有多强。由此生成一个公式，即我们所说的模型，可以对新邮件进行分类。每当你收到新邮件，谷歌邮箱就会用其所学进行筛选。模型评估邮件，判断它是更接近于训练数据中的垃圾邮件还是非垃圾邮件，由此判定新邮件有多大可能是非垃圾邮件。

　　当然，垃圾邮件过滤器只不过是机器学习的冰山一角。驱动无人驾驶汽车、在国际象棋和扑克大赛中打败世界冠军以及人脸识别等软件的幕后英雄都是机器学习。

　　机器学习理解复杂模式并预测高深莫测事件的能力似乎

表明我们可以依靠数据和算法解决几乎所有的问题。企业家兼《连线》（*Wired*）① 杂志总编辑克里斯·安德森（Chris Anderson）甚至在 2008 年宣称，大数据意味着"理论的终结"[7]。当有足够多的数据可以预测未来将会发生什么，谁还需要去理解一个现象呢？

　　但是，正如坎布里奇市的案例所示，这种声称完全不符合事实。塞维埃里谈到算法要努力"捕捉犯罪分析师的直觉"，因为算法必须理解人类分析师会用什么理论去侦查犯罪模式。当然，算法未必需要严格遵循人类的思维过程，机器学习的强大之处正在于它能用与人类不同的方法来解析海量数据库。但是除非人类首先为算法提供一个基础运行框架，例如关注什么信息以及达成什么目标，否则算法会茫然不知所措。麻省理工学院的模型之所以成功，正是因为鲁丁和王彤依靠瓦格纳和塞维埃里的专业知识方才解密犯罪分析师的思维方式。该算法包含众多人为假设才能作出判断，例如哪些是相关信息（是星期几而不是温度）以及如何解释这些信息（接连发生在周二和周三的事故比发生在周五和周六的事故关联性更大）。

　　数据驱动的算法看起来似乎不依赖于任何理论或关于世界的假设，但实际上算法总是反映了创造者的信念、优先级和设计选择。即使是垃圾邮件过滤器也不例外。从谷歌邮箱

---

① 美国《连线》是一份科技类月刊杂志，于 1993 年创刊。该杂志从人的角度探讨技术，内容涵盖了几乎所有方面的科学技术应用，并关注技术对政治、经济、文化等带来的极大影响。——译者注

的工程师为算法学习选择训练数据库伊始，这一过程就开始了。为了确保算法学习的规则能够准确应用于算法将要看到的各类邮件，训练数据的邮件必须被精确标记并能充分代表垃圾邮件过滤器未来需要评判的邮件。如果谷歌邮箱选择的训练数据中垃圾邮件过多，那么垃圾邮件过滤器就会高估新邮件是垃圾邮件的可能性。此外，为算法挑选识别特征时还需借助人的直觉，判断哪些属性更能区分出垃圾邮件。如果谷歌邮箱的工程师对垃圾邮件的指标只知其一不知其二，那么他们据此创建的特征规则会使算法只能识别前一种垃圾邮件，但却无法识别后一种垃圾邮件。

最后，谷歌邮箱还必须设定垃圾邮件过滤器需要实现的优化目标。是要尽力识别每一封垃圾邮件，还是针对某些更为重要的邮件类型优先识别垃圾邮件？如果谷歌邮箱工程师认为钓鱼邮件（试图哄骗邮件接收者提供密码等敏感信息）是最糟糕的垃圾邮件，那么他们会优化垃圾邮件过滤器首先筛选钓鱼邮件，但这样一来，过滤器可能就不太擅长识别其他类型的垃圾邮件，比如发薪日贷款类的垃圾邮件。作为计算的一部分，谷歌邮箱必须权衡取舍假阳性（误把常规邮件标记为垃圾邮件）和假阴性（误把垃圾邮件标记为常规邮件，放行到收件箱）两类错误①。过度强调避免假阳性错误，收件箱会塞满垃圾邮件。相反，过度强调避免假阴性错误，

---

① 基于样本推断总体的统计假设检验有两类错误：一类错误和二类错误，一类错误又称假阳性，若零假设实际成立，但统计检验拒绝零假设；二类错误又称假阴性，若零假设实际不成立，但统计检验接受零假设。——译者注

谷歌邮箱又会错误过滤掉重要邮件。这一决定关乎模型成败。2018 年 3 月，优步自动驾驶汽车在亚利桑那州撞倒一名女子并致其死亡，这起事故的元凶便是设置不当的软件，它降低了假阳性的重要性（以避免对塑料袋等障碍物过度反应）[8]。

　　一旦我们对设计选择考虑不周，所发布的算法就有做出不准确或不公正决定的风险。尽管人们热衷于讨论机器学习预测未来的能力，但实际上机器学习真正预测的是过去。谷歌邮件之所以能有效监测垃圾邮件，是因为它知道以前的垃圾邮件长什么样（这正是训练数据的价值），并假设今天的垃圾邮件和过去的一样。机器学习模型内含的核心假设是，与过去某些结果相关的特征将在未来导致相同结果的产生。

　　预测过去的问题在于过去可能充满歧视和不公正。数据反映了数据产生时的社会环境。充斥着系统性歧视的国家历史会产生反映这些偏见的数据：对于同等资历的应聘者，雇主更偏向白人而拒绝非裔美国人，或者更偏向男性而拒绝女性[9]。女性和非裔美国人一直被排除在经济和教育机会之外，因此表面上的社会数据结果似乎显示白人或男性与其他人具有本质不同，使得他们资历更高、学历更高、更为富有。换句话说，不加批判地依赖来自不公平社会的数据，会把社会歧视的产物误认为反映人内在本质特征的中立事实。

　　就垃圾邮件而言，这似乎无足轻重——收到垃圾邮件不过是让人头疼的小事罢了。但是当需要算法做出更为重大的决定时，训练数据所包含的偏见则可能兹事体大。

　　20 世纪 70 年代，伦敦大学圣乔治医学院开发了一款计算机程序用于淘汰申请者。鉴于要从约 2 000 名申请人中挑选出 150 人，若有一款程序能减轻遴选面试学生的工作量，无疑极具吸引力。这款程序承担了几乎整个 80 年代该校的初审工作，筛选出可以进入面试环节的学生。然而在 1988 年，英国种族平等委员会调查该程序使用情况时发现它隐含偏见——圣乔治医学院依赖于电脑程序筛选，不公正地拒绝了数百名符合学术资格本可以进入面试环节的女性和少数族裔候选人[10]。

　　算法无法自行习得这种偏见，纵观圣乔治医学院的历史，招生人员一直基于种族和性别做出带有偏见的录取决定。当招生算法学习过去录取决定的训练数据时，它便推断出圣乔治医学院并不青睐女性和少数族裔申请人。换句话说，算法不是学习识别出那些最具学术资格的候选人，而是学习识别那些看起来与过去所录取学生最相似的申请人。事实上，算法与学院人工招生小组的招生结果具有高达 90％的相关性，这也是为何圣乔治医学院从一开始就相信招生算法有用。

　　直至今天，许多人还在重复同样的错误，依赖机器学习做重要决策，却发现模型做出了有偏误的预测。例如，2014 年，亚马逊开始开发机器学习算法来辅助聘用求职者的决定。仅仅一年之后，公司就放弃了这个项目，因为它发现该模型不公正地偏好男性求职者[11]。

＊　＊　＊

　　并非只有坎布里奇市警察局相信机器学习可以改善警务

工作。机器学习已经获得了几乎神话般的地位，似乎它可以解决任何问题。科技政策律师大卫·罗宾逊（David Robinson）说："人们脑海里已经被植入这种想法，无论电脑被运用到什么领域，都能带来显著改善。"他补充道，全国各地的警察局自然会想，"为什么我们不对城市社区治安难题施展一下这个魔法呢?"[12]

于是企业开始纷纷向市场推出各种实施"预测警务"的工具。其中最广为使用的是一款名为 PredPol 的犯罪预测程序。它是一款基于历史犯罪记录预测犯罪的软件，分析犯罪地理分布，然后预测未来的空间过程，推测下一起案件发生的地点。公司通过在预测的犯罪高发地点上覆盖红色方框［范围（500×500）英尺］的交互地图，向警方呈现犯罪预测信息。该公司设想，如果警方多花时间在这些区域执勤，他们将更有效地预防犯罪和抓获罪犯。

罗宾逊解释："销售商很乐意制造这种印象，即他们的系统将利用科技而让事情变得更美好。"PredPol 不遗余力地分享证明其软件有效的案例分析，并援引"那些证明使用了 PredPol 从而社区犯罪减少的行之有效的记录"[13]。正如著有《大数据警务的兴起》（*The Rise of Big Data Policing*）一书的法学家安德鲁·弗格森（*Andrew Ferguson*）所解释的，预测警务之所以对警方充满吸引力，主要是因为它提供了"'一个答案'，似乎可以帮助警方从由于过度依赖人为警务技术造成种族关系紧张的焦头烂额之中解脱出来"。他补充道："一个未来主义的答案黑箱远比试图解决世代积累的经

济和社会疏忽、帮派暴力和教育系统资金严重不足等问题要
容易得多。"[14]

　　因此，随着社会对于歧视性警务实践的愤怒日益高涨
（包括众多备受关注的警方击毙非裔美国人事件）以及要求
系统改革警察体系的呼声不断加大，预测警务被誉为"绝妙
好主意"，通过客观科学的评估，警方可以预先阻止犯罪发
生。在一次访谈中，一名曾为 PredPol 做过几年说客的前分
析警员声称："这听起来有点像科幻小说，但其实它更近于
科学事实。"[15]

　　然而到目前为止，当大众对技术的信仰已经达到如此强
烈的程度时（这是一个典型技术障目镜的例子），我们更应
对此保持审慎怀疑的态度并提出几个问题：技术是否真的能
够达到它所宣称的目的？技术解决方案蕴含着什么价值标
准？当我们假设这是一个技术问题时，我们忽视了什么
东西？

　　对预测警务工具的深入评估表明，它们的承诺远远超出
其自身能力范围。2016 年，罗宾逊主持的一项研究"发现几
乎没有证据显示现存系统达到了自己声称的结果"。相反，
他在报告中断言："预测警务不过是营销话术。"[16] 事实上，
PredPol 大肆兜售的统计结果大多是利用犯罪率的正常波动
而精挑细选过的数据，从而得出使用 PredPol 能够显著减少
犯罪的结论[17]。正如一位统计学家所说，这种分析"毫无意
义"[18]。

　　兰德公司（一家政策研究智库）的研究员约翰·霍利伍

德（John Hollywood）评估了大量预测警务工具，表示预测警务的好处"顶多有些许改善"，如果想要预测具体犯罪，"我们需要将预测精度提高 1 000 倍"[19]。霍利伍德对路易斯安那州应用预测警务的效果进行了分析（迄今为止唯一一份独立的预测警务分析报告），发现该程序对犯罪"没有统计上的显著影响"[20]。

　　甚至就连坎布里奇市警察局的瓦格纳和塞维埃里都对PredPol 持批判态度，尽管他们对使用机器学习预防犯罪不乏兴趣。塞维埃里说："这种产品真是生逢其时，恰好警方正在寻找一种快速解决方案。"瓦格纳对 PredPol 的主要批评在于，它依赖一个"过于简化的"模型，"根本没有把犯罪模式考虑在内"。举例来说，PredPol 假设某地发生犯罪的可能性会随着附近最近发生的犯罪事件而激增，然后逐渐降低。假如周三下午发生了一起入室盗窃案，PredPol 就会预计周三晚上的案发率高于周四下午。但实际上，瓦格纳说："很多案件都是连环作案，存在一定的模式。"盗窃案发生于工作日下午的趋势表明下一起入室盗窃案可能会在下一个工作日下午发生，而不是在同一天午夜。

　　一个更为尖锐的问题是，预测警务模型是否会对犯罪可能发生的地点做出带有种族偏见的预测。预测警务的支持者坚称软件必然是公正的，它依靠数据和算法运行。芝加哥前首席数据官布雷特·戈尔茨坦（Brett Goldstein）说，芝加哥早期预测警务工作基于"多变量方程"[21]，可以让结果"完全与种族无关"。洛杉矶警察局指挥官肖恩·马林诺夫斯基

（Sean Malinowski）也认为基于数据的 PredPol "客观公正"[22]。类似的，日立公司（Hitachi）犯罪地图软件的主管表示该程序 "不看种族，只看事实"[23]。

但是他们所说 "事实"，即犯罪统计数据，不过是 "对犯罪真实水平的糟糕测量"，这一点已经广为人知，犯罪学家卡尔·克洛卡斯（Carl Klockars）如此写道。因为 "警察对于把何种罪行写入报告具有极大的裁量权"，克洛卡斯解释，警方的统计数据主要 "反映了警察机构专门用于侦查某类犯罪的资源水平，而不是整个社会的实际犯罪水平[24]。换句话说，那些看似犯罪事实的内容主要反映了警方的出警活动和优先事项。

多年来，警方主要瞄准少数族裔社区进行监控并实施逮捕，这种歧视性警务实践反映在数十年的犯罪数据当中[25]。警方重点在黑人社区执勤巡逻，对何时、因何逮捕某人掌握着巨大裁量权[26]。许多在白人社区警察从来不注意、从未采取行动，甚至从未作为目标的事件，在黑人社区却会被作为犯罪记录在案[27]。

在线文化和文学批评杂志《新调查》（The New Inquiry）推出了一款号称专治白领犯罪的 "白领犯罪预警系统"，可谓是一个绝妙的讽刺。该杂志开发了一个模型，采用类似预测警务工具的技术手段来预测什么地方可能会发生金融犯罪[28]。以芝加哥为例，虽然大多数犯罪地图显示的热点地区主要位于以黑色和棕色人种为主的南部和西部地区，而白领犯罪地图的热点地区则集中于中央商务区和以白人居民为主的北部地区。这些地图以及利用算法来主动打击金融犯罪的想法之所以如此引人注目，是因为它揭示了刑事司法系统及其基于机器学习的改革中常被人忽视的问题——我们对于何种犯罪应该受到严格监控和执法的决定，在某种程度上取决于种族主义和社会秩序的阶级观念[29]。

因此，即使一个机器学习算法编码并未包含种族歧视，但它学习的数据却反映了社会制度的偏见。如本书第三章所讨论，311 应用程序的报告率差异可能导致我们得出所有城市道路的坑洼都集中在富裕白人社区的结论。圣乔治医学院的录取算法表明，带有历史偏见的数据也会产生带有同样偏见的预测。如此这般，号称中立的预测警务过分强调了黑人社区的犯罪行为，从而加强对那些已经被不公平对待的人和社区的出警。

然而，由于这一结论是基于数据而得出，以这种方式派遣警力通常被视为客观决策，而非政治决策。当仅从表面价值采纳预测警务的建议时，曾经由种族歧视所驱动的打击某些社区的出警决策堂而皇之摇身一变成了基于科学的客观反应。因此，数据伦理学家雅各布·梅特卡夫（Jacob Metcalf）写道，原本逮捕谁属于"价值决策"，现在"通过算法的'客观性'黑箱而变得自然"[30]。这一自然化的过程产生了一种恶性反馈循环，合理化并且固化了系统偏见。

人权数据分析小组（Human Rights Data analysis Group）对奥克兰（Oakland）所做的一项分析论证了预测警务如何导致这种偏差。尽管当地公共卫生评估认为在奥克兰毒品犯罪无所不在，但该研究发现，"毒品犯罪逮捕往往只发生在某些特定区域——警察的犯罪发生数据不成比例地集中于非白人和低收入人口为主的地区"[31]。该研究负责人基于PredPol 的方法开发了一套算法，测量预测警务可能产生的影响。研究结论是，如果奥克兰警方使用 PredPol 的话，那么"目标性警力几乎只会被派往低收入的少数族裔社区"[32]。

不过，也许可以采用某些技术机制来避免预测偏差。杰里米·赫夫纳（Jeremy Heffner）是 PredPol 的竞争对手——直觉实验室（HunchLab）的产品经理，他试图回答如下问题：如果犯罪数据自带的偏见会造成歧视性预测警务，那么有什么方法可以让模型变得公平？赫夫纳说："PredPol 揭出自己的优势在于他们只使用犯罪数据，因而不可能存在任何偏见，但这对我来说毫无意义。如果他们的模型系统里存在任何偏见的话，那正是因为犯罪数据本身带有偏见。"[33]

赫夫纳采取了许多步骤防止直觉实验室出现这些偏见。他的首要焦点就是限制使用那些受警官个人裁量权影响的数据。他举了如下案例：当警察沿街巡逻时，他们不会接到抢劫或杀人案的新报告，但可能会接到破坏公物和乱穿马路的新报告。这意味着相较于破坏公物案件的数据，谋杀案数据不太可能带有人为偏见，也不太可能产生有偏见的预测结果。此外，直觉实验室的"风险地形模型"还整合了许多其

a　吸毒人群预测

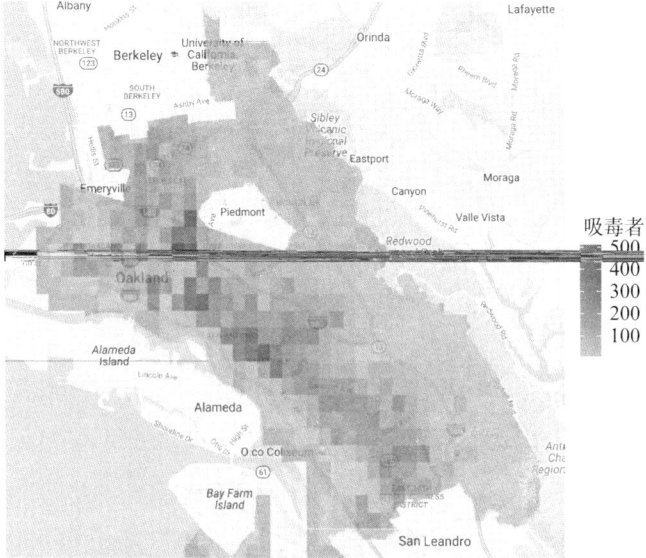

b　2010 年奥克兰警方毒品犯罪逮捕分布

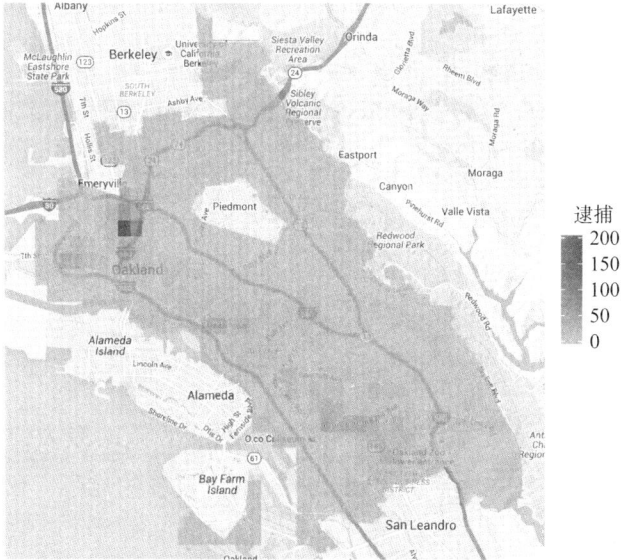

c 针对性出警天数

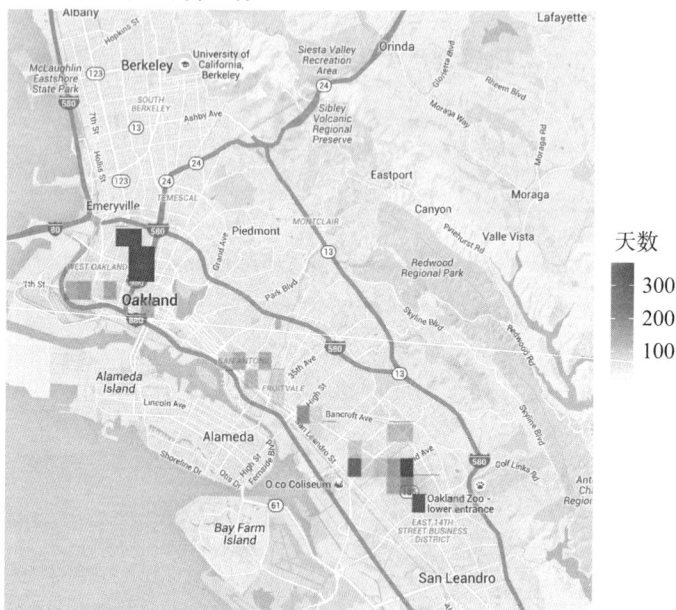

图 4.1 奥克兰案例显示了预测警务算法如何固化犯罪数据自带的偏见。尽管（a）估计的吸毒人群遍布全市，（b）奥克兰警方在低收入和少数族裔社区所实施的毒品犯罪逮捕的数量非常高。相应的，（c）典型的预测警务算法几乎只向城市这些地区派遣警力。

图片来源：Kristian Lum and William Isaac, "To Predict and Serve?," *Significance* 13, no. 5（2016）：17 - 18.

他因素，例如星期几、酒吧的地址，甚至月亮圆缺周期，以期更为准确地评估犯罪。

尽管赫夫纳为开发公平的警务预测所做的努力值得称道，但是直觉实验室也显示了"智慧"警务的局限。预测警务的问题不仅在于其预测可能带有偏见，而且在于其所依赖

的传统犯罪定义，假定警务是应对犯罪的合适方法。过度关
注模型的技术参数（例如准确性和误差）却忽视了一个更为
重要的考量：算法支持的政策及实践。如此一来，希冀用纯
粹的技术提升来改善社会结构的尝试，反而破坏了批判性评
估和系统性改革政治体制的机会。

因为即便采用最公正、最种族中立的方式派遣警力前往
社区，警察到场的典型行为——怀疑、拦截盘查和逮捕——
仍不可避免带有预测警务试图纠正的偏见。就连直觉实验室
也把给警方的建议称为"任务"，不自觉地融入危险的警察
故事，颂扬一种"战士精神"，把每一次巡逻都视为危险任
务，把每个人都当作潜在罪犯。不公正的政策和实践一旦被
执行，即使表面上公正的做法也会产生歧视性的影响。

不妨回顾一下兰德公司在路易斯安那州什里夫波特市
（Shreveport）的一项预测警务试验。在被认定为高犯罪率的
社区巡逻时，许多警察出人意料地改变了策略，重点关注
"通过低级别罪犯和违法行为来收集情报"。只要看到居民有
"任何违章行为或形迹可疑"就拦截盘问，检查他们的犯罪
记录。那些有前科的人就会被逮捕[35]。

不论什里夫波特的模型能否准确、公正地识别出犯罪可
能发生的地点，它都会加大警方对目标区域的行动和怀疑。
尽管并非有意为之，出现这种反应也不足为怪。毕竟，预测
警务的目的就是识别可能发生犯罪的地点。这样做可以让警
方对目标区域保持"高度警惕"，当警察在该区域内巡逻时，

会将那里的每个人都视为潜在罪犯[36]。鉴于有确凿证据表明警察在拦截盘查等执勤行为中存在种族歧视[37]，因此不难想象，由于违规或行为可疑而被拦截盘查的人以年轻有色人种为主，进而导致了监禁率以及警察与社区冲突事件的攀升。

由此我们看到预测结果与政治之间的相互作用：无论预测警务算法能否准确公正地识别出犯罪高发地带，它们都无法决定后续采取什么行动。政府选择把处理大部分社会混乱的责任推给警察。警察选择带着高度怀疑和如临大敌的心态走进这些目标社区。因此，如何改进和使用算法表面上看起来是个技术性的决定，但实际上明显与我们希望生活在什么样的社会的政治决策交织在一起。正如我们有必要对警务工作进行评估和重新构想一样，我们同样有必要对算法在警务工作中的作用进行评估和重新构想。如果城市真的能知道犯罪将在哪里发生，为什么不与社区以及可能的受害者合作，用社会服务来改善社区呢？[38] 为什么仅仅局限于调派更多警力去监视犯罪和惩罚罪犯？

* * *

"智慧"警务的倡导者太过沉浸于优化既有的警务实践，以至于他们无法回答对所做出的预测应该如何应对的问题。警务并不是遏制犯罪和保护社区的唯一或最有效的方式。事实上，正如警察学者大卫·贝利（David Bayley）所言，"现代生活保守得最好的秘密之一"就是"警察无法防止犯罪"[39]。例如，2007 年的一项研究发现，主动型警务"无意中导致了更严重的犯罪活动"，"缩减主动型警务可以减少重大犯罪"，意味着最常见的（也是最具歧视性的）警务活动甚至无法达到自称的减少犯罪的目标[40]。

尽管警察拥有威慑和惩罚某些犯罪活动的手段和权利，但他们没有能力处理日益需要他们处理的各类问题：无家可归、心理健康和毒品危机、教育水平落后和就业机会有限的隔离社区，而这些问题通过其他干预手段可能会得到更好解决。

来自美国公民自由联盟（American Civil Liberties Union，ACLU）的约翰·查斯诺夫（John Chasnoff）说："理论上，我认为没有人会反对去搞清楚哪里可能发生犯罪并做出应对，但问题是应该如何恰当地应对？现在的假设是，我们预测这里会发生犯罪，然后你派警察过来。但是如果你利用这些犯罪预测数据，然后分配资源过来，情况会如何呢？"[41]

这正是位于堪萨斯城都市区的约翰逊县（Johnson County）所做的事情。故事开始于几十年前，时值1993年，治安官、首席法官和地方检察官分别向县长申请资金以建立新的犯罪记录管理系统。县长不愿为三个几乎完全相同只是版本有别的软件买单，所以让他们提出一个可以满足他们所有需求的犯罪记录管理系统[42]。

最终县长得到了他要求的东西：团队合力创建了一个整合的信息管理系统，包含从立案到结案的所有犯罪案件数据。2007年，该县还将所有人力资源信息也整合进该系统中。

另外，约翰逊县多年来一直在探索一种政策，使精神病患者能优先得到多方协同治疗。2008 年，成立了跨政府部门的刑事司法咨询委员会（Criminal Justice Advisory Council），评估当地的刑事司法系统并确定社会服务的缺口。委员会最初的举措是雇用一批精神健康专家，帮助警方处理涉及精神和心理病患的案件。2011 年该项目在约翰逊县某市成功启动之后，精神病患者入狱的案例数量略有减少，同时转诊服务的需求增加了 30 倍以上。于是 2013 年该项目扩展到另外一个城市[43]。此后不久，约翰逊县每个城市都在预算里划拨一笔款项，专为警察局配备一名精神健康专家[44]。

　　2015 年，约翰逊探索的成功吸引了白宫的注意。时任美国首席技术官高级顾问的林恩·奥弗曼（Lynn Overmann）正在为一个新兴的"数据驱动司法正义倡议"召集一批精选的司法管辖区，他希望约翰逊县能够参与进来。该倡议的目标是利用数据协助解决刑事司法系统的危机——患有未经诊断的精神疾病的人因犯下轻微的非暴力罪行而被关押在当地监狱的频率之高令人震惊。三分之二的囚犯患有精神疾病，三分之二的囚犯患有药物滥用障碍，将近一半的囚犯患有慢性健康问题[45]。监禁他们每年要花费数十亿美元。

　　如此大量的精神疾病患者最终入狱的一个主要原因在于：对于诸如瘾君子、无家可归者等群体，多数社区缺乏必要的服务和协同努力来解决他们的多重困境。尽管有不少机构投入资源服务这一群体，但大多以零敲碎打的方式进行，未能充分帮助和稳定个体[46]。奥弗曼说，结果"地方监狱成了美国最大的精神卫生设施”[47]。但是依靠警察和监狱不过是权宜之计，不足以解决如此系统性复杂性的问题。正如一名县治安官所说，“这些问题不是依靠逮捕或监禁就能解决的”[48]。

　　奥弗曼目睹了社区如何辜负最弱势的居民。她在迈阿密开始她的律师生涯，担任公设辩护律师，在那里她“从内部看到了刑事司法系统在帮助精神疾病患者方面极为不完善”。奥弗曼报告说，尽管她的许多委托人备受精神疾病折磨，“他们却缺乏必需的精神健康服务。结果这些委托人往往被关在监狱里长达数周甚至数月”[49]。在迈阿密，患有精神疾病的囚犯的监狱条件极为糟糕，就连司法部都在 2011 年谴责这种状况“不人道且违宪”[50]。彼时年轻的奥弗曼得出一个清晰的结论：“这个体制溃烂了。”[51]

　　针对这些问题，迈阿密着手改革对待患有精神疾病囚犯的方式。迈阿密-戴德县（Miami-Dade）警察局发现，过去 4 年，不到 100 名患有严重精神疾病的囚犯却花费了将近 1 400 万美元的服务成本，于是该警察局培训警员和 911 调度员，减少与患有精神疾病囚犯之间的冲突[52]。由于警察局重视对囚犯的人道待遇，并将重心从监狱转向社会服务，当地监狱人口数量降低了 40％，如此显著的降幅，使该县每年节省 1 200 万美元，足以关闭一整个监狱设施[53]。

　　奥弗曼把她在迈阿密的经验带到了白宫科技政策办公室，在那里她有了一个平台来帮助全国各地的社区将患有精神疾病的低级别罪犯从刑事司法系统转移到治疗当中。她的目标是主动为那些有精神健康问题和犯罪记录的人提供协同社会服务，避免他们接触刑事司法系统。

奥弗曼深知能否成功很大程度上取决于是否拥有准确有效的数据。理论上，找到既被逮捕过又接受过精神健康治疗的人很容易，只要合并数据库看哪些名字同时出现在这两个数据库中即可。但实际上，即使是第一步——合并地方政府不同部门各自的数据库，就已经充满挑战。市政机构收集数据通常出于内部行政管理目的而不是用于分析（例如，追踪建筑许可和救护车调度），每个部门高度专注自己的具体职责，而忽视跨部门的数据分享。因此每个部门的记录无异于一个个信息孤岛，用最能支持各自特定目标的形式加以创建和维护。这种妨碍数据整合的官僚障碍为试图协调其服务的机构制造了重大盲点，刑事司法系统"不知道有多少人患有精神疾病"，而行为健康医生则"从不知道我们的病人是否在坐牢"[54]。因此机构无法满足这一弱势群体的需求。

整合数据库的重要性使约翰逊县成为吸引"数据驱动司法正义倡议"的一块绝佳试验田。正是由于过去几十年的种种决策，先是建立了一个统一的刑事司法信息管理系统，接着又整合了人力资源信息数据，约翰逊县最终掌握了大多数司法辖区所欠缺的关键信息。

2016 年，约翰逊县与芝加哥大学的数据科学促进社会公益项目合作开展了一个雄心勃勃的计划：确定哪些患有精神疾病和有医疗问题的人可能会在下一年被捕。一旦有了这些信息，约翰逊县就可以主动积极地提供社会服务，避免精神病患者落入刑事司法系统之中。这样做的目的不仅是为了将他们从监狱系统中转移出来，也是为了防止他们再次陷入需要转移的危机之中。

为此，芝加哥大学的团队还开发了一个机器学习模型。约翰逊县的数据包含了 12.7 万人的详细记录。数据科学家分析这些数据后，总结出 252 个特征（包括年龄、被控犯罪史、过去一年中参加精神健康项目的次数），用来预测未来的逮捕情况。他们还根据最近是否被捕对每个人进行了分类。之后根据这些被标记过的训练数据，研究小组创建了一个预测模型，以测算每个人在下一年被逮捕的可能性[55]。

算法能够识别出几个趋势，显示患有精神疾病的人何时可能被捕。尤其值得注意的是，风险最高的人通常中断接受心理健康服务的时间也较长，这表明过早退出社会服务会极大增加被捕的风险。根据这些发现，该模型可以自动检测出落入这一轨道的人，帮助约翰逊县及时进行干预，以免他们坠入犯罪深渊。

一项回顾性分析显示了该模型能在多大程度上帮助约翰逊县的居民。在模型识别出的 2015 年被捕风险最高的 200人中，当年实际有 102 人被捕入狱。如果约翰逊县能前瞻性地向这些高危人群伸出援助之手，其中一半人很可能幸免牢狱之灾。这种预测方法本可以影响深远：如果能阻止这 102人被立案的话，不仅能让他们免于累计高达 18 年的刑期，还有一个额外的好处——可以为约翰逊县节省 25 万美元[56]。

史蒂夫·约德（Steve Yoder）是约翰逊县的一名数据专

家，曾与芝加哥大学合作参与这个项目，他记得自己最初非常怀疑难道真有那么多人因为精神健康问题而经常被监禁。但当他开始查看数据，模型名单上有一个人让他尤为震惊，此人在过去六个月里被判入狱六次。

"对于我们平常从未经历过这种情况的人而言，实在难以想象。"约德解释道。在反复核对数据之后，他真正意识到问题的严重性。"这确实是真的。而且每个数字背后是一个真实的人。啊，这里正在发生亟待解决的危机。"[57]

随着约翰逊县开始实施这一模型用于指导社会服务的推广，并与芝加哥大学合作，以月而非年为单位预测高危个体。与此同时，"数据驱动司法正义倡议"也在持续推广。在奥巴马任期结束时，倡议得到了劳拉和约翰·阿诺德基金会（Laura and John Arnold Foundation）的支持[58]。美国全国范围内，从洛杉矶到盐湖城，从新奥尔良到哈特福德，超过 150 个辖区正在整合过去分散孤立的数据库，以便提供更有前瞻性、更有效的社会服务[59]。

"我对此深信不疑，"约德表示，"而且我认为现在挖掘的不过是数据潜力的冰山一角而已。"

＊＊＊

约翰逊县之所以工作成效斐然，部分原因在于它从理解社会出发，正如该县的刑事司法协调员罗伯特·沙利文（Robert Sullivan）所言，"人们的生活复杂多样。其中有些人之所以会与司法系统打交道正是源于这种复杂状况"。认识到这一点使他们做出实质性的改变。约翰逊县不是简单地把预测结果视为预先注定的结果，而是用其来指导预防干预措施，从而改变预测结果。沙利文说："我们不希望你跟刑事司法系统的任何环节有任何互动，这也是为什么我们对这种预测性模型感到如此振奋的原因。"

约翰逊县的视角和透过技术障目镜理解世界的观点形成鲜明对比，技术障目镜逻辑认为唯一可能的社会变革就是用数据和算法让警务执行更为高效。如同 PredPol 在其官方网站所称，它的核心任务是帮助警察局"高效分配所拥有的有限资源"[60]。按照这种逻辑，智慧城市就是为了抓住罪犯和降低犯罪率，把技术加入传统警务实践之中。

然而，创建正义之城不仅仅意味着通过有效预防犯罪来优化传统警务工作。举例而言，警务工作往往具有相互冲突的多重目标，它不能简单被归纳为一个数字或一个公式。"很难用一种真正意义上的综合方式来衡量一支警察队伍的成功，"大卫·罗宾逊说，"警方要努力维护合法性，震慑犯罪，调查已经发生的犯罪，既要维护社会秩序，同时又不能让受监管的人遭受侮辱。因此，对于警察系统而言，犯罪率是一个很糟糕的衡量标准，难以全面评估其工作成败。"

如果预测模型没有考虑警务工作的复杂性，其后果将是灾难性的。正如优化交通流量的算法忽视了行人的需求，以降低犯罪率为核心的预测警务模型忽视了警察的其他职责以及社区的其他目标。正如专注于识别钓鱼邮件的垃圾邮件过滤器难以过滤其他类型的垃圾邮件一样，一个重点关注毒品犯罪而非白领犯罪的犯罪预测软件会不公平地把目标对准少数族裔社区。只有像约翰逊县那样，首先全面而富有同理心地理解什么因素导致犯罪以及能够采取什么应对策略，在此基础之上，算法才能真正帮助建立一个更为正义的城市。

然而，工程师们总是倾向于采纳符合模型简单假设的社会愿景，而不去设想更全面的方法来捕捉世界的复杂性。不妨以宾夕法尼亚大学统计学和犯罪学教授理查德·伯克（Richard Berk）为例，他一生致力于用数据分析犯罪行为。他有几个项目通过预测谁有可能再次犯罪来帮助法官决定哪些犯人可以获得假释。伯克绘声绘色地描述这项任务："假设我们有两种罪犯：黑武士达斯·维德和卢克·天行者①，但却不知道谁是谁。"[61] 而目标就是把黑武士与天行者区分开来。

虽然这一描述有助于解释算法的工作原理，但同时也暴露了算法过于简化社会的事实。现实中你遇到过像黑武士这样的人吗？我们当中谁是卢克·天行者？世界不能被简单分成两类人，一类是要毁灭宇宙的大坏蛋，另一类则是不惜冒着生命危险拯救宇宙的英雄。伯克的类比不经意地暴露了这种简化思维的谬误。正如一位评论家所写，"伯克肯定没看过整个《星球大战》系列电影。黑武士达斯·维德并不是一个彻头彻尾的恶人。他曾经是个纯真无邪的小男孩，但却在一个特别糟糕的环境中长大"[62]。不去追问人们为什么会做

---

① 黑武士达斯·维德和卢克·天行者均是《星球大战》主角，前者是重要反派角色，后者则是重要正派角色。——译者注

出某种决定或为什么会落到某种悲惨的境地，并尝试引导他们走向正面的结果，伯克直接认定人的本质不是好就是坏，而我们的任务只是决定惩罚哪些人。如此一来我们只能遵循由算法定义的二进制表达。

伯克最大的野心是通过诸如婴儿住在哪里、父母是谁等信息来预测新生儿在 18 岁成人之前是否会犯罪[63]。他已经开始在挪威实践，如果美国也采用同样的方法，毫无疑问机器学习模型能够以相当不错的准确性区分谁将会被捕和谁不会被捕。毕竟，有一份政府报告预测在 2001 年出生的男婴中，每 3 个黑人中就有 1 个，而每 17 个白人中才有 1 个，会在人生的某个时候入狱[64]。鉴于对比如此鲜明的统计数字，我们根本不需要什么前沿算法就能预测谁将会被捕。

但是，我们能够预测某一结果并不代表着这样的结果是不可避免的或者是正义的。模型预测婴儿未来的犯罪行为反映了社会正义和机会的不平等，而不是某类人群的本质特征。就在 20 世纪，非裔美国人遭受了许多不公正待遇，例如被排除在政府社会福利项目之外，享受不到教育和住房贷款，并且很多人因毒品肃清运动而被送进监狱[65]。由此造成的教育、财富和犯罪之间的巨大鸿沟并非不可避免，而是社会建构的结果。因此认为算法能够在出生时预测未来的犯罪行为，就是把不平等的现状视为自然合理的社会状况，实际上等于将争取平等和社会正义的斗争视为不必要。

2012 年，IBM 领域感知系统（Domain Awareness System）的一则广告刻画了类似的景象。广告呈现两个常见的白人形象——警察和劫匪，他们在夜晚的城市街道展开追逐与逃逸。警察的开场白画外音："我曾经认为我的工作就是逮捕。追捕坏人。现在我对工作有了不同看法。我们分析犯罪数据，寻找犯罪模式，搞清楚派巡警去什么地方。"然后警察根据警车内电脑的提示，及时赶到一家便利店，成功阻止了即将行窃的小偷[66]。

　　尽管故事引人入胜，但 IBM 的广告显示了预测警务软件如何依赖并延续警务和犯罪的简化概念。警察的前两句陈述建立了社会规则——社会中有犯罪的"坏人"和负责追捕坏人的警察（暗示为"好人"）。故事呈现了又一个卢克·天行者对抗黑武士达斯·维德的场景，没有任何背景故事（显然没人需要）来解释每个人是如何成为现在的角色的。通过这种方式，除了完全夸大算法的功能——没有任何系统能像广告描述的那样精确地预测犯罪——IBM 广告忽视了犯罪与警务工作背后所有的社会和政治动态。在这部精心打造的"电影"里，社会没有贫困、没有种族隔离、没有拦截盘查。事实上，由于每个主角都是白人，这里也根本没有种族动态关系。我们被一个轻率险恶的结论所蒙蔽：因为有"坏人"存在，所以犯罪不可避免，只有掌握了必要信息的警察才能阻止。

　　这正是技术障目循环所强化的有害逻辑。首先，我们认为警务工作纯粹是部署警力防止犯罪的技术问题。我们没有评估当前的警务实践是否能够很好地解决社会混乱，只是部署了预测警务的算法来微调警察的行动。技术障目镜围绕数据和算法制造了一种客观的假象，类似预测警务的技术手段被视为解决社会问题的价值中立手段。并且为了替短视的模型作辩护，因为模型既没有也不能捕捉到社会的全部复杂性，我们还会调整我们的社会理论，使之与模型描述的世界相吻合。警察部门和法院对人非善即恶的看法更加根深蒂固，认为监禁是应对犯罪的唯一手段。

在此框架下使用机器学习这个工具，对社会正义而言，往好里说，机器学习注定无效；往坏里说，机器学习还会适得其反。让我们再来看看坎布里奇市警察局的入室盗窃案模式识别算法，它正是受到像 IBM 广告宣传的那种预防犯罪目标的激励，而这可能是警察运用犯罪预测软件所能取得的最好结果。更好地调查和盗窃预防可以造福众人。坎布里奇市警察局只依赖入室盗窃的相关数据，这些数据都来源于相对可靠的报告和警方记录。此外，他们的算法主要用于追溯调查和目标模式识别，与指导警方去哪里巡逻从而提前预防犯罪的 PredPol 软件正好相反。"进入社区拦截每个居民绝对是错误的做法，"丹·瓦格纳说，"不仅警务执行有问题，而且工具也有问题。"

但是就像预测警务的其他尝试一样，即使是坎布里奇市警察局的做法，也遭遇了正在解决的问题和需要解决的问题之间的巨大错位。由于过度关注技术，许多人认为警务工作的问题主要源于警方对未来何时何地会发生犯罪的信息掌握不足。这是一个（至少在理论上）新技术可以解决的问题。但正如亚历克斯·瓦伊塔尔（Alex Vitale）在《警务的终结》

（*The End of Policing*）一书中所言："问题不在于警察的训练、警察的多样性或者警察的方法。问题在于警务工作本身。"从根源追溯警察的历史到今天，瓦伊塔尔得出结论，"不论他们怀着何种良好意图，美国警方一直扮演着加深不平等的助推器，不断给穷人、社会边缘群体和非白人群体系统性地制造不公正"[67]。城市不需要拥抱新技术来改善警务能力，它们需要的是从根本上重构警察的角色、警务实践和警察的优先事项。

在警察手里，即使是用于公正和非惩罚性目的的算法也可能被扭曲或滥用。无论技术潜在的能力有多大，归根结底每一项技术都由运用它的人和机构所塑造。除非城市能改变警察系统的核心职能和价值标准，否则再公正再准确的算法在警察的使用之下也可能加剧歧视和不公正。

例如，芝加哥一种原本旨在减少暴力的算法，却在警察的控制之下，被扭曲成一种监控和定罪的工具。社会学家安德鲁·帕帕克里斯托斯（Andrew Papachristos）基于他对枪支暴力如何聚集于社交网络之中的研究发现[68]，呼吁相关社会服务组织找出面临被枪击风险最高的人，以防止未来的暴力事件并减轻其影响。基于这些见解，芝加哥警方开发了一种算法用于识别那些最有可能卷入枪支暴力的人。尽管这份"战略对象名单"的最初意图是防止暴力，但它主要被用作一种监控工具，许多人认为它不成比例地针对有色人种[69]。兰德公司的一份评估报告得出结论，战略对象名单"似乎并没有成功减少枪支暴力"，相反，"名单上的人反而成了芝加哥警方的'犯罪嫌疑人'"，更有可能被逮捕[70]。甚至连帕帕克里斯托斯都批评自己的研究被滥用了，他在《芝加哥论坛报》（*Chicago Tribune*）上写道："警察主导行动的一个内在危险是，在某种程度上，任何这样的努力都会沦为以针对罪犯为中心。"[71]

足够智慧的城市必须收回警察手中机器学习的主导权，按照"数据驱动司法正义倡议"的思路，开发非惩罚性和矫正性的方法来解决社会混乱问题。瓦格纳倡导的转变与此不谋而合，他说："刑事司法系统最终只是把人关进监狱，这并不是一个有效治疗的地方。他们需要心理健康服务或药物滥用治疗。"

尽管瓦格纳坚信算法确有用武之地，但是他认为我们必须更批判地思考如何使用算法："我认为利用社交网络来识别可能卷入枪支暴力的人的做法有其价值，但是芝加哥警方却在运用战略对象名单上一败涂地，非但没有真正试图去阻止某人扣动扳机或将其从枪口下救出来，反而将其用来监控犯罪嫌疑人。如果他们在使用相同工具的同时，与社区更好地合作，情况本可以大为不同"。

* * *

智慧城市所承诺的诸多进步依赖于数据分析和机器学习算法，用它们的话来说，可以普惠社会，然而这些技术终究无法超越历史的或当前的政治。

用于开发这些模型的数据并不代表无懈可击的事实；相反，这些数据内含有关社会后果的信息，并且在报告和收集过程中不断被重塑。正如 311 和警方数据案例所表明的，通常我们确信无疑是关于某事物的数据（例如路面坑洼和犯罪的数据），事实上代表的却是完全不同事物的数据（社会服务请求倾向和警方活动）。鉴于机器学习依赖于历史数据，因此我们应该对预测算法实际预测的结果保持批判的态度，并审慎考虑是否用来指导市政工作。

　　与数据包含的偏见相比，算法中内含的政治因素更为重要。尽管设计算法看似一项技术任务，但设计所做的选择却有着广泛深远的社会政治影响。通常那些将效率视为中立好处的算法，实际反映了现有制度和权力结构的优先次序。它们把降低犯罪率的警方效率置于优先地位，却把诸如通过社会服务来改善社区福利等替代目标搁置一旁，这种所谓的中立模型实则进一步强化了警察作为应对社会混乱的恰当手段的角色——这是一个政治决策。从这个意义上来说，预测警务可能产生歧视性影响，不仅因为算法本身可能存在偏见，还因为算法被用来让已经存在歧视的系统运行得更顺畅。

　　在匆忙采用机器学习之前，我们必须先回答几个问题：借助预测算法，我们希望达成什么目标？对于产生的预测结果，我们应该如何采取相应行动？我们应该怎样改善社会政治状况，从而降低所预测问题的发生概率？并非机器学习的每一种应用都不可避免地带有偏见、恶意或无效，但是若要从机器学习中获益，我们需要以政治术语而非单纯的技术术语来探讨如何设计算法以及算法要实现什么目标。

刑事司法系统（更不用说市政管理的其他方面了）总是涉及有争议且复杂的政治决策，使用技术做出这些决策的特别危险之处在于，我们会把它们误解为不需要政治考虑的技术问题。一旦认定技术是唯一变量，技术障目镜就会使我们看不到技术声称要支持的政策和实践改革的全部可能性。当预测警务被誉为全新的、科学的警务方法时，它分散了我们的注意力，把我们本应做出的艰难抉择抛诸脑后，例如警察有哪些优先事项以及他们应该在社会中扮演什么角色。因此，安德鲁·弗格森说："预测警务系统看似为过去的弊端翻开了新篇章，但实际上依然在合法化既有的实践。"[72]

传统实践在算法未来主义光辉的照耀之下，显得比实际更具创新性和吸引力。透过技术障目镜，我们错误地将"新瓶装旧酒"当成进步。但是对于系统性的警务歧视和社会服务的衰颓，不存在简单的技术解决方案，而是需要进行更为实质性的改革。约翰逊县的努力之所以奏效，并不是因为它发现了一种可靠的新算法来优化现有的警务工作，而是因为它开发了解决精神健康问题的策略，创建了必要的数据基础设施为干预措施提供信息，并投入足够的资源使干预措施收效。与那些迷信预测警务承诺的快速解决方案的人不一样，罗伯特·沙利文强调，改善刑事司法和精神卫生系统需要"一个长达数年的循序渐进的过程"。第六章将更深入探讨，看似由技术驱动的社会进步实际上恰恰依赖于这种长期规划的努力和非技术的政策改革。

　　但首先，下一章将进一步探讨政府在行政管理中使用数据和算法主要是一个政治项目，而不是技术项目，并分析城市应该如何负责任地管理这些技术，确保它们的使用能够促进民主与公平。

第五章

负责之城：避免技术不民主的社会契约

行文至此，本书已经探讨了技术的社会影响如何被远不止技术能力的因素所左右，社会和政治条件限制了技术所能产生的结果，人们可以使用相似的技术实现不同的结果，机器学习模型从反映偏见和歧视遗留问题的数据中获取见解。技术障目镜忽视了这些因素，鼓励采用智慧城市技术，却产生了事出不意、不受欢迎的社会后果。

本章介绍本书论题的另一个组成部分：技术的工艺与政治安排，也可称之为技术架构。与架构相关的问题超出了技术目的和输出的范畴，例如算法应该做什么、算法是否准确等，还包含结构问题，例如这项技术应该通过什么手段实现其目标、谁应来控制它、我们应该如何为其支付等。

对这些问题的回答会产生重大深远的影响。技术构建社会政治关系的方式可能比它所服务的明确功能更为重要。因此，在开发和采用新技术时，我们必须"审视以特定形式构建（技术）系统所隐含的社会契约"，兰登·温纳断言。"随着我们的社会采取一种又一种社会技术体系，它回答了某些政治哲学家曾经提出的有关人类事务的恰当秩序最为重要的问题，"温纳写道，"正如柏拉图和亚里士多德曾经问过，什么是政治社会的最佳形态？"今天我们必须问："什么样的技术形式与我们希望建设的社会类型相兼容？"[1]

不论我们是否认识到这一点，我们今天在城市中实施的技术对于定义下一个世纪的社会契约将会发挥重要作用。就现状而言，智慧城市的架构从根本上来说是不民主的，许多技术的运作方式是收集未经审查的个人数据，并使用不透明的、通常是专有的算法做出改变生活的决定。在这个过程中，它们创造了大量有利于政府和公司的信息与权力不对称，却不利于它们追踪和分析的对象，从而助长了社会的无能与屈服。如此这般，智慧城市成为加强监控、增加企业利润和强化社会控制的隐蔽工具。

渴望利用新技术的城市政府，在构建技术体系时必须扮演负责任的守门人和公共管理者的角色，以此保障公平和基本权利。足够智慧的城市不需要接受智慧城市有害的妥协，完全有可能更民主地使用技术。

* * *

公平接入高速互联网已成为民主社会必要的组成部分。如果没有互联网接入，申请工作、获得医疗保健服务以及与他人联系无疑会难乎其难。然而，由于互联网安装价格高昂，许多低收入的个人和家庭无法负担稳定的宽带接入。例如，底特律 40％的居民家庭没有安装宽带[2]。而在纽约市，这一数字则为 23％[3]。

2016 年，纽约市似乎找到了解决这一数据鸿沟的办法，可以成为其他城市效仿的典范。LinkNYC 是一个通过遍布全市的 7 500 多个数字信息亭提供免费公共无线网络的项目（截至 2018 年 11 月，已安装了 1 742 个）[4]。纽约市市长白思豪（Bill de Blasio）在该项目启动仪式上宣布："LinkNYC 让我们距创造公平竞争环境的目标更近了一步，让每一个纽约居民都可以用上 21 世纪最重要的工具。"更令人称奇的是，提供这项服务不会花费政府一分一毫——事实上，纽约市预计该项目到 2025 年能为该市带来超过 5 亿美元的收入[5]。

与许多智慧城市技术一样，这似乎是一个乐善好施的技术方案，可以解决一个重要社会问题。但在 LinkNYC 技术架构所处的表面之下，隐藏着一个更为阴暗的现实。

LinkNYC 的效益和财务状况听起来好得令人难以置信。那么，这个项目的资金来源是什么呢？这些信息亭为谷歌母公司 Alphabet 的子公司人行道实验室所有和运营，该公司计划通过收集和货币化所有使用该服务的用户的数据来支付项目费用。正如人行道实验室创始人兼首席执行官丹·多克托罗夫（Dan Doctoroff）在 2016 年对公众所说，公司期望"能从中大赚一笔"[6]。

LinkNYC 数字信息亭配有传感器，可以收集连接到无线网络的每台设备的海量数据，不仅包括其位置和操作系统，还包括它的 MAC 地址（设备连接到互联网的唯一标识符）[7]。人行道实验室声称这些数据只是"技术信息"，与姓名、电子邮件（注册网络连接需要这些信息）等个人身份信息不同[8]。这种区分遵循传统的隐私标准，该标准关注个人身份信息的存在，例如姓名、地址和社会保险号码，根据这些信息本身足以识别个人。包含个人身份信息的数据被视为敏感信息，而不包含个人身份信息的数据则不算敏感信息[9]。

从人眼看来，这似乎是一个合理区分。毕竟，MAC 地址是由 12 位字母数字组成的字符串，看起来就像难以破译的技术用语。不过，数据不包含姓名且难以破译，并不意味着它就缺乏关于个人的信息。的确，一个单一的数据点——一部手机在特定时间特定地点的 MAC 地址——不太可能泄露某人的身份或任何敏感信息。但是当数以百万计的数据点被收集起来，并与现代分析技术相结合时，这些数据就可以用来追踪人们的行为，并推断出他们生活的隐私细节。

这些数据在加总之后变得非常敏感，尽管单独看每条记录似乎完全无害，因为人类的行为是非常独特的。大规模收集的数据能够捕捉这些特殊细节。由计算机科学家伊夫-亚历山大·德蒙乔伊（Yves-Alexandre de Montjoye）领导的研究通过分析包含超过 100 万人的手机位置追踪和信用卡交易两个数据库证明了这一点[10]。尽管这两个数据库都缺乏个人身份信息，它们只包含匿名的个人 ID（例如 MAC 地址）、位置和时间，但德蒙乔伊揭示了利用这些数据来识别个人并了解他们的行为是可能的。尤为令人震惊的是，仅仅通过他们去过哪里以及何时去那里的四个数据点就能识别出超过90％的人。

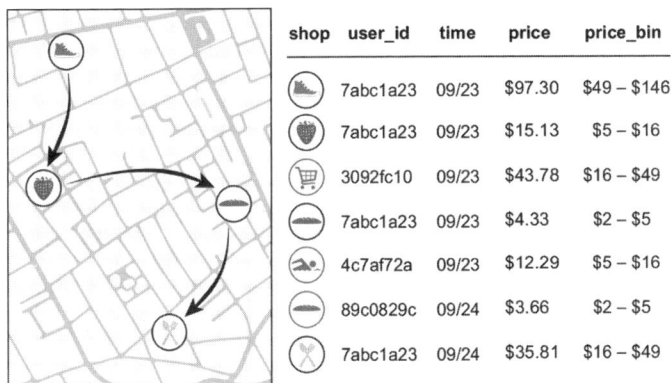

shop	user_id	time	price	price_bin
	7abc1a23	09/23	$97.30	$49 – $146
	7abc1a23	09/23	$15.13	$5 – $16
	3092fc10	09/23	$43.78	$16 – $49
	7abc1a23	09/23	$4.33	$2 – $5
	4c7af72a	09/23	$12.29	$5 – $16
	89c0829c	09/24	$3.66	$2 – $5
	7abc1a23	09/24	$35.81	$16 – $49

图 5.1　一个典型的行为数据示例，其中不包括个人身份信息，但是仍然包含关于个人的信息。通过分析与某人相关的所有记录，就有可能推断出他们的行为。上图跟踪了某个 ID 号为"7abc1a23"用户的各种活动。

资料来源：Yves-Alexandre de Montjoye，Laura Radaelli，Vivek Kumar Singh，and Alex "Sandy" Pentland，"Unique in the Shopping Mall：On the Reidentifiability of Credit Card Metadata，" Science 347，no. 6221 (2015)：537.

经美国科学促进会许可转载。

尽管德蒙乔伊的分析揭示了粗粒度行为数据的隐私风险，但这并不是第一次证明匿名数据可能会暴露大量个人隐私信息。早在 1997 年，当时的马萨诸塞州州长威廉·韦尔德（William Weld）出于研究目的公布了州政府雇员的医疗记录，并承诺这些信息都是匿名的。然而，几天之后，韦尔德收到了一封信，信里赫然是他自己的健康记录，显然是从公布的数据中筛选出来的[11]。这封信寄自拉坦娅·斯威尼（Latanya Sweeney），当时她是麻省理工学院的一名研究生，她把医疗记录与另一个公开的选民名单联系起来，通过对比两个数据库包含的共同信息（例如出生日期），从而识别出韦尔德的档案[12]。

许多其他的数据库也存在类似重新识别的风险。2013年，纽约市公布了号称匿名的本地出租车行程数据，一名数据科学家分析了这些出租车出行的起止点，识别出几名经常光顾曼哈顿某家脱衣舞俱乐部的顾客的姓名[13]。同样的方法可以用于识别谁经常去清真寺祈祷、谁工作到深夜、谁光顾同性恋酒吧或者谁在接受化疗。另一位数据科学家利用伦敦自行车共享项目的类似数据，找出了好几个人的出行模式，推断出他们生活和工作的地点[14]。

但是，危险不仅仅在于一个人的身份与行为可以从看似匿名的数据中暴露出来，而且在于当数据与人工智能结合在一起时，就有可能推断出大量并未明确包含于数据库之中的个人信息。例如，有了关于你去过哪里的详细信息，机器学习算法就可以预测出你认识谁以及接下来你会去哪里[15]。算法可以根据某人在照片墙（Instagram）上发布的照片来判断她是否抑郁[16]。诸如在脸书网上点赞等看似常规的行为数据可以揭示出性别身份、种族、政治派别，甚至父母的婚姻状况[17]。

算法使用所谓匿名和无害数据来识别和了解个体的潜力

凸显了 LinkNYC 项目对于公众隐私的严重侵犯，并揭示了使之得逞的定义技巧。人行道实验室的"技术信息"被说成是匿名的，但实际上它比该公司慨然承诺保护的"个人身份信息"要敏感得多。换句话说，一位隐私权纠纷律师表示，LinkNYC 项目的隐私政策旨在"让你相信他们承诺了什么，但实际上却让他们为所欲为"[18]。其动机就是利润，数据越详细，人行道实验室就越能将其货币化。不少纽约居民意识到这些隐私风险，对 LinkNYC 项目表示担忧[19]。纽约公民自由联盟（New York Civil Liberties Union）的执行董事认为，"免费公共无线网络对这座城市而言也许是一种无价资源，但纽约居民需要知道背后有着太多附加条件"[20]。

隐私学者丹尼尔·索洛夫（Daniel Solove）在《数字人：信息时代的技术和隐私》（*The Digital Person：Technology and Privacy in the Information Age*）一书中强调了威胁社会的两种根本方式：广泛的数据收集及伴随而来的知识。最令人担忧的是无处不在的监控允许政府和公司监视你的每一个行为，暴露秘密，甚至抓住每一个闯红灯的人。这种恐惧源自根深蒂固的隐私文化观念，尤其是乔治·奥威尔（George Orwell）于 1949 年出版的小说《一九八四》（*Nineteen Eighty-Four*）中描述的极权政府"老大哥"的形象深入人心。"老大哥"通过监视每个人生活中最私密的细节，惩罚甚至最为微小的异议，来控制社会的行为。索洛夫写道，在奥威尔的影响之下，我们通常会设想隐私遵循"保密范式"，即当一个人的秘密被监视或暴露时，隐私就受到了侵犯，导致人们

（通过"寒蝉效应"）自我审查或遭受后果[21]。

　　《一九八四》激发的恐惧充分说明了为什么隐私对于维护公民自由至关重要。民权活动家德雷·麦克森（DeRay McKesson）解释说："政府长期以来一直在监视社会活动人士，试图压制异见。今天我们看到了同样的行为，在这个时代大多数人都会留下众多数字足迹。"[22] 例如，美国联邦调查局在 20 世纪 60 年代重点监视马丁·路德·金（Martin Luther King）等民权运动人士，目的是恐吓和骚扰他们[23]。历史似乎正在重演，因为联邦和地方执法官员一直在追踪那些在"黑命攸关（Black Lives Matter）"运动中抗议警察暴力的社会活动人士的身份和活动[24]。

　　然而，"老大哥"无法解释隐私削弱的所有风险。正如我们已经看到的，如今相当大一部分的数据收集依赖于既不保密，也不违法，同时又不令人尴尬的信息——事实上，许多单个数据点看起来毫无意义且匿名。因此，保密模式无法解释某人的共享单车行程或者其在脸书网上点赞的信息被收集、汇总和分析会产生什么危害。正如索洛夫所解释的，如今许多数据的使用"不是为了压制个体，而是为了研究和利用它"[25]。

　　索洛夫把今天的数据收集和使用与 20 世纪另一部小说的主题相提并论——弗兰茨·卡夫卡（Franz Kafka）于 1925 年出版的小说《审判》（The Trial）。这本书的主角约瑟夫·K（Josef K）在他 30 岁生日那天醒来，发现有两个人在他房间里宣布他被捕了。约瑟夫没有被告知他做了什么，也不知道他是被哪个机构逮捕。这部小说描写了约瑟夫试图揭开神秘法庭的身份以及法庭所掌握的有关他的数据，但他并没有成功。在 31 岁生日那天，约瑟夫被法庭的特工谋杀了，最终他也没有弄清对方的真面目。索洛夫解释道："《审判》捕捉到当一个大型官僚机构控制了个人生活的大量细节档案时，个人所感受到的无助感、挫败感和脆弱感。"这个故事"体现了数据库所创造的权利关系的范围、性质和影响"[26]。

就像约瑟夫一样，今天人们对于哪些个人数据被收集、谁拥有这些数据以及这些数据如何被利用几乎一无所知，也没有任何控制权。随着越来越多的数据被政府和公司收集并使用，隐私的定义越来越少由单一信息所揭示的秘密来确定，而越来越多地由大量相对不敏感的数据所提供的推论以及这些推论所赋予的权利来确定。例如，脸书网可以调整它的新闻推送算法来影响用户的情绪和投票的可能性[27]。约会网站 OkCupid 可以更改个人资料的匹配分数，从而影响某些人的约会机会[28]。如果医疗服务机构得知某人最近访问了与癌症有关的网站，他们可能会拒绝提供保险[29]。

虽然数据收集涉及每个人，但隐私权被侵犯受影响最严重的是穷人和少数族裔。尽管他们比富裕的人更关心隐私问题，但大多数低收入者缺乏隐私设置和政策方面的知识，无法降低自己被追踪的可能性[30]。考虑到诸如"黑命攸关"等种族平等运动的积极参与者是监控的对象，无证移民面临被驱逐出境的风险，被政府识别和追踪的最具破坏性的后果往往由少数族裔来承担。

　　而且，那些社会经济地位最低的人往往别无选择，只能接受政府监控，以换取社会服务。福利机构使用电子福利转账卡，以日益无孔不入和私密的方式监控受助人的行为。正如政治学家弗吉尼亚·尤班克斯（Virginia Eubanks）所解释的，这些技术实践"严重限制了用户的自主权、机会和流动性"[31]。

　　这种令人窒息的监管长期以来一直是政府服务的一个特征。政治学家约翰·吉利奥姆（John Gilliom）在 2001 年出版的《穷人的监督者》（*Overseers of the Poor*）一书中，记录了政府如何通过无休止的文书工作以及与反欺诈机构的会议来密切监控福利领取者，以确保他们有资格获得服务并符合诸多要求。政府严格限制了吉列姆所研究的阿巴拉契亚"福利母亲"日常生活的方方面面，其警惕和密切的监控导致了"困难和退化"，这"妨碍了母亲满足家庭需求的能力"。这些妇女被迫遵守限制性的规定，同时发现为了生存又不得不绕过这些规定。因此，她们所经历的监视并不在于侵犯性地揭露其秘密，而是使"她们失去了原本拥有的许多对个人生活的自主权和控制权"。有人如是解释："没错，你在接受政府福利的时候，形同坐牢。"[32]

　　与私人部门打交道时，穷人和少数族裔也最容易受到缺乏隐私所造成的伤害。随着公司越来越多地根据个人网上行为和社交网络数据对其进行决策，社会经济地位较低的群体可能会被不公平地排除在信贷、就业、住房和医疗体系之外，由此公司又能巧妙地规避反歧视法[33]。低薪工作场所会监视员工的按键、位置、电子邮件和在线浏览历史，若发现员工有未经批准的行为，可能会将他们解雇[34]。数据中介所创建的消费人群分类①（例如"患病老人"和"城市挣扎者"）使公司可能精确瞄准那些易受掠夺性贷款和诈骗影响的人[35]。

因此，正如尤班克斯在其 2018 年出版的《自动化不平等：高科技工具如何记录、管治和惩罚穷人》（*Automating Inequality：How High-Tech Tools Profile，Police，and Punish the Poor*）一书中所论，这些侵犯隐私的行为和算法为人工智能一词赋予了新含义——不是"人工智能"，而是"自动化不平等"[36]。

* * *

智慧城市代表了政府和企业数据收集的大规模扩张。在诸如路灯和垃圾桶等日常物品中嵌入传感器、摄像头、软件和互联网连接，从而创造了所谓的"物联网"，使得收集城市中所发生一切事情的极其精确的数据成为可能。这些数据可以用来促进有益的结果——减少交通事故、改善基础设施和节约能源，但它也包含了城市中每个人行为的详细信息。

智慧城市技术使市政当局比以往任何时候都更容易识别和追踪个人。街灯和其他形式的"智能"基础设施（如

---

① 美国数据中介综合线上和线下来源收集和储存几乎每一个消费者的数据，并据此创建不同消费人群分类，例如，患病老人指罹患癌症或阿尔茨海默病的老年人，城市挣扎者指低收入的拉丁裔和非裔美国人。——译者注

LinkNYC 信息亭）上的传感器可以跟踪附近的联网设备，从而使跟踪城市中人们的活动成为可能。摄像头与能够识别人体或物体的软件相结合，能够产生额外的监控威胁。例如，在洛杉矶，自动车牌识别系统每周记录 300 万辆汽车的位置，所收集信息往往会落入美国移民和海关执法局之手[37]。许多人支持警察佩戴随身摄像头作为追究警察责任的工具，但这一举措创造了警察广泛监视所有公共空间的可能性。鉴于随身摄像头制造商正在开发人脸识别软件来分析视频，并且考虑到美国现在只有一个警察部门对随身摄像头制定了"严格限制生物识别技术使用"[38] 的管理政策，可以预见警察很快都会佩戴随身摄像头到处执勤，无论是去追踪平民活动，还是识别抗议活动的参与者，抑或是扫描人群以查看谁有未执行的逮捕令[39]。无独有偶，奥兰多的警察使用亚马逊的人脸识别服务来实时监控每一个出现在交通摄像视频中的人[40]。

与此同时，对于那些渴望将数据收集从网络浏览器扩展到物理空间的公司来说，智慧城市让他们梦想成真。许多公司已经掌握了必要的知识和影响力来限制个人自主权并对个人加以利用，如果像人行道实验室这样的公司得偿所愿的话，智慧城市技术将极大扩张它们数据收集的规模和范围。在数字信息亭、垃圾桶和路灯上安装摄像头和 MAC 地址嗅探器的公司，将获得迄今为止难以获得的有关个人行为的洞见。而且，由于数据中介的收集触角无孔不入且难以追踪，在公众不知情或未经公众同意的情况下收集和共享数据，一家公司的数据极易落入另一家公司手中[41]。

一旦部署了这些智慧城市技术，想要避免被追踪几乎是不可能的。不少人为网络公司收集大量数据的做法辩护，指出你可以选择退出：如果你不愿意被收集数据，那么就不要使用收集数据的网站或应用程序。但是，如果没有电子邮件、搜索引擎、智能手机和社交媒体，人们几乎不可能进行交流、旅行或找工作，所以这是一个不明智的选择。在这个新兴的智慧城市，每个街角都有传感器和摄像头——别忘了，纽约市计划要安装 7 500 多个 LinkNYC 信息亭——这一争论得出了一个更为荒谬的结论：如果你想避免被追踪，你必须选择远离公共空间。

这种状况使城市居民陷入了两难境地。一方面，回避现代技术不仅意味着放弃网上公开发声和对话的权利，而且还意味着失去政府通过分析数据所提供的服务[42]。例如，如果城市利用 MAC 地址传感器分析人们的出行活动，以确定在哪里设置公交车站，它们会忽略那些没有智能手机的人（以及那些为了避免被跟踪而关掉手机的人）的需求。另一方面，那些拥有智能手机和其他无线设备的人必须承受被追踪的后果；在那些使用摄像机来识别身份的地方，即使放弃个人数字技术，也不可能摆脱被追踪的命运。

这种状况对于城市贫民伤害最大，他们本来就是最容易受到在线追踪的群体[43]。如果富有的纽约居民不希望 LinkNYC 跟踪自己，他们可以放弃免费无线服务，转而使用付费的个人网络套餐，但低收入居民除了使用免费无线网络别无选择（实际上，LinkNYC 项目的全部目的就是为那些无力支付网络资费的人提供互联网接入），他们为了换取免费的互联网接入，必须付出被追踪的代价。因此，接受智慧城市无处不在的数据收集，并相信选择退出是一个合理选项的神话，其结果必然是建立"一种新型的社会阶层体系：高阶层的公民可以免遭被操纵或被控制的恐惧，而低阶层的公民则必须继续放弃自己的隐私，如此方能在主流经济体系内生存，最终在这个过程中失去控制自己命运的能力"[44]。

因此，智慧城市为福利机构、警察、雇主、数据中介和其他利用数据控制城市穷人生活的人提供了一种监控和剥削的新工具。一位单身母亲可能会被算法标记为取消福利，因为她在某次抗议活动中被警察的随身摄像头摄录在案。一名黑人青少年可能会被警方识别为监控对象，因为他连接了一个经常被有犯罪记录的人所使用的公共无线信标上。一位老人可能会成为掠夺性贷款的目标，因为他的车最近在驶出扣押车场时正巧被自动车牌识别器识别。

智慧城市因数据收集给公平、自治和社会公正带来严重的风险，这既向城市政府提出了新的挑战，也赋予了它们新的责任。除了决定要收集哪些数据之外，市政当局还必须充当所有迫不及待进入新环境收集数据的私人企业的守门人。许多智慧城市项目与 LinkNYC 项目类似，都涉及公私合作模式，政府通过这种模式从私人公司采购技术，从而提供新服务或改善已有服务。对于政府而言，与公司合作可以充分利用自身难以开发的私人部门的技术。对于公司而言，与政府合作是一个千载难逢的机会，在众多公共空间放置数据收集传感器。因此，城市政府必须深谋远虑，评估新服务的好处是否值得让公司收集不计其数的公众数据。如果不能，它们必须设法既能从新技术获益，又不会产生成本。

　　但是，即使城市出于善意的目的而收集数据，或者信任向其出售技术的私人供应商，城市也必须努力应对敏感信息可能暴露给公众或者落入怀有恶意的组织之手的种种方式。数据一旦被收集，就有可能被公布和滥用。正如前述洛杉矶自动车牌识别系统与美国移民和海关执法局共享数据的例子所表明的，即便在政府内部，一个机构收集的数据很可能最终被另一个机构所掌握。而能够收集更精细、更敏感信息的新技术更是放大了这些风险。

　　过去十年，许多城市政府纷纷实行"开放数据"的举措，包括在网上公布城市数据库，从而提高政府透明度，建立政府问责制，并促进公民创新。这些努力已经促使全国各地的城市发布了数以千计的数据库，为公交应用程序[45]、查询市政预算的用户友好型工具[46]，以及无数黑客马拉松铺平了道路。但是由于市政当局收集的大部分数据都与城市居民息息相关，所以开放数据偶尔也会泄漏有关个人的敏感信息。发布开放数据以来，城市无意中泄露了性侵受害者和夜间携带大量现金的人的身份[47]，以及人们的医疗信息和政治立场[48]。尽管城市可以采取某些策略来降低开放数据的风险，但它们必须应对开放数据的效用（更详细的数据可提高透明度，亦可用于其他目的）和风险（更详细的数据包含更多的敏感信息）之间不可避免的紧张关系，并且随着城市数据收集范围的扩大，这种两难的困境只会恶化[49]。

即使不主动公开数据，政府通常也没有什么手段来保护信息不被公之于众。旨在加强政府透明度和问责制的联邦和州公共记录法，迫使政府在公众要求时必须发布它们所控制的数据。虽然这些法律包含限制敏感信息发布的豁免，但它们对过时的个人身份信息和保密框架的依赖严重限制了此类豁免的范围。因此，随着不断收集和存储有关个体行为的所谓匿名数据，城市将拥有越来越多的信息，这些信息很容易被泄露，进而个体的敏感信息也会随之曝光。前述纽约某脱衣舞俱乐部顾客身份暴露不啻为一个绝佳例证，用于分析和推断这些顾客身份的纽约出租车行程数据，最初是应某公共记录开放请求而发布的，然后该数据请求者将其发布到网上供所有人使用[50]。

最后（这是政府和企业都关心的问题），任何收集和存储的数据都可能由于黑客入侵和安全漏洞从而泄露。2017年，网络攻击者窃取了加利福尼亚州欧欣赛德市（Oceanside）4 万居民的姓名、住址和信用卡信息，用于未经授权的在线购物[51]。前一年，优步遭到黑客入侵，5 700 万用户的个人信息（包括姓名、电子邮件地址和电话号码）遭泄露[52]。此外，安装在无数物联网设备上用来收集城市状况详细数据的新型传感器也极度不安全[53]。安全技术专家布鲁斯·施奈尔（Bruce Schneier）认为，类似案例反驳了诸如"所有数据都是好的，数据越多越好"之类的流行说法。恰恰相反，他说："数据是一种有毒资产，储存数据极为危险。"[54]

因此，部署新技术的当务之急是比往任何时候都更强烈地推动市政当局担当城市生活管理者的角色。他们必须决定哪些数据可以收集以及谁可以获得这些数据，同时还要考虑到一旦数据被收集就有暴露的风险。因此，城市不仅面临着如何运营市政服务的技术判断，还面临着决定城市生活未来的深刻政治决策。城市会在没有任何公开对话的情况下加强对居民的控制吗？会对企业进行类似的控制吗？抑或城市会确保自己通过技术创建的社会契约让人们有权在这座城市不受企业和政府实体的监控和操纵吗？

从这个角度来看，LinkNYC项目的"非凡"之处并不在于谷歌的子公司通过提供免费服务来换取用户数据收集——毕竟，收集用户数据并将其货币化是它们的基本商业模式——而在于纽约市政府竟然会同意它们这么做，会为了一家当地报纸所称的"一点儿零钱"而出卖公众的隐私[55]。正如传媒理论家和《朝谷歌巴士扔石头：增长如何成为繁荣之敌》（*Throwing Rocks at the Google Bus：How Growth Became the Enemy of Prosperity*）的作者道格拉斯·拉什科夫（Douglas Rushkoff）所说，LinkNYC项目代表了"一个我们其实并不需要的与魔鬼的交易"[56]。

* * *

不仅仅是日益增加的数据收集会在智慧城市创建一种不民主的社会契约。如前述章节所论，城市日益采用算法来实现治安和社会服务等核心功能。例如，纽约市使用算法给学生分配学校、评估教师、检测医疗保险欺诈和防止火灾等[57]。尽管这些算法看似复杂精细，但它们既非万无一失，也非不偏不倚，它们依赖的训练数据以及部署方式都可能产生偏差。

然而，尽管由算法提供的决策可能会改变人们的生活，但审核算法的设计和影响却异常困难。芝加哥的"战略对象名单"提供了一个富有启示的例子：芝加哥警察局曾多次拒绝向公众透露该算法如何运行以及它所考虑的人的属性[58]。因此，警察会不请自来地出现在人们家里，却从不解释是什么原因导致了他们的出现[59]。

因此，市政算法的实施引发了对于城市民主的严重关注：城市通常很少或根本不让公众了解它们的算法是如何开发或如何运作的。城市很少发布控制算法的源代码或者算法学习的训练数据。公众甚至都不知道何时使用了算法。

在许多情况下，市政算法之所以被隐藏起来，是因为它们由私人公司开发和拥有，在保密方面有经济利益。由于公共机构通常缺乏独立开发算法所需的资源和技术成熟度，因此它们往往与公司签约采购算法系统。尽管依靠技术专家开发算法有其价值所在，但这些新的关系将决策权从公众视野中转移开来。

通过保密协议和宽泛的商业机密声明[60]，技术公司防止使用其服务的政府披露有关这些工具及其使用情况的任何信息。这些公司包括 Intrado（该公司开发了警察部门用来计算人们"威胁分数"的 Beware 软件）和诺斯波因特（Northpointe）（该公司开发了"COMPAS"，一种预测某人未来从事犯罪活动可能性的算法，最近更名为"equivant"）[61]。即使是公共记录法也无法有效曝光这些专有算法。例如，两名律师向据报道正在使用 PredPol 软件的 11 个警察局提交了公布该软件信息的公开记录请求。只有三个警察局做出回复，但是没有一个提供了有关算法或其开发的实质性信息[62]。

　　结果就是，政府可以对民众作出重要的决定，但却对决定的做出方式或任何正当程序不加解释。以埃里克·卢米斯（Eric Loomis）为例，他于 2013 年在威斯康星州拉克罗斯市（La Crosse）因驾驶一辆涉及枪击的汽车而被捕。卢米斯被判逃避警察追捕罪，州政府使用了诺斯波因特公司的COMPAS 算法来裁决量刑。法官在判处卢米斯六年有期徒刑时解释说："使用的风险评估工具表明，你再次犯罪的风险极高。"[63] 因为诺斯波因特公司声称它的算法是商业机密，所以卢米斯未被允许了解算法如何做出这种预测。他对法官使用这种不透明系统的质疑未能奏效。

　　随着类似卢米斯这样的案件变得司空见惯，索洛夫对《审判》的引述显得极有先见之明。就像卡夫卡笔下的约瑟夫·K 所面临的审判，他既不知道自己犯了什么罪，也不知道指控他的人是谁，对卢米斯的判决在某种算法的影响之下作出，并且他和法官都无法去审查这种算法。

　　这种算法决策更深层的危险在于，当政府使用诸如

COMPAS这样的专有算法时，这些系统的开发者既未经选举，也无法问责，却被赋予了决定市政实践和优先事项的重大权力。我们在第四章已经论述了，算法以及它们的效果是如何由使用什么数据、包含哪些输入因素以及如何平衡假阳性和假阴性两类错误等判断所决定的。这些看似技术性的选择影响着公共政策。随着政府日益依赖私人企业开发的算法做出选择，它们也将日益依赖这些公司在算法中嵌入的价值标准和假设来做出决策。例如，诺斯波因特公司对未来人们犯罪的可能性的预测，将刑事司法审判置于公诉和种族化的犯罪风险背景之中[64]。

　　诺斯波因特公司在开发 COMPAS 时做出的最重要决定之一是如何确保其预测不带有种族偏见。即使在纯粹的技术层面，做出公正的预测也要比乍看之下复杂得多，因为对于"公平"有多种技术标准可供选择。该公司致力于所谓的"校准预测"，这意味着它们的模型对于黑人和白人被告应该同样准确。从表面上看，这是一个明智的选择。然而在 2016年，纽约一家非营利性新闻调查机构 ProPublica 报道披露，COMPAS 将黑人错误分类为"高风险"的可能性是白人的两倍，这可能导致在没有正当理由的情况下，对黑人被告的刑事判决刑期更长，惩罚力度更大[65]。这可以被视为 COMPAS 存在种族偏见的证据。如果当初诺斯波因特公司的模型针对"平衡等级"进行优化的话，或许它的算法对于黑人和白人被告会得出相同的假阳性概率。

　　这样做本来可以解决 ProPublica 披露的问题，但代价是要提出一个新的算法来代替它，新算法将不再进行校准预测（即对一个群体的预测比对另一个群体的预测更为准确）。假设这里我们关注的是试图对两个群体做出公正的预测，由于再犯率并不相同，这种权衡不可避免，不可能同时达到校准预测和平衡等级的目标[66]。

问题的关键并不在于 COMPAS 优先考虑校准预测是错误的，定义公平的两个选项都没有明显的优势。事实上，许多政策决策都涉及这种复杂的权衡。问题的关键在于，在每一个使用 COMPAS 的司法管辖区内，COMPAS 的算法设置决定从根本上塑造了刑事司法系统，从而影响辖区人们的生活，但是 COMPAS 的算法设置决定是由诺斯波因特公司的员工在没有政府官员或广大民众参与的情况之下做出的。

因此，对市政算法的依赖代表着政策制定和实施方式的巨大变化。尽管过去这些决策也不是完全透明公开和可问责的，但至少它们被认为是政治性的，需要民主投入、监督和正当理由。但是由计算系统（尤其是私人公司开发的计算系统）做出的决策逃避了这些义务。在许多情形之下，公众就算对算法略知一二，也不可能对算法决策有任何投入或施加任何控制。即使公众有机会提出自己的观点，关于如何设计算法的问题也常常被视为技术问题，最好留待"专家"去解决。

让政府使用不透明、不可问责的算法带来的危险更加复杂的是，智慧城市技术使大规模的数据收集成为可能。随着原本无法获得的个人数据现在变得唾手可得，许多个人信息可能会被整合到算法当中，从而影响刑事判决和其他重大决定。在智慧城市的案件审理中，你在哪里花费时间、你晚上在外面待到多晚以及你是否参加了某场抗议活动等数据将会影响法庭对你的判决，即便这些数据是你从来都不知道会被收集且你永远也不会同意被收集的数据。

随着各类危险的逐渐暴露，有一个城市已经大胆地尝试改变部署算法的方式。2017 年 8 月，纽约市议会一位议员詹姆斯·瓦卡（James Vacca）提出了一项法案，要求市政机构公布其用于社会服务、实施处罚，并支持警方行动的所有算法的源代码[67]。

瓦卡已经在纽约市政府工作了将近 40 年，他深知公众缺乏对算法的了解。多年来，他屡次试图去了解决定警察和消防部门人员配备的算法，但全都铩羽而归[68]。在一次对他立法提案的公开听证会上，瓦卡解释了提出这项法案的动机。"我坚信公众有权知道何时使用算法做出了决策，他们也有权知道这些决策是如何做出的，"他说，"例如，当教育部门使用某种算法将孩子分配到不同的高中，其中一个孩子被分配到第六选项，孩子和他的家庭有权知道这种算法如何决定孩子的目标学校。他们不应该仅仅被告知他们被分配到一所学校是因为某种算法可以最有效地分配学校资源。什么被认为是最有效的？由谁来决定？"[69]

瓦卡法案的最终版本于 2017 年 12 月获得市议会批准，并于 2018 年 1 月由白思豪市长签署，代表着他最初的愿景的删节版。该法案建立了一个"自动决策系统任务组"来审查市政机构如何使用算法。该任务组将会推荐能够实现如下成果的程序：提高所用算法的公共透明度，确定哪些算法应该受到监督，为公众提供接受算法决策说明的机会，并评估算法是否对某些群体造成不公平的影响。任务组将在一份公开报告中向市长提出这些建议[70]。

尽管新法律仍有许多不足之处尚待完善——任务组只能提出建议，并且没有权利强制信息披露，特别是在与渴望保护自身商业机密的公司打交道之时[71]——但这是一个富有成效的开始，为今后对城市如何开发和使用算法进行问责的政策奠定了基础。瓦卡的努力有助于将公众舆论从视算法为无可指摘的神谕转向视算法为社会构建的、可能会出错的政治决策输入。这样的转变对于发展足够智慧的城市至关重要。

* * *

当涉及算法和数据收集时，市政决策必须以民主审议为基础，为公众提供有意义的声音，从而影响它们的发展、获取和部署。也许与我们的直觉相反，这样的工作将有助于而不是阻碍技术的应用，这些技术可以改善足够智慧城市的生活。

芝加哥的 AoT（Array of Things）传感器项目显示了动员公众参与隐私保护的重要性。AoT 是由芝加哥市、芝加哥大学和阿贡国家实验室（Argonne National Laboratory）合作于 2014 年推出的产品，旨在成为该市的"健康追踪器"[72]。它最终将由数百个传感器组成，安装遍布芝加哥，用于跟踪环境状况，包括空气质量、行人和车辆交通以及温度。例如，在一个有高速公路穿过的社区，政府官员希望利用这些数据指导最需要种植树木的地方和公交车站选址，从而降低儿童哮喘发病率[73]。

从表面上看，AoT 与 LinkNYC 项目非常相似，都是大规模部署可以收集海量数据的传感器。如果没人相信数据被负责任地收集和管理，那么 AoT 可能会引起公众强烈反对。不过，芝加哥在部署传感器网络时，采取了与纽约市截然不同的方法。它在设计传感器时，特意避免收集敏感的个人数据，同时直接与公众分享其数据收集方式，并共同制定优先事项。这在一定程度上得益于 AoT 的所有权结构和运营方式，LinkNYC 项目由私人公司管理，因此其结构旨在实现利润最大化，而 AoT 则由政府和学术机构运营，因此专注于创造公共利益而不是收入。

芝加哥已经把保护公众隐私作为 AoT 架构的一个基本要素。在最初制定部署 AoT 的计划之时，芝加哥召集了一个由当地隐私和安全专家组成的委员会，就系统收集和存储数据的方式进行独立监督。然后，芝加哥组织了公众会议，向广大民众解释 AoT 项目如何运作、如何保护隐私，以及传感器可以如何改善生活状况[74]。为了将公众对隐私的关注充分纳入 AoT 的管理政策当中，芝加哥还发布了一项隐私政策草案，征求公众意见。这份草案收到 50 多项询问，所有询问都得到了芝加哥市政府的公开回应，并纳入了管理该项目的最终隐私政策之中[75]。

这种主动向公众征询意见的做法可以帮助芝加哥确定公众对于隐私问题的关注，并使政府为其负责。例如，其中一个主要担忧是传感器的摄像头会收集图像，这些图像可以用来追踪人们的活动。但这样的追踪并非芝加哥的意图——它本欲收集图像来统计交通流量（通过计算机视觉软件的分析）——但摄像头收集的图像肯定存在被滥用的可能。收集这些视频可能会违背公众对隐私的预期，并激起居民对整个 AoT 项目的反对。

作为回应，芝加哥设计了一个周详的解决方案，它借鉴了一种被称为"数据最小化"的实践，即只收集和存储实现项目目标所需的最小数量的信息。数据最小化可以采取多种形式，其中两种常见策略是完全忽略无关特征（例如，不收集某人的位置）和故意以不精确的格式存储数据（将某人的位置简单记录为邮政编码)[76]。芝加哥只需通过图像计算出交通流量，因此无须存储视频本身，通过更改 AoT 的传感器来计算流量数据，把数值传输到项目服务器加以保存，然后立即删除图像[77]。

芝加哥 AoT 项目的开发体现了城市可以综合考虑公众参与和数据最小化，从而实现在足够智慧的城市里部署尖端技术。允许公众对如何实施 AoT 提出意见，芝加哥确保了由新技术所调节的社会环境是由民主决定的，并符合民主期望。当公众提出担忧时，AoT 团队找到了一种收集所需数据的方法，使城市既可以实现其分析目标，又不会违反选民意愿或侵犯其隐私。如果没有采取这种做法，整个项目可能会遭到公众反对而受阻。在芝加哥开发 AoT 的几年时间里，西雅图经历惨痛教训方才明白在部署新技术时保护隐私的必要性。

2013 年 11 月，在美国国土安全部 270 万美元的经费支持下，西雅图市安装了一个传感器和摄像头网络，用于监控来自港口的潜在威胁。对于这种新技术的安装和使用，公众几乎没有收到任何警告，但当他们注意到这种无线传感器似乎能够通过记录个人无线设备的活动来追踪个人时，他们很快就开始担心了。在被问及有关如何使用新传感器的问题时，西雅图警察局答道："我们还没有相应政策，难以就政策问题做出回答。"这进一步加剧了紧张关系，表明该市对于个人隐私漫不经心，没有采取必要的预防措施来防止不当的监控[78]。随着公众争议的加剧，尽管有证据表明传感器实际上无法跟踪人们的设备，警察局还是关闭了该项目[79]。

西雅图首席技术官迈克尔·马特米勒（Michael Mattmiller）表示，这次糟糕的推出"是一个很好的教训"[80]。失败的部分原因是对这项技术及其风险缺乏了解，西雅图在安装这些新传感器时没有考虑它们的架构是否符合公众优先考虑。"对于那些不了解技术如何运作及其潜在隐私危害的人来说，很容易只关注技术成果，而不是实现这些成果的方法。"

此外，在公众参与严重不足的情况下使用技术，意味着城市对公众如何重视他们的隐私缺乏理解。基于个人身份信息的现有隐私法已经过时，关于隐私的社会观念不断演变，新技术使收集越来越多的数据成为可能，城市尚无可靠的指南告诉它们什么水平的数据收集是适宜的。因此出于公众对侵入性数据收集的担忧，西雅图关闭了一项新的技术项目，结论很清楚：如果没有技术专长、强有力的隐私政策以及公共对话来解决隐私风险问题，使用涉及数据收集的技术来改善市政运营和城市生活几乎是不可能的。

抱着渴望"向前发展以弥补我们在公众面前的失误"的目的，马特米勒组建了一个由当地技术专家、律师和社区代表组成的隐私咨询委员会。该委员会的任务是分享与数据收集相关的公共优先事项和关注事项，并指导西雅图开发保护隐私的做法。通过一系列的公众会议，委员会制定了六项隐私原则——共同确认对透明度、问责制和最低限度数据收集的承诺——旨在指导城市对个人信息的收集和使用[81]。该委员会随后在 2015 年帮助该市制定了体现这些原则的全面细致的隐私政策[82]。马特米勒表示，通过这些努力，隐私咨询委员会"真正确保我们的隐私计划吸收了社区经验和最佳实践"。

西雅图隐私政策的一个关键组成部分是，每次开发涉及个人数据收集的新项目时，都必须进行"隐私影响评估"。城市必须进行风险收益分析，权衡该项目的潜在效用和对个人隐私的潜在威胁。目标是在不损害项目的前提下，主动强调和减少预期风险，从而使市能够平衡所承担的双重责任，既要提高公共福利，又要保护公民自由。这些评估有助于西雅图确保它们的项目遵守隐私原则，调整形式通常包括改变数据收集、存储和共享的方式，以减少敏感信息的收集和暴露。

马特米勒还强调了教育市政人员了解隐私风险以及如何减轻隐私风险的重要性。为了帮助各部门识别并防止隐私伤害，西雅图每个市政部门任命一位成员担任"隐私守卫者"。他们负责协调隐私影响评估并教育同事了解遵守城市隐私原则的最佳做法。当马特米勒和他的团队需要向市政人员报告最新发展情况或最新隐私风险时，隐私守卫者将帮助在各部门传播这些信息。2017 年，西雅图聘请了一名首席隐私官，进一步将其对隐私保护的承诺制度化，成为美国首批授权负责人管理全市范围内隐私权的城市之一[83]。

实施上述做法意味着当下一次西雅图准备采用需要收集公众数据的新技术时，它已经做好准备，可以考虑周详、负责任地推进。为了测量不同地点之间的交通流量和出行时间，西雅图交通部安装了 1 000 多个传感器，于是重大考验随之来临。通过追踪无线设备在城市里的活动（通过它们的 MAC 地址），西雅图交通部希望发现有助于减少交通拥堵的模式，而此前政府部门从未能获得这样的数据。

随着新的隐私保护措施的实施，西雅图能够审慎而公开地权衡这项技术的成本和收益。首先，马特米勒和他的团队咨询西雅图交通部和技术供应商，以确保过度监控不会是交通顺畅的代价。其次，在确定了这项技术的几个隐私风险之后，他们要求公司实施数据最小化的方法，从而使利用数据识别和追踪任何个人变得更加困难。这一次西雅图不像原来在港口周围布置安全网络那样隐身幕后工作，而是主动分享它正在做的事情和原因。马特米勒将这项技术的案例公之于众，解释道："如果你喜欢使用谷歌地图，希望地图用红色、黄色和绿色线条向你显示交通流量，并重新规划路线引导你避开拥堵路段，那么我们需要收集数据用于指导制图，我们认为这是侵入性最小的数据收集方法。如果你不同意，那么你可以去这个网站选择退出，然后如果我们看到你的手机，我们会忽略它。"

马特米勒指出，通过降低最明显的隐私风险并解释其行动的目的，西雅图赢得了公众的支持而不是愤怒。"向公众清晰地传达你所做事情的价值，对隐私威胁保持透明，并展示你如何去解决这些威胁，从而建立信任。"

但是，仅仅依靠城市以善意行事是远远不够的，公众对市政技术的监督必须制度化。为了进一步赋权公众控制城市收集和使用数据，西雅图于 2017 年颁布了一项监督条例。该条例要求每个部门在获取任何监控技术之前都要举行公开会议并得到市议会的批准，公开描述将如何使用监控技术，并评估所有监控技术对隐私和公平的影响[84]。因此，该条例确保西雅图任何获取和部署监控技术（无论是硬件还是软件）的决定都要经过公众和民选官员的严格审议，而不是美国城市流行的不透明决策做法。例如，2016 年，当地一家报纸报道称，两年来西雅图警察局一直在使用社交媒体监控软件，但却从未告知公众[85]。无独有偶，新奥尔良的警察在没有经过任何公共采购程序的情况下，多年来一直使用预测警务算法，甚至市议会成员也被蒙在鼓里[86]。目前美国有数十个城市（从密西西比州的哈蒂斯堡到奥克兰）已经或正在制定类似的监控条例[87]，和西雅图一道，为把智慧城市转变为足够智慧的城市这一最重要策略而共同努力。

芝加哥和西雅图认识到，关于收集哪些数据的看似技术性的决定实际上是对公民自由和社会正义具有重大影响的政治决策，这两个城市都展示了足够智慧的城市如何既能采用技术提供新服务、改善日常生活，同时又能促进民主的社会契约。这些成就与技术障目镜的观点相悖，后者错误地认为隐私和创新之间存在非此即彼的取舍。根据这种世界观，变得智慧意味着收集和分析数据以提高效率。如果保护隐私和自由需要减少数据收集，那么智慧城市只能是一个没有隐私和没有自由的城市。

然而，在足够智慧的城市里，隐私是维护自由平等的一项基本人权，保护隐私有助于而不是阻碍新技术的使用。奥巴马政府白宫管理和预算办公室的隐私高级顾问马克·格罗曼（Marc Groman）解释道："如果你有一个资源充足、运作良好的隐私保护计划，该计划将会促进创新……并允许机构推广新技术。"[88]

尽管智慧城市为了追求效率最大化而尽可能多地收集数据，而公认的"愚蠢城市"则不收集任何数据，但是足够智慧的城市只有在赢得公众支持并制定隐私保护政策之后才会收集数据。对于足够智慧的城市而言，问题不只是"我们应该收集什么数据"，或者"我们应该收集多少数据"，而是"我们如何在不违背公众期望或侵犯公众权利的情况下，借助数据实现我们的政策目标"。

* * *

2014 年，波士顿新城市动力市长办公室（Mayor's Office of New Urban Mechanics）的联合创始人兼联合主席奈杰尔·雅各布（Nigel Jacob）接到当地一位工程师的电话。"我一直在研究停车问题，实际上它非常简单！"他兴奋地告诉雅各布。这位工程师开发了一个巧妙的解决方案，把寻找路边停车位的麻烦（以及这种寻找造成的拥堵）降到最低：一个用于支付和预定停车位的应用程序。您可以在离家之前先预订停车位，然后一个金属护柱会弹出来占位，直到您到达。工程师解释道："这只不过是一个资源分配的问题而已。"[89]

雅各布说，这在实践中是否可行——换句话说，找停车位变得更容易——其实并非问题的重点。"我们在讨论中解释过没人有权占有公共空间，那里有一个社会契约。我们开始讨论这个问题，于是他认识到停车问题更为复杂。"如果提高停车效率意味着给予个人预订公共空间的能力，那么雅各布对此不感兴趣。

雅各布故事里的工程师是众多技术专家的典型代表，他们强调效率并且为部分人群谋取便利，却不考虑实现这些目标的方式。效率作为一种目的似乎使任何手段变得合理，或者使手段及其副产品变得无关紧要。雅各布承认，城市大多认同这一逻辑，但并不考虑更广泛的影响。他感叹道："我们为了解决某个具体问题而购买错误的技术由来已久，因为我们从不考虑具体技术架构的政治问题。"

当市政当局不考虑它们所购买技术的实际运行方式时，技术背后的公司就会支配它的体系架构。随着城市逐渐部署该项技术，技术设计的选择将会影响个人、公司和政府之间的社会契约。打着使城市"变得智慧"的幌子，公司出售收集敏感数据且对公众不透明的技术——这些属性能够增加它们的利润——仿佛这是它们的产品能够发挥作用的唯一可能方式。最后政府往往会部署该项技术，而不会共享有关该技术的任何细节。

这并非新技术需求所决定的必然结果，而是那些开发和控制新技术的人所期望的政治安排。但是，正如芝加哥和西雅图案例所显示的，另一种更民主的架构是可行的——在不收集和滥用海量个人信息的前提下，安装无处不在的传感器来改善城市生活是可能的。同样，纽约成立的算法任务组，西雅图和其他城市颁布的监控管理条例，都为城市政府扭转沦为黑箱城市的趋势提供了一条明确的道路。

城市政府必须接受民众赋予它们的权力和责任，充当公众信息的守门人和公众隐私的管理者。足够智慧的城市不是简单地把每一项新技术视为来自技术天堂的甘露，而是被这一新角色所驱使，充分考虑潜在技术设计的风险，并拒绝那些由警方监控和掠夺性企业行为所驱动的技术架构。

当从公司购买技术时，市政领导人必须长远考虑工具的功能以外的问题，并利用自身的影响力，谈判争取更民主的隐私保护和透明度政策。毕竟，技术公司对城市的依赖远胜于城市对技术公司的依赖。固然，城市可以从新工具和软件中获得知识和效率，但我们现在亦知晓，效率并不是繁荣城市生活最重要的因素；而反之，公司亟须顾客购买它们的产品。鉴于这些动力因素，城市有机会以市场创造者的姿态，同时以个性化和集体化的方式塑造智慧城市技术的发展方向。认识到这一权利之后，2017 年，由 21 位首席数据官组成的联盟发布了一系列针对开发开放数据门户的公司的指导方针，50 位市长联合向联邦通信委员会（Federal Communications Commission，FCC）提交了一封联名信支持网络中立[90]。在这一方面，巴塞罗那也是一个引人瞩目的先行者，它与几个主要的技术供应商重改合同，加强公众对数据的所有权和控制权[91]。

如果城市政府不采取这些行动，技术公司可能会继续对城市生活拥有不透明和不可问责的私人权利。优步和人行道实验室等公司所掌握的关于城市状况的数据比城市政府掌握的多得多，而像诺斯波因特这样的公司已经开发了为重大决策提供依据的算法。随着智慧城市公司积累越来越多的投资和利润，它们将对资金紧张的城市政府施加更大的影响力。诸如 LinkNYC 这样的智慧城市项目之所以吸引城市，部分原因就在于城市政府缺乏足够资源自行提供公共服务。

如果 21 世纪的城市居民有权利拥有足够智慧的城市，并对于技术的生产和使用行使有意义的民主控制权，城市政府必须获得必要的资源去维护它们对公司的权威，同时城市政府自身也必须变得更为民主。

急于成为一个智慧城市可能会带来新的见解和效率，但代价是所创建的城市中，政府和公司通过收集数据并由此做出不透明的决策，对个人施加至高无上的权力，穷人和少数族裔居民将受到最大侵害。诚然，城市的众多职责之中包括提供有效服务和明智使用资金。但是，毫无顾忌地追求推进这些目标的技术而不考虑它的全面影响，是一种严重失职。正如我们所见，新技术的好处往往是虚幻的，并且草率部署新技术可能产生的问题比它所能解决的问题还要多。

然而，城市可以慎重对待技术，同时亦不忽视它们对于公众的责任。下一章将论述，技术可以在改善城市福利的市政创新中发挥至关重要的作用，但是只有在有意义的制度和政策改革基础之上，才能引导技术走向预期的结果。

第六章

创新之城：城市政府技术与非技术变革的关系

　　智慧城市最吸引人的一个特征莫过于它的创新承诺——它采用尖端技术改变市政运营。像效率一样，创新具有一种朦胧缥缈的吸引力，既中立又最优，令人难以抗拒。毕竟，谁会希望自己的城市停滞不前，而不是主动创新？

　　以人行道实验室的网站为例，截至 2018 年 10 月，"创新"一词在网站主页上出现了五次。该公司承诺将"对创新进行投资""加速城市创新"，提供"激发创新的基础设施"，从而"使多伦多成为全球城市创新中心"（多伦多是其最雄心勃勃项目的所在地，具体参见第七章）[1]。除此之外，该公司还宣称"我们的使命是加速城市创新进程"[2]。似乎创新而不是技术才是人行道实验室的核心产品。从这个意义上来讲，创新与诸如"优化""效率"等其他智慧城市的时髦术语不谋而合：一个模糊但号称既中立又有益的目标，公司往往为了推进企业议程而对其大肆宣传。

毋庸置疑，城市可以受益于新理念、新政策、新实践和新工具。但是，诸如人行道实验室之类智慧城市项目的支持者误入歧途之处在于将创新和技术等同起来，或者借用人行道实验室的语言来讲，就是"重塑城市以改善生活质量"需要"数字化的变革来改变城市环境"[3]。

本章将论述为何这种观点具有误导性。这种观点的错误之处，不仅在于技术无法独自解决棘手的社会政治问题，而且在于我们已经察觉但尚未充分探索的城市政府的某种属性，即欲从技术中受益就必须通过改革政策和实践来克服制度障碍。本章将提供几个城市的案例研究，其中最值得关注的是纽约、旧金山和西雅图。这些案例展示了使用数据提高治理水平、改善城市生活所必需的艰苦过程。我们将论述技术与创新之间的关系，这与技术迷们所看到或所称道的关系截然不同。

* * *

2015 年 7 月，纽约市的公共卫生官员在南布朗克斯区（South Bronx）发现了军团病（一种急性肺炎）的暴发，已造成 7 人死亡，还有几十人被感染。如果疫情得不到有效控制，这种疾病可能会蔓延到布朗克斯区乃至整个纽约市，威胁到数以百万计居民的健康。

纽约市健康与精神卫生部（Department of Health and Mental Hygiene，DOHMH）很快就确定了致病的军团菌藏身于大型建筑物顶部支持中央空调系统的冷却塔中。这是军团病疫情暴发的常见源头，尤其是在空调使用急剧增加的夏季。当纽约市健康与精神卫生部在清理受污染的冷却塔时，工作人员意识到必须在全市范围内开展检查行动防止疫情扩大。纽约市议会要求该市组建一个应急响应小组迅速将每个冷却塔登记在案并加以清洁。

在许多方面，这项工作对于美国人口最多的城市而言并不是什么新鲜事。在纽约市应急管理部门的领导之下，各市政部门擅于协调应对和处理各种危机，从飓风、恐怖袭击再到全市停电。但是就军团病暴发而言，仅仅依靠机构协调是不够的，城市还需要统筹多种数据源。应急行动的后续工作需要处理几个关键问题：纽约市共有多少座冷却塔？它们分布于何处？归谁所有？有哪些冷却塔潜伏着军团菌？这些问题无法立刻得到答案，准确回答并非易事。尽管纽约带有冷却塔的建筑物比例不高，但是却缺乏包含冷却塔位置及其所有者全面信息的数据库。

因此，在疫情暴发一周之后某个周五下午，市长办公室致电纽约市首席数据分析官阿门·拉·马沙里基（Amen Ra Mashariki）请求援助。

"你可以把这想象成一次百年难遇的紧急状况，"马沙里基回忆道，"作为政府机构，我们的核心任务就是保护纽约市民。"如果无法快速识别和检查每一座冷却塔，军团病疫情很可能会失去控制。马沙里基补充道，应对这一紧急状况最艰巨之处在于要求"有一个过去从来没人想过需要建立的数据库。市政厅或者建设局没有人早上醒来之后说'我们需要确保我们拥有一手的关于冷却塔信息的数据库，因为将来可能会暴发冷却塔危机'。实情是根本不存在这样的数据库，我们不得不竭尽全力从零开始构建这个数据库"[4]。

对于纽约市民而言，幸运的是马沙里基独特的个人和专业背景使他能够沉着应对紧急时刻。马沙里基成长于布鲁克林（Brooklyn）一个中产阶级家庭，父母对他影响甚大。他父亲是一位越战老兵，同时也是一名社会活动家，创立了一家为退伍军人提供援助的非营利组织。而他母亲曾经担任IBM人力资源经理，因而他有机会接触最早的个人计算机。马沙里基小时候沉迷于计算机和电子游戏，甚至迫不及待地学习如何编写电子游戏大金刚①的程序。当学校放假时，母亲会把他带到办公室。母亲还自学了如何用 BASIC（一种早期编程语言）进行编程，并在儿子四年级时开始教他。

马沙里基读大学时学习计算机科学专业。毕业之后，他在芝加哥的摩托罗拉公司找到一份令人垂涎的工作，事业发展非常成功，为双向无线电开发安全协议。但是这一切随"9·11"事件的发生而改变，第二天当他恢复工作、办公室如常运作的时候，马沙里基开始质疑自己的工作如何影响世界。他得出结论："如果世界发生了翻天覆地的变化，而我的工作却继续一成不变，那么结果必然只能是——我的工作对于世界毫无影响。"

马沙里基原本可以继续开发今天我们每个人所依赖的智

---

① 由日本电子游戏软硬件开发公司任天堂公司所发行的一系列电子游戏。主角为一只名叫"大金刚"的虚构大猩猩。——译者注

能手机技术，但是开发尖端技术已经不能令他产生成就感。追随社会活动家父亲的脚步，马沙里基在那天决定，"从现在开始，我所做的每一件事情都必须产生明确影响"。

随后十年，马沙里基投身于医学，为外科手术机器人开发软件，并分析癌症治疗数据。2012 年，马沙里基担任美国人事管理办公室白宫学者。马沙里基成为有史以来第一位担任白宫学者的计算机科学家。马沙里基踌躇满志，深信自己的技术专长有助于解决政府的所有问题。"当我走马上任时，我自以为将成为最热门的抢手货。"马沙里基回忆道，不无尴尬地想起在某次演讲中，他宣布他打算用算法"'去修正你们做事的方式，并彻底打破你们思考问题的方式'，我以为自己肯定会成为一个超级英雄"。他说："我记得当时自己环顾四周，然后自忖，'为什么他们都不买账呢？'"

换言之，马沙里基就像一个典型的入职政府部门的技术专家，相信尖端技术是解决许多政府问题的灵丹妙药，向政府提供技术专长会让他成为救世主。但是，他在美国人事管理办公室的早期工作却陷入了困境，因为他所推崇的解决方案和路径并不适应该部门的需求。他过度专注于在所有情形之下使用技术而不是去理解问题之所在。

"自不必说，现实以不同的方式打击过我无数次。"马沙里基笑着回忆道。每当他提出一个自认为可以快速解决问题的技术方案时，他都会被否决，因为同事们早已考虑过该种技术并且确定它不能满足他们的需求。

这些经历帮助马沙里基摆脱了他的技术障目镜，意识到用技术去解决政府问题比最初看上去要困难和复杂得多。他认识到那些被自己诊断为技术问题的问题实际上与组织的能力和需求密切相关，解决这些问题的关键是与人和机构合作，而不是去开发技术。此外，马沙里基还看到通常被诟病为阻碍创新的官僚体制如何阻止了坏主意的实施。与他的预期相反，在系统内工作反而比推翻系统更有成效。马沙里基对政府先入为主的怀疑态度逐渐消失，并萌生了"一种对公仆的高度敬意"。

2013 年，马沙里基被任命为美国人事管理办公室的首席技术官，并负责联邦政府退休程序数字化的大型项目。一年以前的马沙里基会专注于开发出最佳软件，然后说服同事采用该软件，但是现在他意识到项目成功需要把人们团结在一起并关注制度需求。他列出了许多需要考虑的因素："你必须建立联系。你必须达成共识。你必须确定需要去影响的人。你必须找到需要向其获得洞见的人。"马沙里基还明白不能忽视组织内部其他人的专业知识。面临同事对该项目的广泛质疑，马沙里基强调"我们不是来告诉您如何完成您的工作，而是帮助您了解工作的方式，并为您提供一些能力"，从而在整个人事管理办公室建立起信任。马沙里基以人为本的方法非常成功。在 6 个多月时间里，他的团队比美国人事管理办公室其他人在过去 15 年所取得的成效更大。

马沙里基于 2014 年离开美国人事管理办公室，出任纽约市首席数据分析官兼市长数据分析办公室（Mayor's Office of Data Analytics，MODA）主任。市长数据分析办公室是纽约市一年前成立的新兴市政分析机构。美国人事管理办公室的工作经验让马沙里基充分理解了技术对于改善政府治理水平的局限和潜力，他渴望接受"成为世界上最大城市之一的数据专家的挑战。有谁会不想承担呢？"他知道这将是他一生中最具挑战性的角色，但是现在，马沙里基回顾道："当时我完全不知道事情到底会有多复杂。"

当军团病疫情暴发时，马沙里基上任才 9 个月。这项任务的规模和完成任务所需的精确度是令人难以置信的。纽约市建筑物数量超过 100 万栋。鉴于该市有限的人力和财力，如果挨个检查所有冷却塔需要数年时间，细菌早已繁殖扩散。但是对纽约市的搜索必须全面。"我们不能只抱有 98％的信心说我们已经搜查了城市所有建筑，"马沙里基解释道，"我们必须有百分之百的信心。"马沙里基的工作是通过数据和分析识别出最有可能配备冷却塔的建筑，确定检查和清洁团队应该重点关注的建筑，从而加快检查进程。

不幸的是，事实证明综合城市所有数据以形成一幅连贯的画面比任何人预想的都要困难。例如，最初以为财政部掌握了必需的数据，因为它追踪了一些配备冷却塔的建筑物，据此进行税收冲销。但是这个数据库并没有涵盖所有冷却塔，也不包含建筑物所有者的姓名和联系方式，而这恰恰是核实冷却塔存在、将其登记在案并加以检查所必需的信息。尽管纽约市建设局的确收集了建筑物所有者的信息，但是要将两个部门的数据库一一对应起来却极为困难。因为建设局通过地址来标记每个建筑物，而财政局则通过税务地块加以区分。此外，建设局虽然记录了配备冷却塔的建筑数量，却忽略了一座冷却塔服务于多栋建筑或是一栋建筑安装多座冷却塔的情况。市长数据分析办公室的首要任务就是整合这些相互矛盾且不完整的数据库。尽管付出了艰苦卓绝的努力，但是工作团队仅能拼凑出一份并不完整的冷却塔及其所有者信息名单。

城市政府部门之间数据有差异和不一致极为常见。虽然许多部门都会收集名义上相互关联的数据，但是每个部门对于信息的解释和记录方式各不相同。不同部门收集的数据很少设计为可整合的数据库。每个行政部门都有适应于各自需求和任务的信息技术系统和数据结构。尽管这样简化了日常任务，但同时也妨碍了需要合并多个部门数据的工作。

"很多人没有意识到其实有不同的方法可以计算城市中的实体，"马沙里基解释道，"人们往往认为自己在统计同一个东西，但这两个部门统计的是不同的东西，而且它们会用两种不同方式向市领导汇报。如果没有像市长数据分析办公室这样的团队，事情会变得一团糟。"

在这场需要多个数据来源的危机之中，这种错误没有容身之地。建设局创建了一个网站，建筑物所有者可以在此注册它们的冷却塔。城市 311 呼叫中心联系建筑物所有者，询问建筑物是否安装了冷却塔。纽约市应急管理部门在全城开展提高公众意识的宣传活动。消防员穿越城市，检查建筑物是否装有冷却塔。健康与精神卫生部则对已经确认的冷却塔进行检测和清洁。

市长数据分析办公室成为整合这些快速行动的"黏合剂"。每天早上 7 点，办公室都会将当天何处需要外联资源或最需检查的建筑信息传达给各部门。各部门则花费一天时间完成这些任务并及时记录数据。每天晚上 11 点，市长数据分析办公室会收到各部门进展情况报告，届时它将评估应对工作的进展，并确定各部门第二天的任务。马沙里基和他的团队已经习惯了不眠之夜。

为了快速而准确地识别纽约市每个冷却塔的位置，市长数据分析办公室的下一步行动是综合这些分散且不完善的信息流。在危机应对工作的早期，城市检查和清洁团队调查的建筑物中，仅有 10％安装了冷却塔。这种外联工作浪费了大量时间。鉴于命中率如此之低以及纽约市拥有超过 100 万栋建筑物的现实，找到城市所有冷却塔可能要花费数年时间。为了加快工作速度，市长数据分析办公室开始开发机器学习算法，通过将建筑物特征与已经确定装有冷却塔的建筑物特征进行比较，从而识别出哪些建筑物最有可能安装了冷却塔。

尽管需要进行先进的数据分析，但市长数据分析办公室并不将其视为纯粹的技术挑战，否则算法无法成功。幸运的是，马沙里基和他的团队与其他市政部门密切合作，而不是仅仅专注优化他们的算法。市长数据分析办公室得出的第一份潜在冷却塔位置清单包含 7 万栋建筑。这是一个不错的起点，但是如果希望赢得这场"比赛"，防止更多的人感染疫情或情况变得更糟糕的话，需要检查的建筑物数量还是太多。不过，有几个消防员在查看该清单时发现算法分析遗漏了一个关键细节：当地消防法规定禁止在 7 层以下的建筑物上安装冷却塔。当市长数据分析办公室把这个信息纳入其算法之中，清单上潜在冷却塔位置的数量立时减少了一半。

"你的机器学习算法不懂类似这样的事情，"马沙里基解释道，"如果不是那些消防员提醒说'不，你们不必去检查那些建筑'，我们很可能会陷入更大的数据库当中浪费时间。"年轻时的马沙里基会希望用一种复杂精巧的算法来拯救世界，然而在职业生涯的这一刻，马沙里基心下了然单靠数据和技术无法解决所有问题。因此，即使在这个城市需要精确无误的数据去拯救生命的时候，马沙里基也能超越单纯的数据库和分析范畴，去获取尽可能多的背景知识。"你的口袋里装着精致的机器学习算法，"马沙里基观察到："但最终那些真正从事实际工作的人们所具有的知识才是你的王牌。"

借助于其他部门提供的背景知识，市长数据分析办公室所开发的机器学习算法识别冷却塔的准确率高达 80％，是算法在纳入背景分析之前的 8 倍。该算法在几周之内为纽约市提供识别、检查和清洁每一座冷却塔的行动指南，从而在 8 月中旬时遏制了疫情的进一步蔓延。但不可否认的是，这是纽约历史上最大的一次军团病疫情暴发[5]，造成的危害是巨大的——共有 138 人被感染，16 人死亡，但是若非市长数据分析办公室做出的高效应急救援行动，后果可能会更严重。

＊　＊　＊

马沙里基将这次军团病暴发视为"游戏规则的改变者"。

应急救援工作中遇到的挑战揭示了数据质量与可用性之间存在着巨大差距，而这些差距可能会使纽约市在面临未来突发危机之时陷入瘫痪。马沙里基明白类似的紧急状况不会只有一次。当下一次危机来临时，城市需要更快速更有效地做出应急响应。消防部门可能没有余力覆盖全市范围搜集数据。如果需要花费一天时间来协调数据库之间不一致的地方，那么可能会降低应急响应速度，并使危机加剧。

马沙里基深知无法精确预测下一次的紧急状况何时会发生以及什么信息是必不可少的——他将这些因素称之为"未知的未知数"——因此他意识到，城市需要的不仅仅是清理特定数据库或者收集特定新型信息。相反，纽约的市政部门必须改善其数据基础设施、发展通用数据技能，以便能够为任何目的而更好地去获取、解释和使用数据。

马沙里基改写了纽约现有剧本中的一页。纽约市应急管理部门的职责之一是进行应急演练（类似于消防演习，但针对市政危机进行），演练中多个部门练习如何应对诸如高温热浪、沿海风暴和暴风雪等紧急状况。这些演练是确定各部门服务与协作中存在差距的良机，以便市政部门做好准备，当真正的危机来临时能够共同行动和协作。在纽约市应急管理部门的领导下，马沙里基开发了一个类似的培训机制——数据演习，各部门可以练习共享数据并加以分析，从而支持市政部门更好地应对紧急状况。

第一次数据演习于 2016 年 6 月进行，召集了数十个城市部门，应对布鲁克林大停电的假设场景。该区域内所有电梯被关闭，人们被困于建筑之内急需救援。此次演习要求各城市部门整合来自多家机构的数据，从而确定区域内每一部电梯的位置，预测哪些建筑物中有人员可能在电梯里受伤，并制定车辆调度策略，快速向那些地点派遣应急救援车辆。几个月之后的第二次演习涉及如何应对沿海风暴的后果，促使各机构整合既有数据与灾后检查新数据，据此评估灾害所造成的损失。第三次数据演习则强调数据共享，促进市政机构能够在快节奏的危机之中练习如何获取和使用来自不同部门的数据[6]。

这些数据演习必不可少，因为在市长数据分析办公室看来，如果各部门不能充分理解和管理相关信息，那么它们就无法利用数据去改善纽约的运转和生活。通过创造机会处理各种不同状况之下的数据，数据演习促使纽约市政工作人员更有效地使用数据。如此这般，各部门方能了解哪些信息已为其他机构所掌握以及应该如何准备自己的数据便于其他机构使用。为了进一步协助这一工作，市长数据分析办公室正在开发技术工具，从而更易于获取和解释数据。该团队的第一个大项目是一个综合建筑智能工具箱，它将来自7个部门的建筑数据整合到一个交互系统之中，从而减轻各部门的工作负担，不必煞费苦心去理解来自不同部门相互冲突的信息。此外，数据演习还有助于各部门在应对紧急情况时或在日常工作中提高分析和应用数据的技能。随着这些数据实践、流程和工具逐渐渗透到政府各部门，市长数据分析办公室得以协助各部门更有效地为纽约市民服务。例如，该团队某个项目借助机器学习，帮助房屋维护及发展局前瞻性地防止房东骚扰、强迫租客搬离租金管制的公寓。

项目类型

MODA与其他机构合作，提出与总体任务和具体目标一致的分析问题。尽管MODA在每个项目上都致力于运营分析，但大多数工作始于数据管理或决策支持问题。

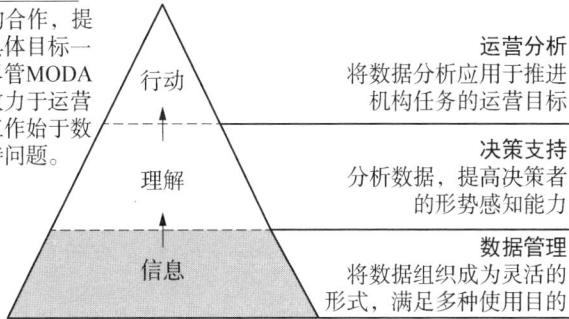

行动

理解

信息

运营分析
将数据分析应用于推进机构任务的运营目标

决策支持
分析数据，提高决策者的形势感知能力

数据管理
将数据组织成为灵活的形式，满足多种使用目的

图 6.1　纽约市长数据分析办公室（MODA）用于指导其战略的项目金字塔

图片来源：NYC Analytics，"Mayor's Office of Data Analytics（MODA），" p. 1，http：//www1. nyc. gov/assets/analytics/downloads/pdf/MODA-project-process. pdf.

　　马沙里基的数据演习示范了城市如何变得足够智慧以及如此行事的好处。城市实在太复杂，我们不可能准确预测未来需要何种数据与算法，但我们可以明确预判可能出现的问题类型以及伴随数据使用而来的挑战——数据库管理不善，数据不准确或不完整，各部门之间缺乏数据流动，以及无法跨数据库整合信息。虽然这些并非核心技术问题，但是为了有效使用新技术，这些问题必须加以解决。

　　正如我们在约翰逊县所观察到的（详见第四章），之所以出现这些问题，通常是因为市政部门和机构主要作为独立实体而各自运行，每个部门收集符合其特定任务和职责的数据，而不考虑另一个部门有什么数据。因此，尽管两个机构可能监控城市同一个方面，但是它们不同的信息记录方式使得记录难以匹配。并且由于传统上数据并不被视为超越其直接目标的分析资源，因此过去几乎没有理由去强制执行数据质量标准，或是将藏于各部门计算机中的数据库调出使用。此外，市政工作人员往往缺乏数据分析方面的培训，故而他们对外界试图用技术改变他们的工作持谨慎态度。

旧金山首席数据官乔伊·博纳古罗（Joy Bonaguro）负责克服上述障碍，力图使数据成为更有价值的资源。博纳古罗对于时髦术语没有兴趣，也不喜欢矫饰，因而有效抵制了技术障目镜的诱惑。这种抵制非常有必要，因为尽管她的最终目标是帮助旧金山更有效地使用技术，但博纳古罗面临的挑战主要在于人和政策。

博纳古罗的设计背景使她特别关注技术用户的需求，而不是技术的能力。博纳古罗自称是"《哈佛商业评论》迷"，她应对像城市政府这样复杂的官僚机构可谓得心应手。这些专业视角帮助博纳古罗专注于利用数据改善城市，而不至于陷入天花乱坠的炒作之中。"智慧城市以技术为中心，由技术所驱动，这其实从来都不是一个好策略，"博纳古罗说，"我们从事数据科学的原因不是为了让我们看起来很酷。我们希望说明技术是一种应该为我们所用的工具。"[7]

自 2014 年成为首席数据官以来，博纳古罗和她的团队数据三藩（DataSF）一直致力于系统化整个市政厅有效的数据基础设施和治理。首先，他们要求每个部门创建和共享数

据清单，并对各自管理的数据源和数据库进行编目。截至
2015 年 3 月，52 个部门中已有 36 个部门完成了全面数据清
单。截至 2018 年 10 月，916 个数据库已完成编目[8]。

　　数据三藩的下一步行动是实现更顺畅访问跨部门数据库
的目标。在多数情况下，数据可在旧金山的开放数据门户网
站上公开发布。任何部门以及公众都可以访问数据，而无须
任何行政手续或是签署数据共享协议。清单中超过一半的数
据库已经作为开放数据发布。至于那些较为敏感、不能向公
众发布的数据库，则根据需要拟定了数据共享协议。但是这
一过程可能非常艰巨，该协议将促使所有地方卫生和公共服
务机构协同提供服务，因此协议可能需要一年多的时间才能
达成[9]。

　　数据三藩下一阶段的工作目标是确保高质量的城市数
据，以备分析所用。这意味着数据库应该准确、不断更新、
一致且完整。例如，一个关于冷却塔的数据库，如果存在遗
漏或者已经几年没有更新，那就无甚用处。但是由于市政工
作人员很少对其管理的数据进行分析，因此他们不善于对这
些要素加以考虑。有鉴于此，博纳古罗就数据质量的原则及
其实现方法对他们进行培训。2017 年，数据三藩发布了一份
名为"如何保证数据质量"的指南，并附带一个工作表，指
导员工通过必要的步骤来评估和提高数据质量[10]。该团队还
对各部门进行数据剖析培训，数据剖析是一种评估数据库完
整性和可靠性的技术。博纳古罗表示，向各部门展示其数据
的局限性立竿见影。她说："作为测试，我们剖析了其中一

个部门的数据，然后在会议上报告。他们双目圆睁，以前从未如此这般看过自己的数据。"震惊于自身数据质量之差，该部门员工开始遵循数据三藩的数据质量指南。数据三藩还为诸如日期和位置等常见字段创建了全市统一标准，以便于跨数据库匹配记录和汇总统计[11]。

创建一个精心策划的、可访问的、高质量数据的生态系统需要整个旧金山市政府数年的艰苦工作。然而，这不过是更大努力的基础，只有当数据切实帮助部门提供更好的服务和治理时，数据才会增值。正是出于这一考虑，博纳古罗最近把工作重心转移到部门培训，帮助其利用数据改善运营。

在这一工作过程中，博纳古罗的管理和用户设计经验以及她谦逊的个性不可或缺。如果数据三藩对各部门声称数据可以解决所有问题，博纳古罗说，"您甚至不会被嘲笑，您只会被忽视"。各部门会避免与数据三藩合作。"您真的需要重视发展人际关系，"博纳古罗补充道，"这些人了解他们的业务，因此我们有很多东西要向他们学习。"

博纳古罗明白不能立即要求部门去做最复杂的数据使用，毕竟，采用全新方式做出决策可能需要重大的运营变革。如果员工不熟悉数据和算法，有些人可能会因技术能改善其工作的建议而感到威胁或受辱，其中部分是因为以前与技术专家打交道的糟糕经历所致，专家们对现有员工的实践和专业知识缺乏尊重。认识到这些障碍之后，博纳古罗力求了解部门的需求，并理解员工的价值观和需求，从而有效建立连接。博纳古罗与城市主计长①办公室合作，创建了一个名为"数据学院"的项目，旨在"提升整个城市的数据技能与能力"，教授使用数据库、可视化数据和创建信息面板等技能的课程。"我们从门户药物②的角度考虑一切。数据学院是一种数据使用的入门药，"博纳古罗说，"这是一个不断将人们推向'数据使用链'的故事。"

这种策略已经帮助博纳古罗与全市几乎每个部门都建立了伙伴关系。虽然有的部门急切希望使用数据，但有的部门却抵制数据带来的干扰和外部影响。为了展现数据的价值并表明她的诚意，博纳古罗从解决每个部门的优先事项和需求的小项目着手。她会询问对方"你觉得自己难以简单回答的关键问题是什么？或者，你在反反复复回答的问题是什么？"，并基于他们的回答创建信息面板，追踪和可视化他们的兴趣指标，从而向大家演示如何利用数据改善运营，打破部门以往低效的报告实践，这些低效实践只会使数据既难以访问，又难以解释。

博纳古罗记得与某个部门的第一次会议上，大部分时间他们都在冲她大喊大叫。但是她仍然持续关注这个部门的需求，并与员工一起开发了几个信息面板，帮助他们更好地监测绩效。该部门很快对博纳古罗产生信任，并通过更好地利

---

① 主计长是美国城市政府公职，是城市的财政和审计主管。——译者注

② 门户药物（gateway drug）原指成瘾物质使用的发展过程存在一种特殊的发展阶段和顺序，某些成瘾物质在这种顺序中被称为门户药物，会提高后续使用其他成瘾物质的可能。此处用来借喻数据使用的入门。——译者注

用数据在绩效上取得了长足进步。"这就是你帮助他们提升到更高层次的方法,"博纳古罗解释道,"当你解决了部分问题时,就有了一个信任的基础,可以在此基础上继续下一步。你如何去发现这一点呢?是通过用户研究和设计思维,而不是通过技术思维。"

即使各部门已经认识到数据是一种宝贵资源,仍有许多工作要做。我们已屡次发现,选择要监控和优化的指标是一项重要而困难的任务。政府不少善意使用数据的努力之所以出现问题,是因为它们没有将大量的可用数据综合成能够恰当体现其目标的指标。"指标选择很棘手,而大多数指标都不好,"博纳古罗补充说,"当你选择了错误的指标,那么你就在朝着错误的方向努力。"

博纳古罗指出,各部门通常会追踪运营背后与数量和流程相关的指标,却忽视了这些运营的实际影响和预期结果。博纳古罗不是询问各部门去年总共服务了多少人,而是询问:"你们服务得好吗?服务结果如何?"正如本章下一节将要描述的,那些只关注服务人数而不关注服务影响的社会服务机构将会陷入困境。因此,数据三藩在创建一个数据学院课程,协助各部门设计符合其具体运作和目标的指标。该课程将测量指标分为三类:完成了多少(数量),完成得如何(质量),以及谁因此而受益(影响)。

博纳古罗认为,所有这些工作为城市政府达到数据使用的最高级阶段创造了"沃土":应用机器学习来改善运营。数据三藩于 2017 年启动了一个项目帮助各部门使用数据科学,若干部门随即加入该项目[12]。公共卫生局建立了一个预测模型，用于识别可能会退出"母婴儿童特殊营养补充计划"（美国联邦政府为低收入孕妇、新手妈妈和幼儿提供的福利项目）的母亲，以便找出项目障碍并做出调整，从而更好地援助妇女儿童[13]。在另一个项目中，市长住房和社区发展办公室创建了一种算法来标记异常或非法的驱逐通知，以便城市预防驱逐的服务能够及时干预，保护居民不受驱逐[14]。

博纳古罗在旧金山的工作与马沙里基在纽约的努力如出一辙。使他们成为足够智慧的城市模范领导者的并不是他们的技术技能，而是他们将技术敏锐性与对城市需求和运营的坚定把握有机结合起来的能力。尽管智慧城市的拥护者通常关注的是机器学习算法可以释放的价值，但是如果没有经过漫长而艰巨的治理和制度变革的过程，例如创建数据清单、弥合不同部门之间的差距和培训员工管理与使用数据的能力等，这些价值是无法实现的。

即便如此，如果没有经常为技术迷们所诟病的传统政府运作，来自数据的见解也无法转化为社会影响。例如，纽约市长数据分析办公室提供了宝贵的信息和分析，协助应对军团病的暴发，但是分析本身并不能解决危机。为了应对军团病疫情危机，纽约市应急管理部门协调多个机构开展行动，消防部门搜索建筑冷却塔，健康与精神卫生部检测并清洁冷却塔。这些行动对于遏制军团病疫情蔓延至关重要。市长数据分析办公室指导救援工作的开展，但成功防止疾病进一步蔓延最终取决于其他部门的工作和专业知识。

"我不想把市长数据分析办公室描述成一个超级巨星。"马沙里基在分享军团病暴发的故事时如是说[15]。数据和分析其实无法解决问题，它们只是为城市中真正解决问题的人提供支持，为其增值。在纽约全市找冷却塔就好比在干草堆里找一根针。市长数据分析办公室的工作不是找出针在哪里，而是把干草堆烧掉，让真正做事的人更容易找到针[16]。

* * *

类似市长数据分析办公室和数据三藩这样的团队至关重要，因为糟糕的数据管理和跨部门协调的缺乏，可能会导致即使是最善意的努力也没有任何回报。西雅图的情况正是如此。西雅图公共服务部发现其遏制无家可归问题的努力与实际产生的结果相距甚远。

2015 年，西雅图无家可归的人口超过 1 万人，其中将近 4 000 人露宿街头，与 2013 年相比增加了 38％，这是西雅图露宿人口连续第四年增长[17]。每年有几十名无家可归的人死亡，上千名儿童无家可归[18]。随着为期 10 年（始于 2005 年）的无家可归者庇护计划的结束，西雅图面临的形势显然"比以往任何时候都更加严峻"[19]。市长宣布西雅图进入紧急状态。

对于西雅图像夏奇拉·博尔丁（Shakira Boldin）这样无家可归的母亲来说，为自己和儿子争取社会服务是一场持续的斗争。她回忆说："我打电话给福利处，他们的回复不是已经满额，就是没有空间，或者无法接纳我和孩子。"当地服务供应方缺乏资源和协调，无法给博尔丁家庭提供所需的支持，以确保他们的安全，摆脱无家可归的状态。"我不得不让我儿子生活在一个极为不稳定的环境之中，"她说，"我们睡在地板的垫子上，我无处可去。"[20]

公共服务部对于维护当地社会安全保障网发挥着主要作用，它深知必须进行大刀阔斧的变革。尽管西雅图市政府并未直接运营任何无家可归者收容所或其他相关项目，但它向社区组织（本书称为"服务供应方"）提供资金，用于运营收容所、卫生中心、膳食计划等服务项目。公共服务部每年投入5500万美元用于资助无家可归者，但仍有大量像博尔丁一样的家庭陷入困境。为了评估服务表现以及不足之处，公共服务部对其在无家可归服务的投资进行了详细分析[21]。

"我们需要做一个彻底深入的调查，了解这些投资到底效果如何。"公共服务部的副主任詹森·约翰逊（Jason Johnson）说。"结果发现我们并不总是能够分辨，我们没有足够信息证明某个项目是否成功使人们摆脱无家可归的遭遇，并搬入固定居所。这就是灵光一现的时刻，"约翰逊补充道，"我们无法就这些投资和项目对个人产生的影响进行完整说明。而这正是我们需要去做的。"[22]

公共事业部发现甚至无法确定所付出的努力实际上如何影响人们的生活，以及哪些项目提供了有效服务，故而认识到，无家可归者服务项目的相关数据严重不完整[23]。信息被分散在三个单独的数据系统之中，导致冗余数据输入，难以连贯描述服务及其影响。由于公共事业部并未清楚阐明数据的需求或价值，因此服务供应方报告了不完整或不可靠的信息。这进一步降低了公共事业部对数据的兴趣，造成螺旋式下降，让服务供应方认为它们糟糕的报告做法是合理的。

如此贫乏的数据管理使公共事业部就连关于无家可归最为简单的问题也难以回答。要确定已经为多少无家可归者提供了餐食，管理者需要与十位项目专家协调，手动从分散的电子表格中加总数字。对于更重要的问题，例如哪些家庭在获得相关服务后搬进了固定居所之中，公共事业部更是无法回答。约翰逊回忆道："对于资助方与服务供应方两方，过多精力花在了收集和报告数据之上。"

这并不是说公共事业部完全缺乏无家可归者服务的数据。从服务供应方那里"我们获得了大量数据"，约翰逊解释，但这些数据主要是一堆"工具栏计数"，比如它们服务的无家可归者数量以及无家可归者的人口统计数据。

哈佛大学政府绩效实验室的研究员克里斯蒂娜·格罗弗-罗伊鲍尔（Christina Grover-Roybal）帮助公共事业部评估和改革其对无家可归者的服务项目[24]。她说："西雅图无家可归者服务项目以东拼西凑的结果草草收场。"城市缺乏系统性项目评估，而是使用一些混乱的评估标准，例如淋浴数量、接受服务的人数、分发的食物数量、搬到固定居所的人数等。即便是同一类型的服务（如全市范围的紧急避难所），也往往采用不同指标进行评估。因此，格罗弗-罗伊鲍尔解释，公共事业部"确实无法比较不同项目所产生的效果，即便它们服务提供的模式完全一样"。

格罗弗-罗伊鲍尔接着补充，服务供应方也在这个系统之下苦苦挣扎。"有时一个服务供应方会有相同的项目，但要运营两个不同的收容所。这两个收容所可能会产生不同结果，而市政府会对它们问责。故而作为服务提供方，他们并不知道要实现什么目标。我们需要让西雅图去监督每个无家可归服务项目的一致结果。"

由于西雅图市政府并未向服务供应方具体说明它希望达成的目标，故而每个服务供应方朝着不同的目标而努力。"我们并不总是事先清楚自己想要取得的结果，"约翰逊反思道，"我们运作的基础是假设每个人都试图让无家可归的个人或家庭搬进固定居所，但实际上并非总是如此。我们的服务帮助人们管理和减轻生存风险，却不一定非要让他们搬进固定居所来结束无家可归的状态。"

为了补救这种情况，西雅图需要改革它与当地服务供应方的合同结构和管理方式。"说实话，我觉得政府购买合同是我们唯一的工具，"约翰逊说，"我们无法通过其他变革来更改服务交付、数据收集或绩效评估方式。我们唯一可用的工具就是政府购买合同。"

政府合同的签订是通过采购程序完成的。当西雅图市政府决定要提供一项社会服务时，会要求有意向的公司或非营利组织提交项目方案进行投标。市政府评审投标方案，选择与提交最佳投标方案的公司或组织进行合作（中标的通常是价格最低的方案）。然后西雅图市政府将与中标者签订合同，向其支付费用购买所需项目或服务。

西雅图对合同的依赖并非独一无二。波士顿创新与技术

部门高级采购主管劳拉·梅勒（Laura Melle）解释，美国各
地政府通过合同来完成许多最基本的任务。"合同是每一项
产出的投入，"她说，"很多人没有意识到政府无法从零开始
提供我们的核心服务"；相反，无论是铺路还是设计网站，
"我们实际是与私人公司进行合作。我们的职责主要是选择
合作伙伴和管理合同，由私人部门提供货物和服务"[25]。据
估计，城市平均有一半的预算用于采购物品和服务[26]。

　　换言之，合同是将政府的政策愿景变为现实的工具。
"众多足智多谋之人不乏好点子，但是我们如何将其变为现
实呢？"梅勒问道，"不管什么好点子，合同才是真正将其转
化为按预期方式为人服务的工具。"有效的合同能够支持有
价值的政府项目，而结构不佳或是管理不善的合同则会让即
便是精心设计的政策也毁于一旦。

　　不幸的是，由于采购和合同通常被视为乏味的行政事
务，故而后一种情况更为普遍[27]。政府采购程序受到高度管
制、僵化、吸引力不强，这大大降低了政府收到提案的质量
和数量。并且，典型的政府合同结构设置不是为了激励预期
的绩效结果，而是强调可支付性与基本合规。

　　长期以来，西雅图政府的合同管理不善。当公共服务部
审查有关无家可归者服务合同时，发现多年来累积了大量目
标定义不清、相互脱节的项目，涵盖与 60 家服务供应方所
签订的 200 多份合同[28]。过去，每当公共服务部要拓展或提
供新服务时，就会从市议会取得一笔拨款，然后与当地服务
供应方就具体目标签订新合同。之后，这些合同却从未再签

或做出调整。混乱的合同使提供服务和评估服务效果变得难之又难。格罗弗-罗伊鲍尔解释道："有些长期合作的服务供应方，完全基于市议会过去 10～15 年的资金分配情况，就各种不同服务签订了众多各异的合同，有些合同的签订时间已经超过 10 年。有的服务供应方则就某些相似服务项目与政府签订了多份合同。"

格罗弗-罗伊鲍尔将这称之为"行政噩梦"，这让服务供应方难以有效满足人们的需求。她进一步解释，"尽管服务供应方未必认为所有这些项目互不相干"，但他们必须按照具体合同条款，严格分配员工时间和资源，而不管实际是哪些服务产生最大影响。此外，由于合同在最初订立之后就不再调整，导致供应方无法根据社区不断变化的需求来调整其服务。格罗弗-罗伊鲍尔说，这造成了一种状况，"有些收容所往往未得到充分利用，而有些则往往超负荷使用"。但是按照目前的设置方式，每个收容所的规模都被限制为公共服务部最初征求提案时所要求的规模，而那已经是 5～10 年之前的事了"。

约翰逊指出，西雅图当地的基督教女青年会（Young Women's Christian Association，YWCA）"充分体现了这一弊端"。多年来，为了解决无家可归问题，基督教女青年会已经累积了 19 份相互独立的合同。光是管理这些合同就需要基督教女青年会三名专职工作人员以及四名市府工作人员。更重要的是，这些合同造成的人为障碍导致基督教女青年会无法有效地为有需要的人服务。夏奇拉·博尔丁和她儿子本可以成为家庭帮扶项目的合适对象，但是如果基督教女青年会已经用掉了分配给该项目的资金，又无法从另一个项目中提取未使用的资金，因为两个项目为不同的合同所管理，所以博尔丁和她儿子最终没有得到任何帮助。

为了解决这个问题，公共服务部提出了一个新办法——组合合同，即把原来与不同服务供应方签订的合同整合起来，以便更灵活地分配资金。供应方不再需要针对每一个项目签订单独的合同，而是签订一份统一的合同，共享一个资金池，覆盖更大的服务组合。新方法的第一个试点把 26 份合同（每年合计 850 万美元资金）合并为 8 份[29]。约翰逊认为，这是"最大的胜利"，因为它"允许机构灵活地将政府资金转移到它们试图服务的所需资金的个人项目"。

组合合同的引入解决了服务供应方背负过多不同合同并受其约束的问题。但是，城市政府仍然必须确保服务供应方朝着帮助无家可归的家庭最终搬入固定居所的目标而努力。公共服务部计划通过合同的激励条款来实现这一目标，奖励达到绩效基准的服务供应方。

然而，尽管意图美好，但是光靠西雅图市政府单独行动，成效依然有限。因为西雅图市政府非但不直接提供社会服务，而且它只是该区域数个社会服务资方之一。金县（King County，下辖西雅图）和当地的联合之路（United Way）① 也是服务供应方的主要资方。即使西雅图市政府设计了具有明

---

① 联合之路是美国最大的慈善组织，其地方办公室遍布美国全国。——译者注

确绩效指标的合同，几乎一半的服务供应方仍由另外两个出资者委托。如果它们继续追求不同的目标，那么社会服务仍将脱节和无效。因此，为了有效地给每个本地服务供应方创建一致议程，西雅图市政府必须与其他利益相关者保持目标一致。

在一年的时间里，"我甚至不想去算开过多少次会议，"约翰逊说，西雅图市、金县、联合之路和政治领导人为无家可归者服务制定了一系列共同目标，强调期望的长期成果。其中最主要的是让无家可归者住进固定居所，防止他们重返街头。由于非裔美国人和 LGBTQ^① 群体历来得不到应有的服务，因此另一个关键目标是确保每个无家可归的人都能获得与其需求相符的服务。最后，这些利益相关者希望服务提供方收集更准确、更全面的运营数据。如今，这三家社会服务资助方都在合同中加入了与这些成果相关的绩效激励条款。

随着新合同的实施，公共服务部开始建立与服务供应方的月度会议制，确保它们朝着实现目标的方向取得足够进展。过去，除了保证供应方遵守地方法规之外，政府很少监督它们的工作。无论表现如何，公共服务部对它们的活动既不知情，也不加干涉。而现在，约翰逊说："如果服务提供方表现不佳，每月就会讨论如何去补救。"这些对话（辅以

---

① LGBTQ 是女同性恋、男同性恋、双性恋、跨性别和酷儿等性少数群体的统称。——译者注

新收集的数据）已经有效地帮助市政府与服务供应方调整它们的资源和优先事项。例如，找出陷入困境的家庭并为它们量身定制援助计划。

通过制定灵活的组合合同，设定明确目标，并收集更好的数据，西雅图极大地提升了降低本地无家可归人口的能力，并缓解了无家可归者面临的伤害。"既然现在有了真实的绩效数据，它们就可以搞清楚什么措施对人们有用，什么措施没用，"格罗弗-罗伊鲍尔解释道，"公共服务部已经充分了解人们实际上如何辗转于不同服务之间以及哪些服务供应方最有效。"

尽管仍有许多工作尚待完成，需要更多资源和新政策来解决无家可归的根本问题，但这些进展已经开始直接体现在西雅图无家可归者及其家庭生活的改善之上。2018 年第一季度，超过 3 000 户家庭搬进了固定居所，或是通过市政府对无家可归者服务的投资保住了他们的住房，这一数字比 2017 年第一季度增加 69％[30]。事实上，仅在公共服务部开始试行组合合同和绩效薪酬制度的六个月之后，博尔丁一家就被安置进了固定居所之中。"我真的无法形容这种感觉，"她说，"每天醒来，我都觉得我和孩子有一个栖身之所是天大的福气。我感到前途一片光明。"[31]

＊　＊　＊

智慧城市最大也是最有害的伎俩之一，就是它滥用了创新的作用和意义。首先，它将传统做法贬低为不受欢迎的愚蠢城市的象征，从而把创新推上神坛。其次，它将创新简单定义为使城市更为技术性。

　　本章提供了一个最广泛的视角，让我们看到是什么因素真正驱动和维持了足够智慧的城市，并打破那种逻辑：最重要的创新发生在地面上而非云端里。城市技术创新不在于采用新技术，而主要在于结合非技术变革和专业知识来部署技术（当然，创新未必需要涉及技术）。城市必须克服众多制度障碍，才能使数据有意义和可操作。市长数据分析办公室和数据三藩不需要找到最优机器学习算法，相反，它们必须煞费苦心打破部门之间的隔阂，创造新实践来管理数据资源库，并培训员工掌握新技能。

　　西雅图案例最为清楚地说明了认识到创新并不仅仅意味着"使用新技术"的益处。城市政府在一个异常复杂的结构之中运作，它们的权利和能力是有限的，它们必须与无数其他机构合作。

　　然而，没有任何一种智慧城市技术在设计之初就考虑到这种结构。如果仅仅专注于技术，公共服务部将无力改善无家可归者的服务。当詹森·约翰逊认定合同改革是西雅图解决本地泛滥的无家可归问题的"唯一工具"，并强调需要召开年度会议，将多家社会服务资助方团结在共同的目标之下时，我们即可清楚看到技术对于解决城市实际面临的许多紧迫挑战无能为力。数据可以帮助西雅图评估项目并确定哪里需要资源，但是如果缺少这些更为系统化的改革，数据的影响将微不足道。

　　技术本身无法提供答案，甚至无法提出问题。城市必须首先确定优先事项（这显然是一项政治任务），然后通过部署数据和算法来评估和改善绩效。《连线》杂志曾有个著名的论断——"数据洪流让科学方法过时"并代表着"理论的终结"[32]。但是在今天这个数据似乎无穷无尽的时代，理论比以往任何时候都更重要。在数据收集数量极少且分析能力不足的过去，城市在如何利用数据方面几乎没有选择。然而在广泛收集海量数据的今天，城市可以采用最先进的工具分析和理解数据。城市面对的数据分析的可能和数据应用的规模几乎浩瀚无际。如果缺乏对城市政策和项目评估全面深入的理解，城市就会陷入提出错误问题和追寻错误答案的泥沼之中。例如，尽管西雅图有不少关于无家可归者服务的数据，但缺乏一个战略来引导数据收集和分析从而实现最终目标。

"数据科学需要克服的关键障碍是提出好问题。"乔伊·博纳古罗观察到。想在城市政府中有效使用数据，需要确定城市所面临的众多问题之中，有哪些问题可以通过数据得到有效解决。而且，用数据改善市政运营的关键往往不在于开发复杂的算法，而在于深思熟虑地实施算法来满足市政人员的具体需求。因此，博纳古罗在组建团队时寻求的远不止技术专长。"当我们雇用数据科学家时，"她解释道，"我真正想要的是不愿只做一个机器学习操作工的人。我们需要一个乐于使用各种不同技术的人。我们有许多机器学习之外的问题。"

芝加哥首席数据官汤姆·申克（Tom Schenk）招聘团队

时也有同样的偏好。"挑战在于找到能与部门合作良好的数据科学家和研究人员，这才是关键所在，"他指明，"而实际上有很多研究人员并不擅长于此。我们需要找一个来了之后不仅会做数据统计，而且还能与经理坐在一起共同找出所有他们需要知晓的信息的人。"[33]

芝加哥的一个数据科学项目正是依赖于这种实地研究和关系建设。几年前，申克开始与芝加哥公共卫生局合作，前瞻性地识别对公共安全构成最大威胁的地方食品企业。如果申克能预测哪些餐厅最有可能违反公共卫生法规（这正是机器学习擅长的一类任务），他就可以指示食品安全检查员去那些地方，从而帮助芝加哥公共卫生局充分利用其有限的资源。

就技术层面而言，这个项目听起来很简单：开发一个机器学习模型，参照历史食品检查记录来识别不安全机构的指标。但是申克明白落实这个项目绝非易事。他需要研究一个自己知之甚少的运作复杂的大型城市机构，然后开发部署一个能够嵌入其日常业务的算法。因此，申克并非仅仅专注于如何创造最复杂的算法，而是为深入研究做好相应准备。

当申克就该项目联系芝加哥公共卫生局的食品检验经理时，强调成功的合作需要他对芝加哥公共卫生局的目标和运营取得深刻理解。申克当时对她说："我们将会向您询问很多听起来非常基本的问题。"他解释说，这一研究对于政府成功运用数据科学至关重要。"我们极其容易忽略部门认为不重要的东西，因为这对它们的流程来说稀松平常，但对我们的统计建模却至为关键。统计数据对我们来说并不难。我们大部分时间都在与客户交谈，试图了解一切，以便我们能够运用数据统计。"

即使机器学习模型看起来可行，但是它仍然需要经历另一个关键步骤——实验评估。出于政策分析和医学研究的背景，申克深知在正式部署之前测试每一个模型极为重要。"众所周知，我们自以为正确的逻辑和现实世界所发生的事情之间可能存在脱节，"他说，"我们需要进行实验，确保模型切实可行。"

申克设计了一个双盲实验来评估他的算法是否真能帮助检查人员发现更多诸如没有在适当的温度下加热或冷藏食物这样的"严重违规行为"。在内部测试和模拟的基础上，他预计机器学习方法将大大提高卫生局发现严重违规行为的效率。但实验表明，该算法的改进效果微乎其微。申克回忆说："我们花了很长时间深入研究，找出到底发生了什么。"

鉴于期望与现实之间的巨大差距，申克意识到尽管自己已竭尽全力，但在设计算法时，一定是忽略了食品检验过程中的某个关键环节。他再次向芝加哥公共卫生局的食品检验经理确认他到底忽视了什么。在他们交谈的过程中，经理随口提到所有的检查人员都是近几年来第一次被重新分配到新社区里去的。这正是申克苦苦寻求的线索。他恍然大悟：邮政编码表面上看似乎是预测食品违规行为的一个重要因素，实际上只是检查人员之间差异的反映，每个检查人员根据略有不同的标准判断食品违规。而申克并不知晓检查人员被分配到特定的邮政编码区，因此在建模时没有考虑这个因素。

尽管对算法在这次试验中的失败感到失望，但申克依然认为实验是成功的，它揭示了模型中嵌入的假设与芝加哥公共卫生局实际操作之间的差距。申克更新了算法，几个月之后再次进行实验。这一次进步显著。一项模拟研究发现，使用预测模型，芝加哥公共卫生局可将严重食品安全违规的早期检测提高 26％。如果芝加哥公共卫生局遵循预测模型的建议，它将能够提前一周时间发现严重违规[34]。有了这些令人鼓舞的结果，申克和芝加哥公共卫生局终于确信算法模型可以推广应用。自 2014 年该模型投入使用以来，它一直在指导检查人员于何处开展检查。

波士顿新城市动力市长办公室更是重视科学研究。其联合创始人兼联合主席奈杰尔·雅各布说："多年来，我们一直在讨论转向数据驱动的必要性，这显然是我们需要进一步探索的一个重要方向。但是除此之外还有一步。我们需要转型为以科学为驱动，思考我们正在部署的政策和发展战略愿景的方式。仅仅借助数据挖掘来寻找模式是不够的，我们需要理解问题的根本原因，并制定解决这些问题的政策。"[35]

2018 年 4 月，波士顿新城市动力市长办公室发布包含 254 个问题的"公民研究议程"，这些问题的答案将有助于波士顿改善全体市民的生活。问题范围广泛，既有宏观大问题（如"我们如何才能全面了解人们对波士顿的未来有何种期望？"），也有微观小问题（如"怎样才能降低建筑成本？"）；既有技术性问题（如"技术在延续或解决城市长期存在的不平等中起到什么作用?"），也有非技术性问题（如"社区反对新建房屋的根源是什么?"）[36]。

波士顿新城市动力市长办公室的公民研究项目主任金姆·卢卡斯（Kim Lucas）认为，所有这些问题都是必要的，确保市政项目建立在证据和已证实的公民需求的基础之上。"如果你不理解现实生活问题，如果你没有提出正确的问题，如果你不知道如何获取正确的信息，那么你会对现实生活问题束手无策，"她解释道，"所有研究都是如此——提出问题，然后找出正确的信息。当你有所发现时，下一步就是据此采取行动。"[37]

始终立足于研究之上帮助波士顿避免陷入技术障目镜的困境。"技术是一个伟大的工具，但技术并非答案，"卢卡斯说，"技术是更有效找到答案的工具。"换句话说，卢卡斯依靠研究从而"找到正确的工具去回答正确的问题。如果你一开始就没有提出正确的问题，那么你怎么知道技术是对的方法？也许是，也许不是"。

这让我们回到本书的核心论点：城市不是技术问题，技术无法解决当前许多紧迫的城市挑战。城市不需要时髦的新技术——城市需要提出正确的问题，理解居民面临的困难，并创造性地思考如何解决这些问题。有时技术有助于解决问题，但技术本身无法提供解决方案。

尽管这一观点现在看起来显而易见，但是人们对通过技术手段来理解和优化社会的信心并不是过去几年才出现的，而是在过去几百年里一直持续存在。下一章，即本书的结论，将讨论这一信念的演变。通过探索过去与现在之间的相似之处，以及历史上试图使社会理性化的尝试是如何出错的，结论部分将论述为什么智慧城市注定会失败。本书结尾将重点强调我们如何才能避免这种误导性的狭隘思维，总结我们所学到的经验教训，提炼出一个清晰框架用于指导足够智慧的城市的建设。

第七章

足够智慧的城市：历史教训与未来框架

　　行文至此，我们已经否定了智慧城市的许多承诺，并论证了技术障目镜的不良影响。但也许读者仍然心存疑问。毕竟，今天的技术确实在许多方面不同凡响。现在我们可以收集过去不透明现象的数据，预测以往根本无法预料的结果，并以史无前例的规模与他人互动。正如谷歌人行道实验室创始人兼首席执行官丹·多克托罗夫所言，"数字技术给城市生活带来的变革"难道不能与蒸汽机、电网和汽车所带来的巨变相媲美吗?[1]

　　诚哉斯言。但是，仅因变革源于技术，并不意味着其主要影响也将是技术性的，为智慧城市设计的数字技术将彻底改变城市治理和城市生活。我们必须清醒认识到城市使用数字技术的根本驱动力并不在于技术原因，比如确保使用最先进的技术工具实现效率最大化，而在于支撑智慧城市的技术基础设施将对 21 世纪城市主义的社会和政治基础设施产生长远影响。

多克托罗夫推崇的最新革命性技术——汽车——极具破坏性。汽车对城市的危害也许并非不可避免，但将汽车视为城市进步的关键的观念却着实是种灾难。汽车制造商和石油公司鼓吹"汽车时代"，打着提供社会最优效率的旗号，大肆进行企业宣传。在城市需要更顺畅交通的普遍信念的推动之下，城市不惜牺牲其他一切代价进行重建，以此支持车辆高效流动。过去大半个世纪，它们都在试图纠正这些错误。

如今，科技公司纷纷把推广智慧城市作为企业宣传的新手段。如果真像多克托罗夫承诺的那样，数字技术带来的变革类似于汽车带来的变革，或者说智慧城市时代好比汽车时代，这一拙劣类比，对城市有害无利。

戴着技术障目镜的乌托邦主义者，迷恋于昙花一现的新科技，把复杂的社会政治难题简化为可优化的技术问题所造成的诸多危害，汽车时代只不过是其中一个例子罢了。事实上，尽管智慧城市被标榜为独一无二，但今天围绕智慧城市的讨论却与过去的信念和价值标准如出一辙，特别是流行于20世纪的现代主义城市规划。这种城市规划运动的支持者们相信最新科技发展为解决紧迫的城市问题提供了工具，可谓智慧城市理念的先兆。在这种狭隘视野之下，高度现代主义者优化城市的努力反而扭曲了试图修复的问题。这并非历史上的反常现象，而是技术障目者主导改革的必然结果，无论涉及的是何种技术。用理性和效率的思维去优化社会，需要将复杂的生态系统简化为简单模式，这往往会导致不可逆转的损害。

那些声名狼藉的高度现代主义城市规划的思想和方案，

却在智慧城市中再次昂起头颅，这无异于把城市生活的未来置于危险之中。问题不在于今天的数据和算法具有先天的缺陷或者恶意——就像早期的科学技术方法本身并没有缺陷或者恶意一样——问题在于像城市这样的生态系统过于复杂，无法彻底地理性化，执意为之反而会造成长期损害。对于技术，我们不必草木皆兵。但是，如果历史可资借鉴，我们就必须警惕那些极力鼓吹科技可以提供超越历史和政治的解决方案去创造最优社会的人。历史教训告诉我们技术障目者创造的世界并不可取。相反，我们应该追求一个不受技术障目镜影响的愿景——足够智慧的城市。

* * *

19 世纪初期德国的经历提供了一个富于启发的案例，显示过度理性化规划的局限性。当时，德国国内木材短缺，威胁到经济发展，于是政府官员开始密切管理当地森林，欲最大限度提高木材产量。科学家借助新的数学技术持续跟踪环境状况，根据每棵树的尺寸和年龄计算它能产出的木材量[2]。

然而，森林的自然复杂性却挡住了他们的去路：树木分布不规律，难以测量，而且大量其他野生生物消耗了原本帮助树木长得更高更快的资源。德国人迎难而上，为了优化木材产量、增加利润，他们投入大量精力培育更理性、更易管理的森林。他们清除原有树木，成行有序地种植新树木，将自然环境简化为最基本的木材生产要素。曾经灌木丛生、万木萌发、郁郁苍苍的森林，很快变成沿着开放道路成排生长、整齐划一的人工树林。

起初，这一方法似乎卓有成效。木材产量飙升，经济提振，世界各国纷纷效仿德国的林业实践。森林的视觉秩序一如其潜在的官僚秩序，层级分明，井然有序。但是，这样的人造森林，经过一两代树木的更迭，大约百年之后，木材产量急剧下降。有的森林甚至完全消亡。

正如政治学家詹姆斯·C. 斯科特（James C. Scott）在《国家的视角：那些试图改善人类状况的项目是如何失败的》（*Seeing Like a State：How Certain Schemes to Improve the Human Condition Have Failed*）一书中所述，这个故事揭示了德国森林的衰败不能归咎于某种无法解释的生态系统崩溃，而是技术障目循环的历史先例。首先，技术障目镜逻辑。受到新的数学分析科学方法的启发，德国官员相信，加强森林的可测量性和可控性是提高木材产量的关键。其次，技术。德国人为实现这一愿景，把森林从难以管理和无法理解的灌木丛变成严格管理的商业木材工厂。最后，强化。随着这些实践获得世界认可，随着把"自然"商业化为"自然资源"这一新的社会概念的形成，技术障目镜逻辑变得根深蒂固。例如，斯科特写道："树的多种多样用途都被单一木材和燃料的体积所代表的抽象树取代。"①[3]

德国优化树木生长的短视做法忽视、低估了那些后来被

---

① 斯科特引文转引自王晓毅所译《国家的视角：那些试图改善人类状况的项目是如何失败的》，社会科学文献出版社 2012 年版，第 6 页。——译者注

证明是至关重要的元素，不折不扣就是为了树木而放弃了整个森林。为了创造优化树木生长的理性森林，不仅将灌木、植物、鸟类和昆虫排除在木材生产的科学模型之外，还几乎完全地把它们从森林中清除出去。这种清除是依据狭隘愿景重建世界的必然结果，一切未经测量的东西都被认为是不必要的和有害的。虽然最初这些做法似乎有效促进了树木生长，但它们却永久地把森林变为脆弱的单一环境，缺乏生物多样性，无法维持营养丰富的土壤，无法抵御疾病和恶劣天气的破坏。尽管后来付出了巨大努力，德国人还是无法完全恢复这些森林的活力。

斯科特认为，森林的故事"说明将一个尚未被理解的复杂关系体和过程割裂开来，从而试图得到单一工具价值的做法是非常危险的"①[4]。从技术障目镜的狭隘视角看来，这样也许能使利益最优化。但是之所以看似如此，皆因技术障目镜简化并扭曲了既有的生态系统，使之成为可优化的对象。按照这一愿景行事确实能优化某些东西，但结果未必如预期所愿，可能会造成无法预见和不可挽回的损失。这是技术障目镜最根本的危害所在，我们已经好几次看到这种危险的苗头。

不幸的是，这种目光短浅、一败涂地的方案并不仅限于森林管理。类似于德国森林官员这种毁灭性的简化观念同样

---

① 斯科特引文转引自王晓毅所译《国家的视角：那些试图改善人类状况的项目是如何失败的》，社会科学文献出版社 2012 年版，第 19 页。——译者注

驱动着不少热衷于改善社会的改革人士。

其中一个显著的例子当属高度现代主义的意识形态，产生于 19 世纪和 20 世纪初科学和技术取得瞩目进步之时。那些年，人类开始飞行，发现了相对论和量子力学，将电力送入千家万户，还发明了电话和内燃机。科技使一系列惊人进步成为可能，从人口接种疫苗到长距离交通，为无数曾经棘手的问题提供了解决方案。

然而，高度现代主义并非由对科学的普遍理解所驱动。相反，如斯科特所描述，高度现代主义者信奉广阔宏大的科学推理，他们"设想了全面理性的社会工程，这些工程包罗社会生活的方方面面以改善人类生活"①[5]。最为危险的是，他们假设科学知识赋予他们改革社会的权利，可以推翻所有其他形式的判断。高度现代主义者认为，既然科学方法可以设计出社会问题的最优解，那么政治也就没有存在的必要，公共审议和政治利益只会阻碍或扭曲他们所提出的理想方案。事实上，许多高度现代主义者断言，为了充分实现他们的乌托邦愿景，必须放弃现有居住地，只有从一张白纸开始，才能实现一个崭新的最优社会。

斯科特指出，高度现代主义追随者的一个基本特征是，他们"倾向以视觉美学的观点看待理性的秩序。在他们看来，一个有效率的、由理性组织起来的城市、村庄或农场是

---

① 斯科特引文转引自王晓毅所译《国家的视角：那些试图改善人类状况的项目是如何失败的》，社会科学文献出版社 2012 年版，第 110 页。——译者注

一个在几何学上显示出标准化和有秩序的城市、村庄或农场"①[6]。这种布局理念不仅强调视觉秩序，还体现了一种从上俯瞰世界的特殊秩序观。斯科特把这种在 20 世纪盛行起来的视角归因于直升机和飞机的发展。让人类像上帝一样从天空鸟瞰世界，高度现代主义者立时感觉无所不知、无所不能。

城市规划既是受高度现代主义者影响最大的一个领域，同时也是这种意识形态的局限性展现最为淋漓尽致的领域。该理念最早的拥护者是英国城市规划师埃比尼泽·霍华德（Ebenezer Howard）。1902 年，霍华德出版《明日的田园城市》（*Garden Cities of To-Morrow*）一书，谴责"拥挤的、通风不良的、未经规划的、臃肿的、不健康的城市"② 的兴起[7]。而他提倡的田园城市是一种新型的理性社区，每种设施的布局各得其所。田园城市的中心是一个大花园，四周环绕着市政厅和图书馆等核心公共建筑群。中心外围是"宏伟大街"，沿街有学校、游乐场和礼拜场所。田园城市的外环规划布局工厂、仓库和其他设施。

霍华德运用数学公式精确地计算如何最大化田园城市的社会福利：恰当平衡居所与工作；对游乐场、学校和开放空间等便利设施的需求；以及最优人口规模。这些数学公式甚

---

① 斯科特引文转引自王晓毅所译《国家的视角：那些试图改善人类状况的项目是如何失败的》，社会科学文献出版社 2012 年版，第 4 页。——译者注
② 霍华德引文转引自金经元所译《明日的田园城市》，商务印书馆 2000 年版，第 116 页。——译者注

至可以告诉城市规划者，某个田园城市的人口何时会超过其
容纳能力（3 万～5 万人），何时需要在几英里的外围建设一
个新的田园城市[8]。

　　霍华德相信田园城市需要与过去彻底决裂。他认为伦敦
没有什么东西值得抢救，相反，他坚持认为"在一块基本尚
未开垦的土地上实施一个大胆的规划方案……更能获得好的
结果"①。霍华德声称，当"现代科学方法"许诺了一个更好
的手段之时，如果我们还固守现有过时的城市，就如同抱住
错误的地心说不放，顽固抵制现代天文学一样[9]。

　　然而，霍华德的田园城市只是个开端。恐怕没人能比瑞
士裔法国建筑师勒·柯布西耶（Le Corbusier）更能说明高度
现代主义城市规划的观念及其危险，柯布西耶把霍华德的乌
托邦梦想推到了极致。柯布西耶鄙夷地将巴黎比作"但丁的
地狱"，于 1933 年提出"光辉城市"理念，它是一座"垂直
的花园城市"，将成为"有组织、有秩序的城市"[10]。

　　在他那个时代的众多科技进步之中，飞机尤其激发了柯
布西耶的灵感。1935 年，柯布西耶专门谱写赞歌《飞行
器》，把空中透视（aerial perspective）② 描述为"增加我们感
官的新功能"。当柯布西耶从天空鸟瞰"我们命运所在的城
市"时，他顿时感到不安："飞机揭露了城市的古老、腐朽、

---

① 霍华德引文转引自金经元所译《明日的田园城市》，商务印书馆 2000 年版，
　第 117 页。——译者注
② 空中透视，又称空气透视，指绘画中用清晰度、色彩饱满度来表现物体远近
　的技法。——译者注

可怕和病态。"[11] 因而，柯布西耶别无选择，必须重新开始。
"我们不应该……对目前所处的糟糕环境怀抱哪怕一丝一毫
的希望。那儿没有任何出路，"他写道，"我们唯一要做的就
是拿一张干净的白纸，开始计算，得出数字，以求了解今日
生活之现实。"[12]

　　柯布西耶称赞"光辉城市"是一个"完全高效和理性
化"的城市。他的设计遵循线性和笛卡尔逻辑①，具有严格
的功能分区，取代现有城市泛滥的"人为混合彼此互不关联
的功能"的通病。柯布西耶的设计风格被称为"公园里的塔
楼"，社区由摩天大楼组成，周围是广阔的开放空间。住宅、
工厂、购物中心和其他设施分别布局于特定区域。此外，为
了减少购物和烹饪的低效，柯布西耶设想了集中餐饮供应服
务，直接将热餐配送到每家每户[13]。他甚至提议让工厂的工
人与家人分开居住，以减少居住区和工业区之间的交通[14]。

　　当然，所有这些优化目标都将通过现代科学方法来实
现。柯布西耶设计了一套"无比真实"的规划来确定居民的
实际需求，包括居住空间、游乐场、光照等，然后据此分配
资源。他宣称这种方法有助于在"只考虑人类真理"的基础
上为城市制定"正确、现实且精准的规划"[15]。

　　对柯布西耶而言，这意味着他的规划无可指摘，故而超
越了政治。"光辉城市规划的制定既避免了市长办公室或市

---

① 笛卡尔思考问题遵循四条基本逻辑，其中第二、第三条逻辑分别强调要将问
　题分成若干部分，再分别解决；以及一定要设定一个次序，按次序进行思
　考。——译者注

政厅里的狂乱，又远离了选民狂风骤雨的呐喊，亦没有社会受害者的哀叹。它完全由冷静清醒的大脑所制定。"柯布西耶相信"光辉城市"是实现理想社会的唯一出路，任何政客、法律或公众都不应该阻止它的诞生[16]。

尽管柯布西耶没有机会亲自建设光辉城市，但那些按照他的设想建设的地区充分显示了高度现代主义城市规划的局限性和危险性。

柯布西耶在一片空白之上建设乌托邦城市的梦想最终在巴西首都巴西利亚得以实现。1960 年，巴西利亚城在一块空地之上拔地而起。它由建筑师卢西奥·科斯塔（Lúcio Costa）和奥斯卡·尼迈耶（Oscar Niemeyer）负责设计，完美复制"光辉城市"的风格。城市严格遵循空间分离的原则，划分成住宅、工作、娱乐和公共行政四个不同功能区域。自给自足的"超级街区"包含公寓楼以及学校和零售商店等相关设施，完全按照当时认为的人口理想状况的比例而建设，例如联合国教科文组织颁布的人均 25 平方米的绿地标准[17]。

但是，巴西利亚并未如柯布西耶计算的"光辉城市"所预测的那样健康平等，事实上，巴西利亚既沉闷单调，又令人沮丧。恰如人类学家詹姆斯·霍尔斯顿（James Holston）在《现代主义城市：对巴西利亚的人类学批判》（*The Modernist City：An Anthropological Critique of Brasilia*）一书中所述，这座城市的格局"与原本的设想根本背道而驰"。当地居民"自创 brasilite 一词，意为巴西利亚炎症"，以此表达生活在这里的创伤。不像前首都里约热内卢，街道和公共

图 7.1　巴西利亚南翼，包含某居民超级街区的道路网格

图片来源：埃里克·罗耶·斯托纳（Eric Royer Stoner）摄，巴西利亚
（2007 年 8 月）。

广场充当社交场所，洋溢着节日气氛，到处是玩耍的孩子和
谈笑风生的大人，相比之下，巴西利亚是个"缺乏人气的城
市"[18]。城市设计不但没有带来平等，反而造成了匿名性。
事实上，尽管精英们交口称赞巴西利亚的经济机会之多和生
活水平之高，但那些建造这座城市的劳动者却遭受政府的排
斥和压制。历经政治冲突和工人抗议，巴西利亚成为一个社
会空间极度隔离的城市，大多数人口居住在城市边缘未经规
划的非法定居点。

　　高度现代主义城市规划的偏好传播到美国之后，在此找
到了它最坚定的拥护者罗伯特·摩西。与霍华德和柯布西耶

一样，摩西的动机很大程度上也是出于对单一功能和视觉秩序的渴望。根据传记作家罗伯特·卡洛（Robert Caro）的说法，摩西"巨大的创造热情被他对干净、秩序、开阔（比如干净开阔的高速公路）的愿景所点燃，被他对肮脏和噪音的厌恶（例如与火车联系在一起的灰尘和噪音）所激发"[19]。部分出于这个原因，摩西修建了无数公园大道，同时强烈反对一切改善公共交通的努力。而且与柯布西耶一样，摩西坚信他的规划实乃社会最优，因而超越了传统的公共决策形式。摩西因无视公众意见，惯于使用肮脏高压手段来实施他的规划而臭名昭著。

摩西还负责管理纽约的城市更新工作。摩西时代建造的大部分公共住房（美国其他许多城市也是如此）都是按照柯布西耶"公园里的塔楼"的风格而兴建。尽管也有资金不足和政治忽视的原因，但主要还是拜其巴西利亚式的设计所赐（例如布鲁克林的格林堡），才使它们成为记者哈里森·索尔兹伯里（Harrison Salisbury）所说的"新隔都①"和"人类污水坑"[20]。此外，这些所谓的慈善工程往往是强迫低收入黑人居民大规模动迁的借口[21]，因此詹姆斯·鲍德温（James Baldwin）指出，"城市更新……意即驱逐黑人"[22]。

技术障目镜的影响深深渗透于霍华德、柯布西耶和摩西的理念和设计之中。他们三人都过于信仰秩序和效率，从而

---

① 隔都（Ghetto）原指 16 世纪威尼斯划区强制犹太人居住的地方，与主流居民隔离。后引申指城市少数族裔（特别是黑人）由于社会、政治、法律或经济等因素而隔离聚居的地方。——译者注

扭曲了城市主义的本质，并拒绝民主。他们自认为是在用客观答案解决技术问题，而不是在做涉及复杂权衡和可能产生合理意见分歧的政策决策。柯布西耶尤其坚信他已经为人类生存找到了唯一解决方案，却始终没有意识到什么应该高效的问题（更不用说效率是否是值得追求的目标）其实是一个规范性问题。

这种意识形态解释了为何按照高度现代主义梦想建造的城市和发展并未能创造宜居和公平的城市环境。城市规划者仰赖错误观念，以为城市的价值来自理性组织和高效提供商品与服务的能力，因此毫不动摇地通过设计最大限度实现这些目标。但正如优化德国森林以提高木材产量，需要清除大多数动植物（森林之所以成为森林的重要组成部分）一样，按照高度现代主义愿景打造理想城市也需要剥除城市的综合用途、人群和传统（城市之所以成为城市的重要组成部分）。巴西利亚和纽约除了规划缺陷之外，还饱受政治冲突的困扰，显示了高度现代主义者忽视的致命一点——再巧妙的技术规划也无法消除政治。

1961 年，简·雅各布斯（Jane Jacobs）在《美国大城市的死与生》（*The Death and Life of Great American Cities*）一书中批判这种自上而下、表面看来似乎理性的规划，将其形容为"对城市的洗劫"①。贯穿雅各布斯批判的核心是高度现

---

① 简·雅各布斯引文转引自金衡山译《美国大城市的死与生》，译林出版社 2005 年版，第 2 页。——译者注

代主义对于"城市的问题所在"的误解。雅各布斯摒弃视觉
秩序规划的主导性，转而重视城市居民的生活体验。她认识
到，高度现代主义规划者眼中的"混乱"和"城市街道生活
的无序"，实际上"代表了一种复杂和高度发达的秩序形
式"。她指出，城市居民不是抽象的代理人，只需要高效的
食物供应，可以科学计算其所需公园和住房的数量，而是具
有"不仅互相关联，而且完全可以被理解的关系"的活生生
的人[23]。

雅各布斯得出结论，城市不是"简单性"或"无序复杂
性"的问题，不能用前两个世纪建立的方程式来解决。相
反，她把城市视为"有序复杂性"的生态系统，充满了无数
相互联系的组成部分，是现代数学方法无法系统化或者优化
的一种环境[24]。

然而，由于当时的技术障目镜是在那些陈旧方法的火焰
之中锻造而成，高度现代主义者，如柯布西耶和摩西等人，
无法感知超越他们数学公式范围之外的东西。他们极度简化
的城市主义理念导致他们消灭了实际有助于培育社区活力和
生机的特征，反而造就了雅各布斯所批判的"反城市"[25]。

* * *

如果我们把历史教训牢记于心，智慧城市似乎不再代表
着一个光明的新未来，相反，它标志着倒退回过去曾经追逐
过然后又加以批判的意识形态。甚至今天强调愿景的语言，
也惊人地与历史押韵：一如当初柯布西耶颂扬光辉城市的
"和谐诗意"，如今麻省理工学院的可感知城市实验室也把移

除路灯的智能交叉路口描述为"乐团指挥",帮助"车道和谐交汇"[26]。我们不禁得出如下结论:如果柯布西耶活在今天,他将会是智慧城市呼声最大、最具煽动性的鼓吹者之一。

高度现代城市主义与智慧城市的主要区别在于,我们的技术障目镜在过去几十年科技进步的激发之下早已升级进化。20世纪的城市乌托邦愿景优先考虑视觉秩序,利用最新的飞行能力从空中构思城市规划;而今日智慧城市的乌托邦愿景则把数字秩序放在首位,利用最新的数据收集和分析能力在计算机上构思城市。20世纪高度现代主义城市规划的追随者们相信物理科学的新方法能够解决所有社会弊病;而今天他们则把希望寄托于三位一体的智慧城市——大数据、机器学习和物联网。

用简·雅各布斯的话来说,那些戴着技术障目镜的人又一次误诊了"城市的问题所在"。智慧城市理想主义者没有认识到城市的有序复杂性,城市生活有着根本的社会政治挑战,而是将城市描述为可以使用传感器、数据和算法进行优化的抽象技术过程。他们无视城市主义有许多方面都不能简化为一个应用程序或算法,冒险建造当代转世再生的"反城市"。

例如,技术公司日立公司把城市定义为"方便居住之地,配备有水电、公交等社会基础设施以及住房、办公和商业等诸多便利设施"[27]。打造智慧城市技术的另一家公司

Living PlanIT 坚持认为"城市需要一个操作系统"[28]。被誉为"创业加速器"的硅谷科技产业先锋创投公司 Y Combinator（以下简称 YC），将其建设智慧城市的首要问题简洁地概括为"城市应该优化什么?"[29]

图 7.2　人行道实验室绘制的计算机视野下的城市景象。建筑物和汽车上的传感器发射出的线条代表它们的感知，而抽象的方框（图中唯一的实线）标记人和汽车。这一智慧城市的乌托邦愿景中呈现的数字秩序与 20 世纪乌托邦城市的视觉秩序遥相呼应（见图 7.1）

图片来源：Sidewalk Labs，"Vision Sections of RFP Submission"（October 17，2017），p. 71，https：//sidewalktoronto. ca/wp-content/uploads/2017/10/Sidewalk-Labs-Vision-Sections-of-RFP-Submission. pdf.

YC 公司的另一项陈述极为精准地呈现了透过技术障目镜所看到的城市，"我们的目标是在现行法律框架之下设计出可能的最佳城市"[30]。这句话的结构体现了典型的数学优化问题口吻，表明该公司主要是从工程师的角度处理智慧城市问题。其所表达的创造出"可能的最佳城市"的愿望实际上暴露了 YC 毫无远见，认为客观上存在一个最优城市，忽视了政治、历史、城市文化以及城市居民多样化且往往相互冲突的愿望与需求（事实上，难以想象，一家长期浸润在硅谷富人区的公司还能与那些被富人动迁的社区共享"最佳"的定义）。最后，YC 认定"现行法律"是阻碍城市发展的唯一制约因素，显示出该公司对城市挑战和进步的理解极为狭隘短视。

照其逻辑，现有城市的任何缺陷都与资源限制或社会冲突无关——一切都是基于过时的信息和资源管理模式的法律问题。该公司对于法律的蔑视与上一代乌托邦城市建设的理念如出一辙，柯布西耶曾经自豪地宣称他的规划"无视所有现行规章制度"[31]。

这给我们发出一个强有力的信号，即技术迷们不过是将城市视为提供高效流动方案和服务的抽象舞台，技术专家从零开始创造智慧城市的念头一以贯之。尽管早期智慧城市建设项目面临严峻考验，例如阿拉伯联合酋长国的马斯达尔城和韩国松岛，这两个地方至今仍荒无人烟[32]，更别提类似巴西利亚这样的白板城市的失败，然而今天的技术专家还是不顾一切地开始从事这项事业。YC 迫不及待地宣告："在一张白纸上可以干出惊人的事业。"[33]

人行道实验室更不遑多让，声称没有历史或地域的障碍，建设智慧城市不仅可能，而且符合社会的最大利益。丹·多克托罗夫曾说："你的创新能力和实际存在的人与建筑之间呈反比关系。"[34] 2017 年，该公司大胆实践这一愿景，宣布与多伦多合作，将一块面积 12 英亩①尚未开发的海滨地块建设为"世界上第一个从互联网建起的社区"[35]。

这种野心最有害的一面是，它们被粉饰成价值中立和众望所归的方案。技术专家把城市视为优化和技术问题，只关注如何提高效率，最终他们把技术解决方案等同于社会最优解。这种思维削弱了他们对于城市存在（或者孕育）的多元观点和需求的理解。就像柯布西耶坚信其无可指摘的规划"只考虑人类真理"一样[36]，人行道实验室也承诺它们全新的城市"其基础设计中无处不考虑连接性"，城市会"给予市民更多我们所热爱城市的东西，更少我们所不喜欢的东西"[37]。在某种程度上，它无视所有历史，假定存在一个显明单一的理想城市模型，技术可以让城市免受城市治理和社会生活的棘手挑战。

然而，在开发第一年，人行道实验室的多伦多项目就因政治争端惨遭滑铁卢。在人行道实验室运营的一个城市社区，不少多伦多居民意识到数字信息亭（类似 LinkNYC）只不过是数据收集的冰山一角，于是他们要求披露更多关于收集何种数据以及数据如何被使用的信息。

这个项目还被一个幽灵所困扰，那就是把公共服务的管理和所有权转移给一家未经选举、无法问责的私人公司，政府监管的削减更将助其一臂之力。人行道实验室号称要让社

---

① 1 英亩≈4 047 平方米。——译者注

区参与项目开发。但在几次公开会议上，该公司公布的项目
细节寥寥无几，当地一位技术专家甚至宣布"公众参与过程
脱轨了"[38]。

此外，该项目的快速推进使公众几乎不可能对它的发展
施加任何实质性影响。人行道实验室的多伦多社区可能确实
代表了一种以技术为核心的新型城市主义，但并不拥有"更
多我们所热爱城市的东西"。相反，它的内部将充斥着困扰
无数其他城市的难题——无法问责的决策、公共服务私有化
以及政治辩论。

简而言之，乌托邦技术解决方案无法提供城市所需的
答案。

2017 年，波士顿首席信息官雅舍·富兰克林-霍奇
（Jascha Franklin-Hodge）在某个物联网会议上发言："有一种
我称之为'智慧洗白'的问题确实存在危险，实际需要真正
注意。我们常说，'让我们给它撒点技术魔法粉，然后问题
就会随之消失'。然而，技术如何为选民带来真正有意义的
结果的问题却往往没有得到真正解答。"[39]

富兰克林-霍奇在波士顿的同事，奈杰尔·雅各布也有
类似挫折感。他回忆道："我们和供应商谈过很多次，但他
们总是夸夸其谈，'只要你们买下这项技术，我们就会解决
城市所有问题'。"雅各布继续说，每次波士顿市政府都会解
释为什么不看好他们的技术提案，但这些反对意见很少得到
重视。"有时他们会带着一套更好的说辞回来，不过更多的
时候是不了了之，他们会继续寻找下一个不提那么多问题的

城市。"[40]

雅各布和他的团队深感愠怒，于是把最常见的反馈意见单独整理成一个文档，分享给公司和技术专家们。2016年9月，他们发布了《波士顿智慧城市规则手册》，明确表示波士顿应用技术的目的是"以人为本、问题导向、承担责任"[41]。

手册开篇写道："迄今为止，我们在波士顿开展的许多智慧城市试点项目都以华丽展示和集体耸肩告终。没有人真正知道下一步应该做什么，也不知道技术和数据如何才能带来更新或更好的服务。"随后，手册列出六条直白中肯的建议，前三条如下：

（1）停止派遣推销人员：……而是派真正了解城市的人、愿意站在我们市政工作人员立场思考的人、愿意与居民交流的人。

（2）为人们解决实际问题：……我们不禁怀疑自己走进死胡同……你怎么知道你要解决的问题真的是个问题？

（3）不要盲目崇拜效率：……一味关注效率的前提是我们已经清楚地知道要为市民提供何种服务，而现在要做的就是让它成本更低。不幸的是，事实往往并非如此[42]。

该手册显示波士顿认识到，智慧城市与其说是一个目标，倒不如说是一种干扰。"我们努力把重点放在价值之上，特别是要以人为本，为人们解决实际问题，"富兰克林-霍奇解释说，"我们的智慧城市策略就是我们的城市策略。它的目标是建设一个公平的城市，促进城市经济发展，实现城市可持续发展。如果我正在制定的智慧城市战略反而与城市的真正需求和面临的挑战无关，那我就没有尽到我的职责。"[43]

波士顿的手册强调技术专家要真正立足于城市管理者和市民的需求。正如简·雅各布斯所理解的，城市规划应该立足于本地居民的生活体验，而不是规划师自上而下的视觉秩序观念。雅各布斯和富兰克林-霍奇还认识到城市应该采用技术来解决居民的实际需求，而不是一味地迷信工程师对于秩序的计算观念。

数字技术并非必然有害。但是技术障目镜的逻辑，即通过采用新技术可以创造最优城市的观点，却会转移人们的注意力，破坏公平民主地改善城市的机会。就其名称而言，智慧城市以"智慧"为目标，仿佛更好的数据和技术天生有益于社会，导致将技术提升列入城市议程时，既没有充分考虑其影响，也没有考虑其他值得追求的目标。当 YC 询问"城市应该优化什么"之时，它已经预设了优化是改善城市生活的首要工具，却忽视了很多问题无法单纯简化为优化问题。这种观点往往使人陷入现状裹足不前，并妨碍其他更重要的变革。

足够智慧的城市提出了一个根本问题，重新定位这一逻辑：足够智慧的目的是什么？在足够智慧的城市中，智慧是手段而不是终极目的，关注重心可以顺理成章地转向技术试图解决的社会需求。正如波士顿例子所表明的，只有当技术能够解决"人们的实际问题"时才会被使用。

美国及其他国家的城市都在经历这种根本的范式转移。

尽管本书主要关注美国城市的发展经历，但世界范围内也出现了许多相同的趋势、机遇和挑战。新加坡正积极推广自动驾驶汽车并且引进了世界上第一辆自动驾驶出租车[44]。埃塞俄比亚首都亚的斯亚贝巴（Addis Ababa）已经开发了一个"智能停车系统"，用于解决该市停车位严重不足的问题[45]。参与式预算诞生于巴西，至今已在数百个城市推广实行（并且其占市政预算的比例通常高于美国）[46]，巴西是综合线上和线下参与式预算方法的领导者[47]。2017 年，在几乎没有任何公共宣传的情况下，伦敦开始推行 InLinkUK 项目（几乎是纽约 LinkNYC 项目的翻版）[48]，在地铁站安装无数感应器追踪通勤者的行为[49]。巴塞罗那率先在全市部署了数个物联网技术[50]，同时还开发了参与式流程，以限制技术公司的权利，提高算法使用透明度，并将数据所有权和控制权转移给公众[51]。通过上述以及无数其他努力，世界各地的城市都在蹒跚前行，开拓新技术的应用。我们每个人都有责任推动这些努力，以实现"足够智慧"的城市理想，而不是"智慧"城市。

＊　＊　＊

本书已经介绍了哥伦布市的产前保健（参阅第二章）、巴列霍的参与式预算（参阅第三章）、约翰逊县的前瞻性社会服务（参阅第四章）、西雅图的监控条例（参阅第五章）以及纽约的数据演习等案例（参阅第六章），我们从中看到了建设足够智慧的城市所需的诸多要素。为了支持和推进这些努力，在此我概括了五个基本原则，实际上这些原则已经贯穿全书。尽管这份清单还不完善，但我希望这五项原则可以抛砖引玉，有助于为创建更宜居、更民主、更正义、更负责和更创新的城市设定议程。

1. 解决复杂的真问题，而不是人为简化的假问题

技术障目镜的逻辑往往伴随着过于简化社会政治挑战的观念。德国森林、高度现代主义的城市规划和汽车时代等历史事件已经证明了这种观点的危害性：忽视或努力消除世界的自然复杂性会导致出现解决假问题的"解决方案"，而且制造的问题往往比解决的还要多。

不幸的是，这种过度简化的观念同样充斥于围绕智慧城市的各种希望与梦想。例如，自动驾驶汽车看似将要创造城市乌托邦，但其实这不过是因为技术专家过度把汽车出行效率作为美好城市的标志。技术专家没有认识到城市交通涉及诸多挑战和利弊权衡，甚至没有意识到需要在通畅交通和其他目标之间进行平衡，因而高估了自动驾驶汽车的好处，却忽略了其他改革的可能。换言之，他们把交通问题过度简化成一个可通过优化来解决的问题，然后提出一个优雅的解决方案。

相反，足够智慧的城市更充分理解城市问题的复杂性，从而更好地认识到技术的局限与机遇。智慧哥伦布团队没有把交通流动性仅仅视为便利问题，而是认识到交通流动性与其他挑战（例如不平等）相互关联。智慧哥伦布与当地不同居民交流，了解居民实际面临何种交通障碍，从而避免陷入人为简化的陷阱。如此这般，智慧哥伦布才能超越最初过于简化的理念，进行有效交通改革，切实解决当地居民的实际问题。诚如巴伊洛所说，"我们确实需要从全局来思考问题"[52]。哥伦布不可能只靠一项技术或一项政策改革就消除交通或平等的顽疾，但其努力将会减轻居民面临的日常挑战。

2. 让技术实施服务于社会需求与政策推进，而不是调整社会目标与价值标准来迎合技术

这是富兰克林-霍奇智慧波士顿的核心准则：智慧城市战略应该与城市整体宏观战略保持一致。足够智慧的城市应该由清晰的政策目标和长远规划驱动。他们积极拥抱技术，把技术作为提升自身价值的工具，但绝不让技术主宰目标。

此外，技术障目镜（以及技术障目循环）按照技术的逻辑和能力来塑造城市创新。为了应对当今公民参与和民主的挑战，城市政府和技术专家提出了无数技术解决方案——线上平台、社交网络和311应用程序，其目的都在于简化政治和行政管理，提高效率。然而，权利和政治并非优化问题，光有"智慧"并不能解决民主问题。例如，有了311应用程序，告知政府哪个路灯坏了需要修理变得更容易，但却无助于赋权市民或加深社区联系。

相反，足够智慧的城市以社会和政治目标为先，技术只是为了推进议程而部署。它们不会轻易被那些听起来富有吸引力却与其规划和价值标准不一致的技术所诱惑。与典型的公民参与应用程序不同，像"社区共规划"这样的在线平台可以通过包容"有益低效"来协助发展公民关系与能力。类似的，巴列霍通过实行参与式预算改变了当地的民主实践，新的应用程序让更多人参与到民主过程中，不过这个程序最根本的改变来自赋予公众新的审议机会和决策权。

3. 政策与项目改革的创新优先于技术创新

足够智慧的城市通过深谋远虑地进行地方所需的政策与流程改革而产生重大影响。技术可以使这些改革更高效，但技术从来不是核心驱动力。事实上，本书分析过的许多成功案例仅仅采用了相对简单的数据分析和技术，用于支持政策创新。它们之所以取得成功，是因为将技术提升作为一种创新形式。一个使用简单技术的好项目远胜于一个使用尖端技术的坏项目。

然而在目前的智慧城市项目中，技术占据了主导地位。警务部门渴望塑造创新和种族中立的形象，于是迫不及待地采纳预测警务软件。但它们却忘记了最重要的一点：社区真正需要的是从根本上重塑警务实践和优先事项，而不是利用算法强化旧有的行为。预测警务算法假借中立的光环，合理化甚至加剧了不平等和歧视性警务实践，从而使系统改革更加遥不可及。

足够智慧的城市应当遵循我称之为"有限技术测试"的原则。每当考虑是否采用一项新技术之时，城市领导人应该提出如下几个问题：如果不采用技术也可以实现同样的结果，那么还能称之为创新吗？技术带来的影响可以满足需求吗？只有当他们能够自信地给出肯定回答时，足够智慧的城市才会采纳新技术。例如，约翰逊县为了减少监禁、改善社会服务，开始为患有精神疾病的人提供援助，改善他们的生活，使他们远离刑事司法系统。约翰逊县之所以能够取得这些社会效益，并不是因为发现了某种可靠的新算法来优化和合理化现有警务实践，而是通过项目改革真正解决社区需求，然后利用机器学习提高项目的效果。

4. 确保技术的设计与实施能够促进民主价值

技术障目镜使复杂的社会问题看起来像是技术问题，技术可以提供价值中立和社会最优解决方案。这种过于简化的评估导致智慧城市技术在设计时，不惜一切代价提高效率，却很少去评估其更广泛的社会影响。

许多智慧城市技术通过收集尽可能多的数据提高政府和企业的效率，但这一过程同时也侵犯了人们的隐私和自主权。类似的，许多智慧城市借助未经公共参与的不透明的专有算法来运行。这种趋势造成巨大的信息和权力不对称，使政府和企业得以凌驾于其所追踪和分析的对象之上。这样一来，智慧城市就成了增强监控、谋取利益和社会控制的秘密工具。

足够智慧的城市明确自身作为公共管理者的角色，确保新技术能够惠及每一个人。足够智慧的城市摒弃了智慧城市和愚蠢城市的错误二分法，因而并不急于采用每一种新工具；相反，它们会考虑新技术的各种设计可能，确保其手段与目的均能支持民主与平等。西雅图和芝加哥的经验表明，尊重和保护个人隐私只会更有利于而不是阻碍部署新技术以改善城市生活。类似的，纽约的算法任务组和西雅图的监控管理条例为城市政府扭转沦为黑箱城市的趋势指明了一条清晰道路。正如这些案例所表明的，由于技术违反了重要价值标准而拒绝或改变它不是反技术，而是支持民主。

5. 发展市政部门使用数据的能力与流程

人们很容易相信，技术仅仅凭借其复杂性就能改善政府。但现实其实更为复杂：糟糕的数据质量限制了分析可能，各个独立的部门之间很难共享数据，很多部门对于使用数据解决问题缺乏信任。使数据有用武之地不在于拥有最先进的技术能力，而在于降低制度障碍，识别出数据可以解决的问题。

市政领导（例如纽约的马沙里基和旧金山的博纳古罗）演示了如何使用数据来改善地方治理——不是期待数据神奇地优化政府或解决地方问题，而是建立部门之间的联系，培育维护和共享数据的最佳实践，以及培训市政工作人员使用数据改善运营的能力。

足够智慧的城市应该效仿他们的做法，而不是被城市政府只有采用更新更先进的技术才能快速解决问题的论调所迷惑。相反，足够智慧的城市必须努力专注于开发基础设施（即便是日常）的流程和实践，以使数据具有可操作性。

＊　＊　＊

新技术不仅改变了人们对于什么是可能的认知，也改变了人们对于世界可以且应该是什么样子的看法。数字和数据驱动的技术，加上普遍存在的技术障目镜，已经让无数人深信智慧城市正是应对 21 世纪挑战所需要的解决方案：更智慧的城市——即更互联、更优化、更高效——将是更好的城市。

这一诱人逻辑造成严重误解，破坏了真正改善城市生活的机会。智慧城市不能解决城市面临的实际问题，不过是为定义不清的问题提出新奇解决方案罢了。这些方案的实施预示着城市主义的危机：在这样的智慧城市里，自动驾驶汽车霸占市中心，公共交通被削弱，民主被简化为使用应用程序向政府发送路面坑洼照片，警察利用算法合理化并持续种族歧视的警务实践，政府和公司监视公共空间以控制人们的行为。

尽管我们不断被灌输智慧城市时代近在咫尺、势不可挡的观念，但是一个更美好的未来依然是可能的。我们可以创造宜居之城，简单的流动技术就能缓解不平等，改善公共卫生与健康。我们可以创建民主之城，通信技术促进形成新的参与过程，赋权于大众。我们可以创建正义之城，机器学习算法帮助社区对弱势居民施以援手。我们可以创建负责之城，新技术的设计原则为尊重隐私、促进民主。我们可以创建创新之城，数据科学与非技术性改革相辅相成，共同改善市政运营和社会服务。

只有当我们带着智慧去寻找智慧城市方案，我们才能真正创造出足够智慧的城市。让我们彻底抛弃技术障目镜，现在开始行动吧。

注　释

第一章

[1] Kevin Hartnett, "Bye-Bye Traffic Lights," *Boston Globe*, March 28, 2016, https：//www. bostonglobe. com/ideas/2016/03/28/bye-bye-traffic-lights/ 8HSV9DZa4qPC1t H4zQ4pTO/story. html.

[2] Senseable City Lab, "DriveWAVE by MIT SENSEable City Lab" (2015), http：//senseable. mit. edu/wave/.

[3] Remi Tachet et al. , "Revisiting Street Intersections Using Slot-Based Systems," *PloS One* 11, no. 3 (2016), https：//doi. org/10. 1371/ journal. pone. 0149607.

[4] "Massachusetts Ave & Columbus Ave," Walk Score (2018), https： // www. walkscore. com/score/columbus-ave-and-massachusetts-ave-boston.

[5] George Turner, quoted in PredPol, "Atlanta Police Chief George Turner Highlights PredPol Usage," PredPol: Blog (May 21, 2014), http: // www. predpol. com/atlanta-police-chief-george-turner-highlights-predpol-usage/.

[6] New York City Office of the Mayor, "Mayor de Blasio Announces Public Launch of LinkNYCProgram, Largest andFastest Free MunicipalWi-Fi Net- workintheWorld" (February 18, 2016), http：//www1. nyc. gov/office-of- the-mayor/news/184-16/mayor-de-blasio-public-launch-linknyc-program-lar- gest-fastest-free-municipal♯/0.

[7] White House Office of the Press Secretary, "FACT SHEET: Administration Announces New 'Smart Cities' Initiative to Help Communities Tackle Local Challenges and Improve City Services" (September 14, 2015), https： // obamawhitehouse. archives. gov/the-press-office/2015/09/14/fact-sheet-admin- istration-announces-new-smart-cities-initiative-help; National League of Cities, "Trends in Smart City Development" (2016), http：//www. nlc. org/sites/ default/files/2017-01/Trends in Smart City Development. pdf.

［8］ United States Conference of Mayors, "Cities of the 21st Century: 2016 Smart Cities Survey" (January 2017), p. 4, https: //www. usmayors. org/wp-content/uploads/2017/02/2016SmartCitiesSurvey. pdf.

［9］ John Chambers and Wim Elfrink, "The Future of Cities," *Foreign Affairs*, October 31, 2014, https: //www. foreignaffairs. com/articles/2014-10-31/future-cities.

［10］ John Dewey, *Logic: The Theory of Inquiry* (New York: H. Holt and Company, 1938), 108.

［11］ Bruno Latour, "Tarde's Idea of Quantification," in *The Social After Gabriel Tarde: Debates and Assessments*, ed. Mattei Candea (London: Routledge, 2010), 155.

［12］ Horst W. J. Rittel and Melvin M. Webber, "Dilemmas in a General Theory of Planning," *Policy Sciences* 4, no. 2 (1973): 155 (abstract).

［13］ Evgeny Morozov, *To Save Everything, Click Here: The Folly of Technological Solutionism* (New York: PublicAffairs, 2014).

［14］ Langdon Winner, *The Whale and the Reactor: A Search for Limits in an Age of High Technology* (Chicago: University of Chicago Press, 1986), 19, 29.

［15］ Adam Greenfield, *Against the Smart City* (New York: Do Projects, 2013), 32 – 33.

［16］ Gordon Falconer and Shane Mitchell, "Smart City Framework: A Systematic Process for Enabling Smart + Connected Communities" (2012), https: //www. cisco. com/c/dam/en _ us/about/ac79/docs/ps/motm/Smart-City-Framework. pdf.

［17］ Samuel J. Palmisano, "Smarter Cities: Crucibles of Global Progress" (address, Rio de Janeiro, November 9, 2011), https: //www. ibm. com/smarterplanet/us/en/smarter _ cities/article/rio _ keynote. html.

［18］ Alana Semuels, "The Role of Highways in American Poverty," *The Atlantic*, March 2016, https: //www. theatlantic. com/business/archive/2016/03/role-of-highways-in-american-poverty/474282/.

［19］ New York Times Editorial Board, "The Racism at the Heart of Flint's Crisis," *New York Times*, March 25, 2016, https: //www. nytimes. com/2016/03/25/opinion/the-racism-at-the-heart-of-flints-crisis. html.

［20］ Winner, *The Whale and the Reactor*, 23.

［21］ Theodore M. Porter, *Trust in Numbers: The Pursuit of Objectivity in Science and Public Life* (Princeton, NJ: Princeton University Press, 1995), 8.

［22］ Marshall Berman, "Take It to the Streets: Conflict and Community in Public Space," *Dissent* 33, no. 4 (1986): 481.

第二章

［1］ Stephen Buckley, interview by Ben Green, April 7, 2017. All quotations from Buckley in this chapter are from this interview.

[2] Ryan Lanyon, interview by Ben Green, April 13, 2017. All quotations from Buckley in this chapter are from this interview.

[3] National Center for Statistics and Analysis, National Highway Traffic Safety Administration, "Critical Reasons for Crashes Investigated in the National Motor Vehicle Crash Causation Survey," Traffic Safety Facts: Crash Stats, Report No. DOT HS 812 115 (February 2015), 1; National Center for Statistics and Analysis, National Highway Traffic Safety Administration, "2015 Motor Vehicle Crashes: Overview," Traffic Safety Facts Research Note, Report No. DOT HS 812 318 (August 2016), 6.

[4] Daniel J. Fagnant and Kara Kockelman, "Preparing a Nation for Autonomous Vehicles: Opportunities, Barriers and Policy Recommendations," *Transportation Research Part A: Policy and Practice* 77 (2015): 175.

[5] Fagnant and Kockelman, "Preparing a Nation for Autonomous Vehicles," 173.

[6] Jeffrey Owens, CTO, Delphi, speaking in TechCrunch, "Taking a Ride in Delphi's Latest Autonomous Drive" (2017), https://www. youtube. com/watch? v = wWdVfG lBqzE.

[7] Kinder Baumgardner, "Beyond Google's Cute Car: Thinking Through the Impact of Self-Driving Vehicles on Architecture," *Cite: The Architecture + Design Review of Houston* (2015): 41.

[8] Senseable City Lab, "DriveWAVE by MIT SENSEable City Lab" (2015), http://senseable. mit. cdu/wave/.

[9] Remi Tachet et al. , "Revisiting Street Intersections Using Slot-Based Systems," *PloS One* 11, no. 3 (2016), https://doi. org/10. 1371/journal. pone. 0149607.

[10] Baumgardner, "Beyond Google's Cute Car," 41.

[11] Lisa Futing, quoted in Sam Lubell, "Here's How Self-Driving Cars Will Trans-form Your City," *Wired*, October 21, 2016, https://www. wired. com/2016/10/heres-self-driving-cars-will-transform-city/.

[12] Henry Claypool, Amitai Bin-Nun, and Jeffrey Gerlach, "Self-Driving Cars: The Impact on People With Disabilities," *The Ruderman White Paper* (January 2017), pp. 16, 18, http://secureenergy. org/wp-content/uploads/2017/01/Self-Driving-Cars-The-Impact-on-People-with-Disabilities _ FINAL. pdf.

[13] Ravi Shanker et al. , "Autonomous Cars: Self-Driving the New Auto Industry Par-adigm," *Morgan Stanley Blue Paper* (November 6, 2013), p. 38, https://orfe. princeton. edu/~ alaink/SmartDrivingCars/PDFs/Nov2013 MORGAN-STANLEY-BLUE-PAPER-AUTONOMOUS-CARS%EF%BC%9A-SELF-DRIVING-THE-NEW-AUTO-INDUSTRY-PARADIGM. pdf.

[14] Peter D. Norton, *Fighting Traffic: The Dawn of the Motor Age in the American City* (Cambridge, MA: MIT Press, 2011), 248.

[15] General Motors, "To New Horizons" (1939), posted as "Futurama at 1939

NY World's Fair," https: //www. youtube. com/watch? v = sClZqfnWqmc.

[16] Norton, *Fighting Traffic*, 1, 7.

[17] Trevor J. Pinch and Wiebe E. Bijker, "The Social Construction of Facts and Arti-facts: Or How the Sociology of Science and the Sociology of Technology Might Benefit Each Other," in *The Social Construction of Technological Systems: New Directions in the Sociology and History of Technology*, ed. Wiebe E. Bijker, Thomas P. Hughes, and Trevor Pinch (Cambridge, MA: MIT Press, 1987), 27.

[18] Norton, *Fighting Traffic*, 130.

[19] George Herrold, "City Planning and Zoning," *Canadian Engineer* 45 (1923): 129.

[20] Norton, *Fighting Traffic*, 106.

[21] George Herrold, "The Parking Problem in St. Paul," *Nation's Traffic* 1 (July 1927): 48; cited in Norton, *Fighting Traffic*, 124.

[22] J. Rowland Bibbins, "Traffic-Transportation Planning and Metropolitan Development," *Annals of the American Academy of Political and Social Science* 116, no. 1 (1924): 212.

[23] Norton, *Fighting Traffic*, 130, 134.

[24] J. L. Jenkins, "Illegal Parking Hinders Work of Stop-Go Lights; Pedestrian Dan-gers Grow as Loop Speeds Up," *Chicago Tribune*, February 10, 1926.

[25] Norton, *Fighting Traffic*, 138, 1.

[26] Norton, *Fighting Traffic*.

[27] Alan Altshuler, *The Urban Transportation System: Politics and Policy Innovations* (Cambridge, MA: MIT Press, 1981), 27 - 28.

[28] Angie Schmitt, "How Engineering Standards for Cars Endanger People Crossing the Street," *Streetsblog USA*, March 3, 2017, http: //usa. streets blog. org/2017/03/03/how-engineering-standards-for-cars-endanger-people-cro ssing-the-street/.

[29] Peter Furth, "Pedestrian-Friendly Traffic Signal Timing Policy Recommendations," *Boston City Council Committee on Parks, Recreation, and Transportation* (December 6, 2016), p. 1, http: //www. northeastern. edu/ peter. furth/wp-content/uploads/2016/12/Pedestrian-Friendly-Traffic-Signal-Policies-Boston. pdf.

[30] Robert A. Caro, *The Power Broker: Robert Moses and the Fall of New York* (1975; repr. , New York: Random House, 2015), 515.

[31] Caro, *The Power Broker*, 515.

[32] *New York Herald Tribune*, August 18, 1936; cited in Caro, *The Power Broker*, 516.

[33] Caro, *The Power Broker*, 518.

[34] Anthony Downs, "The Law of Peak-Hour Expressway Congestion," *Traffic Quar-terly* 16, no. 3 (1962): 393.

[35] Anthony Downs, "Traffic: Why It's Getting Worse, What Government Can

Do," Brookings Institution Policy Brief ♯128 (January 2004), 4.

[36] Anthony Downs, *Still Stuck in Traffic: Coping with Peak-Hour Traffic Congestion* (Washington, DC: Brookings Institution Press, 2005), 83.

[37] Gilles Duranton and Matthew A. Turner, "The Fundamental Law of Road Con-gestion: Evidence from US Cities," *American Economic Review* 101, no. 6 (2011): 2618.

[38] David Metz, *The Limits to Travel: How Far Will You Go?* (New York: Routledge, 2012).

[39] Senseable City Lab, "DriveWAVE by MIT SENSEable City Lab."

[40] "Massachusetts Ave &. Columbus Ave," Walk Score (2018), https://www. walkscore. com/score/columbus-ave-and-massachusetts-ave-boston.

[41] Ken Washington, "A Look into Ford's Self-Driving Future," Medium: Self-Driven (February 3, 2017), https://medium. com/self-driven/a-look-into-fords-self-driving-future-5aae38ee2059.

[42] John Zimmer and Logan Green, "The End of Traffic: Increasing American Pros-perity and Quality of Life," Medium: The Road Ahead (January 17, 2017), https://medium. com/@johnzimmer/the-end-of-traffic-6d255c03207d.

[43] John Zimmer, "The Third Transportation Revolution," Medium: The Road Ahead (September 18, 2016), https://medium. com/@ johnzimmer/the-third-transportation-revolution-27860f05fa91.

[44] Emily Badger, "Pave Over the Subway? Cities Face Tough Bets on Driverless Cars," *New York Times*, July 20, 2018, https://www. nytimes. com/2018/07/20/upshot/driverless-cars-vs-transit-spending-cities. html.

[45] Cecilia Kang, "Where Self-Driving Cars Go to Learn," *New York Times*, November 11, 2017, https://www. nytimes. com/2017/11/11/technology/arizona-tech-industry-favorite-self-driving-hub. html.

[46] Daisuke Wakabayashi, "Uber's Self-Driving Cars Were Struggling Before Arizona Crash," *New York Times*, March 23, 2018, https://www. nytimes. com/2018/03/23/technology/uber-self-driving-cars-arizona. html.

[47] Jeff Speck, interview by Ben Green, April 14, 2017.

[48] Jeff Speck, "Autonomous Vehicles and the Good City" (lecture, United States Conference of Mayors, Washington, DC, January 19, 2017), https://www. youtube. com/watch? v=5AELH-sI9CM.

[49] David Ticoll, "Driving Changes: Automated Vehicles in Toronto," discussion paper, Munk School of Global Affairs, University of Toronto (2015), https://munkschool. utoronto. ca/ipl/files/2016/03/Driving-Changes-Ticoll-2015. pdf.

[50] Ben Spurr, "Toronto Plans to Test Driverless Vehicles for Trips to and from Tran-sit Stations," *The Star*, July 3, 2018, https://www. thestar. com/news/gta/2018/07/03/toronto-plans-to-test-driverless-vehicles-for-trips-to-

and-from-transit-ations. html.

[51] U. S. Department of Transportation，"Smart City Challenge：Lessons for Building Cities of the Future"（2017），p. 2，https：//www. transportation. gov/ sites/dot. gov/files/docs/Smart City Challenge Lessons Learned. pdf.

[52] Jordan Davis，interview by Ben Green，May 10，2017. All quotations from Davis in this chapter are from this interview.

[53] Kerstin Carr and Thea Walsh，interview by Ben Green，April 12，2017. All quotations from Carr and Walsh in this chapter are from this interview.

[54] Calthorpe Associates et al.，"insight2050 Scenario Results Report"（February 26，2015），p. 6，http：//getinsight2050. org/wp-content/uploads/2015/ 03/2015 _ 02 _ 26-insight2050-Report. pdf.

[55] Calthorpe Associates et al.，"insight2050 Scenario Results Report，" 18 – 19.

[56] Carla Bailo，interview by Ben Green，May 9，2017. All quotations from Bailo in this chapter are from this interview.

[57] City of Columbus，"Columbus Smart City Application"（2016），p. 6，https：//www. transportation. gov/sites/dot. gov/files/docs/Columbus　OH Vision Narrative. pdf.

[58] City of Columbus，"Linden Infant Mortality Profile"（2018），http：// celebrateone. info/wp-content/uploads/2018/03/Linden _ IMProfile _ 9. 7. pdf.

[59] Smart Columbus，"Smart Columbus Connects Linden Meeting Summary"（2017）.

[60] Laura Bliss，"Columbus Now Says 'Smart' Rides for Vulnerable Moms Are Coming，" CityLab（December 1，2017），https：//www. citylab. com/ transportation/2017/12/columbus-now-says-smart-rides-for-vulnerable-moms-are-coming/547013/.

[61] Laura Bliss，"Who Wins When a City Gets Smart?，" CityLab（November 1，2017），https：//www. citylab. com/transportation/2017/11/when-a-smart-city-doesnt-have-all-the-answers/542976/.

[62] "Buggy Capital of the World，" Columbus Dispatch，Blog（July 29，2015），http：//www. dispatch. com/content/blogs/a-look-back/2015/07/buggy-cap-ital-of-the-world. html.

[63] Thomas J. Misa，"Controversy and Closure in Technological Change：Construct-ing 'Steel，' " in Shaping Technology/Building Society：Studies in Sociotechnical Change，ed. Wiebe E. Bijker and John Law（Cambridge，MA：MIT Press，1992），110，111.

[64] Norton，Fighting Traffic，2.

第三章

[1] Dominik Schiener，"Liquid Democracy：True Democracy for the 21st Century，" Medium：Organizer Sandbox（November 23，2015），https：// medium. com/organizer-sandbox/liquid-democracy-true-democracy-for-the-

21st-century-7c66f5e53b6f.

[2] Gavin Newsom and Lisa Dickey, *Citizenville: How to Take the Town Square Digital and Reinvent Government* (New York: Penguin, 2014), 13, 10.

[3] Mark Zuckerberg, "Facebook's Letter from Mark Zuckerberg — Full Text," *The Guardian*, February 1, 2012, https://www.theguardian.com/technology/2012/feb/01/facebook-letter-mark-zuckerberg-text.

[4] Sean Parker, quoted in Anthony Ha, "Sean Parker: Defeating SOPA Was the 'Nerd Spring,' " *TechCrunch*, March 12, 2012, https://techcrunch.com/2012/03/12/sean-parker-defeating-sopa-was-the-nerd-spring/.

[5] Nathan Daschle, quoted in Steve Friess, "Son of Dem Royalty Creates a Ruck. us," *Politico*, June 26, 2012, http://www.politico.com/story/2012/06/son-of-democratic-party-royalty-creates-a-ruckus-077847.

[6] "Brigade," https://www.brigade.com.

[7] Ferenstein Wire, "Sean Parker Explains His Plans to 'Repair Democracy' with a New Social Network," *Fast Company* (2015), https://www.fastcompany.com/3047571/sean-parker-explains-his-plans-to-repair-democracy-with-a-new-social-network.

[8] Kim-Mai Cutler and Josh Constine, "Sean Parker's Brigade App Enters Private Beta as a Dead-Simple Way of Taking Political Positions," *TechCrunch*, June 17, 2015, https://techcrunch.com/2015/06/17/sean-parker-brigade/.

[9] "Textizen," https://www.textizen.com.

[10] Christopher Smart, "What Do You Like, Don't Like? — Text It to Salt Lake City," *Salt Lake Tribune*, August 20, 2012, http://archive.sltrib.com/story.php?ref=/sltrib/news/54728901-78/lake-salt-text-plan.html.csp.

[11] Chante Lantos-Swett, "Leveraging Technology to Improve Participation: Textizen and Oregon's Kitchen Table," *Challenges to Democracy*, Blog (April 4, 2016), http://www.challengestodemocracy.us/home/leveraging-technology-to-improve-participation-textizen-and-oregons-kitchen-table/.

[12] ThomasM. Menino, "InauguralAddress" (January4, 2010), p. 5, https://www.cityof boston.gov/TridionImages/2010% 20Thomas% 20M% 20% 20Menino%20Inaugural%20final _ tcm1-4838.pdf.

[13] Jimmy Daly, "10 Cities With 311 iPhone Applications," *StateTech*, August 10, 2012, https://statetechmagazine.com/article/2012/08/10-cities-311-iphone-applications.

[14] IBM, "What Is a Self-Service Government?," *The Atlantic* [advertising], http://www.theatlantic.com/sponsored/ibm-transformation/what-is-a-self-service-govern ment/248/.

[15] Alexis de Tocqueville, *Democracy in America*, ed. Max Lerner and J. -P. Mayer, trans. George Lawrence (New York: Harper and Row, 1966), 2: 522.

[16] Evan Halper, "Napster Co-founder Sean Parker Once Vowed to Shake Up Washington — So How's That Working Out?," *Los Angeles Times*, August 4,

2016，http：//www. latimes. com/politics/la-na-pol-sean-parker-20160804-snap-story. html.

[17] Sean Parker, quoted in Greg Ferenstein, "Brigade：New Social Network from Facebook Co-founder Aims to 'Repair Democracy,' " *The Guardian*, June 17，2015，https：//www. theguardian. com/media/2015/jun/17/brigade-social-network-voter-turnout-sean-parker.

[18] Christopher Fry and Henry Lieberman, *Why Can't We All Just Get Along?* (self-published, 2018), 257, 266, https：//www. whycantwe. org/.

[19] Corey Robin, quoted in Emma Roller, " 'Victory Can Be a Bit of a Bitch'：Corey Robin onthe Decline of American Conservatism," *Splinter*, September 1，2017)，https：//splinter news. com/victory-can-be-a-bit-of-a-bitch-corey-robin-on-the-dec-1798679236.

[20] Bruno Latour, *The Pasteurization of France*, trans. Alan Sheridan and John Law (Cambridge, MA：Harvard University Press, 1993), 210.

[21] Archon Fung, Hollie Russon Gilman, and Jennifer Shkabatur, "Six Models for the Internet + politics," *International Studies Review* 15, no. 1 (2013)：33, 37，42，45.

[22] Schiener, "Liquid Democracy. "

[23] Hahrie Han, *How Organizations Develop Activists：Civic Associations and Leadership in the 21st Century* (New York：Oxford University Press, 2014) .

[24] Han, *How Organizations Develop Activists*, 95.

[25] Han, *How Organizations Develop Activists*, 140 – 141.

[26] Zeynep Tufekci, *Twitter and Tear Gas：The Power and Fragility of Networked Protest* (New Haven：Yale University Press, 2017), 200 – 201.

[27] Han, *How Organizations Develop Activists*, 153.

[28] Ryan W. Buell, Ethan Porter, and Michael I. Norton, "Surfacing the Submerged State：Operational Transparency Increases Trust in and Engagement with Govern-ment," Harvard Business School Working Paper No. 14 – 034 (November 2013；rev. March 2018) .

[29] Daniel Tumminelli O'Brien et al. , "Uncharted Territoriality in Coproduction：The Motivations for 311 Reporting," *Journal of Public Administration Research and Theory* 27, no. 2 (2017)：331.

[30] Ariel White and Kris-Stella Trump, "The Promises and Pitfalls of 311 Data," *Urban Affairs Review* 54, no. 4 (2016)：794 – 823, https：//doi. org/10. 1177/1078087416673202.

[31] Kay Lehman Schlozman, Sidney Verba, and Henry E. Brady, *The Unheavenly Chorus：Unequal Political Voice and the Broken Promise of American Democracy* (Prince-ton, NJ：Princeton University Press, 2012), 6，8.

[32] Nancy Burns, Kay Lehman Schlozman, and Sidney Verba, *The Private Roots of Public Action：Gender, Equality, and Political Participation*

（Cambridge，MA：Harvard University Press，2001），360.

［33］ Monica C. Bell, "Police Reform and the Dismantling of Legal Estrangement," *Yale Law Journal* 126 (2017)：2054 (abstract), 2085, 2057, 2101.

［34］ Bell, "Police Reform and the Dismantling of Legal Estrangement," 2141.

［35］ Michael Lipsky, *Street-Level Bureaucracy：Dilemmas of the Individual in Public Ser-vices*, 30th anniversary ed. (New York：Russell Sage Foundation, 2010), 3.

［36］ Matthew Desmond, Andrew V. Papachristos, and David S. Kirk, "Police Violence and Citizen Crime Reporting in the Black Community," *American Sociological Review* 81, no. 5 (2016)：857 – 876, 857 (abstract) .

［37］ Elizabeth S. Anderson, "What is the Point of Equality?" *Ethics* 109, no. 2 (1999)：313.

［38］ Catherine E. Needham, "Customer Care and the Public Service Ethos," *Public Administration* 84, no. 4 (2006)：857 – 858.

［39］ Catherine Needham, *Citizen-Consumers：New Labour's Marketplace Democracy* (London：Catalyst, 2003), 6.

［40］ Jane E. Fountain, "Paradoxes of Public Sector Customer Service," *Governance* 14, no. 1 (2001)：56.

［41］ Dietmar Offenhuber, "The Designer as Regulator：Design Patterns and Categori-zation in Citizen Feedback Systems" (paper delivered at the Workshop on Big Data and Urban Informatics, Chicago, August 2014) .

［42］ Daniel Tumminelli O'Brien, Eric Gordon, and Jessica Baldwin, "Caring about the Community, Counteracting Disorder：311 Reports of Public Issues as Expressions of Territoriality," *Journal of Environmental Psychology* 40 (2014)：324 – 325.

［43］ James J. Feigenbaum and Andrew Hall, "How High-Income Areas Receive More Service from Municipal Government：Evidence from City Administrative Data" (2015), https：//ssrn. com/abstract=2631106.

［44］ Abdallah Fayyad, "The Criminalization of Gentrifying Neighborhoods," *The Atlantic*, December 20, 2017, https：//www. theatlantic. com/politics/ archive/2017/12/the-criminalization-of-gentrifying-neighborhoods/548837/.

［45］ Al Baker, J. David Goodman, and Benjamin Mueller, "Beyond the Chokehold：The Path to Eric Garner's Death," *New York Times*, June 13, 2015, https：// www. nytimes. com/2015/06/14/nyregion/eric-garner-police-chokehold-staten-island. html.

［46］ Jathan Sadowski and Frank Pasquale, "The Spectrum of Control：A Social Theory of the Smart City," *First Monday* 20, no. 7 (2015), http：// firstmonday. org/article/view/5903/4660; they quote Stephen Goldsmith and Susan Crawford, *The Responsive City：Engaging Communities through Data-Smart Governance* (San Francisco：Jossey-Bass, 2014), 4.

［47］ Virgina Eubanks, *Automating Inequality：How High-Tech Tools Profile, Police, and Punish the Poor* (New York：St. Martin's Press, 2018), 136 –

138.

[48]　Rhema Vaithianathan, "Big Data Should Shrink Bureaucracy Big Time," *Stuff*, October 18, 2016, https：//www. stuff. co. nz/national/politics/ opinion/85416929/rhema-vaithianathan-big-data-should-shrink-bureaucracy- big-time.

[49]　Adam Forrest, "Detroit Battles Blight through Crowdsourced Mapping Proj-ect," *Forbes*, June 22, 2015, https：//www. forbes. com/sites/adamforrest/2015/ 06/22/detroit-battles-blight-through-crowdsourced-mapping-project.

[50]　NYC Mayor's Office of Operations, "Hurricane Sandy Response," *NYC Customer Service Newsletter* 5, no. 2 (February 2013), https：// www1. nyc. gov/assets/operations/downloads/pdf/nyc ＿ customer ＿ service ＿ newsletter ＿ volume ＿ 5 ＿ issue ＿ 2. pdf.

[51]　Joshua Tauberer, "So You Want to Reform Democracy," Medium：Civic Tech Thoughts from JoshData (November 22, 2015), https：//medium. com/ civic-tech-thoughts-from-joshdata/so-you-want-to-reform-democracy-7f3b1ef 10597.

[52]　Mitch Weiss, interview by Ben Green, May 16, 2017.

[53]　Steven Walter, interview by Ben Green, April 20, 2017. All quotations from Walter in this chapter are from this interview.

[54]　Marshall Berman, "Take It to the Streets：Conflict and Community in Public Space," *Dissent* 33, no. 4 (1986)：477.

[55]　Cyndi Lauper, "Girls Just Want to Have Fun (Official Video)" (1983), https：//www. youtube. com/watch? v＝PIb6AZdTr-A.

[56]　John Hughes, dir. , *Ferris Bueller's Day Off* (Paramount Pictures, 1986); for the parade scene, see "Ferris Bueller's Parade" (1986), https：// www. youtube. com/watch? v＝tRcv4nokK50.

[57]　Berman, "Take It to the Streets," 478 – 479.

[58]　Eric Gordon and Jessica Baldwin-Philippi, "Playful Civic Learning：Enabling Lat-eral Trust and Reflection in Game-based Public Participation," *International Journal of Communication* 8 (2014)：759.

[59]　Eric Gordon, "Civic Technology and the Pursuit of Happiness," *Governing* (2016), http：//www. governing. com/cityaccelerator/civic-technology-and- the-pursuit-of-happiness. html.

[60]　Eric Gordon, interview by Ben Green, May 9, 2017.

[61]　Gordon and Baldwin-Philippi, "Playful Civic Learning," 759 (abstract) .

[62]　Detroit Future City, "2012 Detroit Strategic Framework Plan" (2012), p. 730, https：//detroitfuturecity. com/wp-content/uploads/2014/12/DFC ＿ Full ＿ 2nd. pdf. Community PlanIt was launched in Detroit under the name "Detroit 24/7 Outreach. "

[63]　Gordon and Baldwin-Philippi, "Playful Civic Learning," 777, 772, 773.

[64]　Eric Gordon and Stephen Walter, "Meaningful Inefficiencies：Resisting the Logic of Technological Efficiency in the Design of Civic Systems," in *Civic*

Media：*Technol-ogy*，*Design*，*Practice*，ed. Eric Gordon and Paul Mihailidis
（Cambridge，MA：MIT Press，2016），254，246.

［65］ Gordon and Walter，"Meaningful Inefficiencies," 244，251.

［66］ Gordon, interview by Ben Green.

［67］ Gordon and Walter，"Meaningful Inefficiencies," 263.

［68］ Hollie Russon Gilman，*Democracy Reinvented*：*Participatory Budgeting and Civic Innovation in America*（Washington，DC：Brookings Institution Press，2016），14.

［69］ Gilman，*Democracy Reinvented*，74.

［70］ Gilman，*Democracy Reinvented*，14.

［71］ Gilman，*Democracy Reinvented*，90，86，115，11.

［72］ Gilman，*Democracy Reinvented*，87.

［73］ Rafael Sampaio and Tiago Peixoto，"Electronic Participatory Budgeting：False Dilemmas and True Complexities," in *Hope for Democracy*：25 *Years of Participatory Budgeting Worldwide*，ed. Nelson Dias（São Brás de Alportel，Portugal：In Loco Associ-ation，2014），423.

［74］ Gilman，*Democracy Reinvented*，11.

［75］ Alyssa Lane, interview by Ben Green，August 24，2017. All quotations from Lane in this chapter are from this interview.

［76］ Lynn M. Sanders，"Against Deliberation," *Political Theory* 25，no. 3 （1997）：347 - 376.

［77］ Gilman，*Democracy Reinvented*，13 - 14.

［78］ Gilman，*Democracy Reinvented*，116，11.

第四章

［1］ Dan Wagner and Rich Sevieri, interview by Ben Green，March 2，2017，Cambridge，MA. All quotations from Wagner and Sevieri in this chapter are from this interview.

［2］ Cynthia Rudin, interview by Ben Green，February 18，2017.

［3］ Deborah Lamm Weisel，"Burglary of Single-Family Houses," U. S. Department of Justice，Office of Community Oriented Policing Services，Problem-Oriented Guides for Police Series No. 18 （2002），http：//www. popcenter. org/problems/pdfs/burglary _ of _ single-family _ houses. pdf.

［4］ Wagner and Sevieri, interview by Green.

［5］ Tong Wang et al.，"Finding Patterns with a Rotten Core：Data Mining for Crime Series with Cores," *Big Data* 3，no. 1 （2015）：3 - 21，http：//doi. org/10. 1089/big. 2014. 0021.

［6］ Wang et al.，"Finding Patterns with a Rotten Core," 16 - 17.

［7］ Chris Anderson，"The End of Theory：The Data Deluge Makes the Scientific Method Obsolete," *Wired*，June 23，2008，https：//www. wired. com/2008/06/pb-theory/.

［8］ Amir Efrati，"Uber Finds Deadly Accident Likely Caused by Software Set to

Ignore Objects on Road," *The Information*, May 7, 2018, https://www.theinformation.com/articles/uber-finds-deadly-accident-likely-caused-by-software-set-to-ignore-objects-on-road.

[9] For African Americans vs. whites, see Marianne Bertrand and Sendhil Mullainathan, "Are Emily and Greg More Employable than Lakisha and Jamal? A Field Experiment on Labor Market Discrimination," *American Economic Review* 94, no. 4 (2004): 991 – 1013; for women vs. men, see Ernesto Reuben, Paola Sapienza, and Luigi Zingales, "How Stereotypes Impair Women's Careers in Science," *Proceedings of the National Academy of Sciences* 111, no. 12 (2014): 4403 – 4408.

[10] Stella Lowry and Gordon Macpherson, "A Blot on the Profession," *British Medi-cal Journal* 296, no. 6623 (1988): 657 – 658.

[11] Jeffrey Dastin, "Amazon Scraps Secret AI Recruiting Tool that Showed Bias Against Women," *Reuters*, October 9, 2018, https://www.reuters.com/article/us-amazon-com-jobs-automation-insight/amazon-scraps-secret-ai-recruiting-tool-that-showed-bias-against-women-idUSKCN1MK08G.

[12] David Robinson, interview by Ben Green, February 21, 2017. Unless otherwise specified, quotations from Robinson in this chapter are from this interview.

[13] PredPol, "Proven Crime Reduction Results" [2018], http://www.predpol.com/results/.

[14] Andrew G. Ferguson, "The Allure of Big Data Policing," *PrawfsBlawg* (May 25, 2017), http://prawfsblawg.blogs.com/prawfsblawg/2017/05/the-allure-of-big-data-policing.html.

[15] "A brilliantly smart idea": Gillian Tett, "Mapping Crime — or Stirring Hate?," *Financial Times*, August 22, 2014, https://www.ft.com/content/200bebee-28b9-11e4-8bda-00144feabdc0; "stop crime before it starts"; Joel Rubin, "Stopping Crime before It Starts," *Los Angeles Times*, August 21, 2010, http://articles.latimes.com/2010/aug/21/local/la-me-predictcrime-20100427-1. The interview was with Zach Friend on *The War Room*, hosted by Jennifer Granholm, Current TV, January 16, 2013, posted as "PredPol on Current TV with Santa Cruz Crime Analyst Zach Friend" (2013), https://www.youtube.com/watch? v = 8uKor0nfsdQ. For his involvement with Pred-Pol, see Darwin Bond-Graham, "All Tomorrow's Crimes: The Future of Policing Looks a Lot Like Good Branding," *SF Weekly*, October 30, 2013, http://www.sfweekly.com/news/all-tomorrows-crimes-the-future-of-policing-looks-a-lot-like-good-branding/.

[16] David Robinson and Logan Koepke, "Stuck in a Pattern," *Upturn* (2016), https://www.teamupturn.org/reports/2016/stuck-in-a-pattern/.

[17] Tim Cushing, " 'Predictive Policing' Company Uses Bad Stats, Contractually-Obligated Shills to Tout Unproven 'Successes,' " *Techdirt*, November 1, 2013, https://www.techdirt.com/articles/20131031/13033125091/predictive-

policing-company-uses-bad-stats-contractually-obligated-shills-to-tout-unproven-
successes. shtml.

[18] Philip Stark, chair of the statistics department at UC Berkeley, quoted in Bond-
Graham, "All Tomorrow's Crimes. "

[19] John Hollywood, quoted in Mara Hvistendahl, "Can 'Predictive Policing'
Prevent Crime Before It Happens?," *Science*, September 28, 2016, http：//
www. sciencemag. org/news/2016/09/can-predictive-policing-prevent-crime-it-
happens.

[20] Priscillia Hunt, Jessica Saunders, and John S. Hollywood, *Evaluation of the
Shreve-port Predictive Policing Experiment*, RR-531-NIJ（Santa Monica,
CA：RAND Corporation, 2014）, 33.

[21] Brett Goldstein, quoted in Tett, "Mapping Crime — or Stirring Hate?"

[22] Sean Malinowski, quoted in Justin Jouvenal, "Police Are Using Software to Pre-
dict Crime. Is It a 'Holy Grail' or Biased against Minorities?," *Washington Post*,
Novem-ber 17, 2016, https：//www. washingtonpost. com/local/public-safety/
police-are-using-software-to-predict-crime-is-it-a-holy-grail-or-biased-against-mino-
rities/2016/11/17/525a6649-0472-440a-aae1-b283aa8e5de8 _ story. html.

[23] Darrin Lipsomb, quoted in Jack Smith, " 'Minority Report' Is Real — And
It's Really Reporting Minorities," *Mic*, November 9, 2015, https：//
mic. com/articles/127739/minority-reports-predictive-policing-technology-is-
really-reporting-minorities.

[24] Carl B. Klockars, "Some Really Cheap Ways of Measuring What Really
Matters," in *Measuring What Matters：Proceedings from the Policing
Research Institute Meetings*（Washington, DC：National Institute of Justice,
1999）, 191.

[25] See Michelle Alexander, *The New Jim Crow：Mass Incarceration in the Age
of Color-blindness*（New York：New Press, 2012）.

[26] See Peter Moskos, *Cop in the Hood：My Year Policing Baltimore's Eastern
District*（Princeton, NJ：Princeton University Press, 2008）.

[27] See Jeffrey Reiman and Paul Leighton, *The Rich Get Richer and the Poor Get
Prison：Ideology, Class, and Criminal Justice*（New York：Routledge,
2015）.

[28] Sam Lavigne, Brian Clifton, and Francis Tseng, "Predicting Financial Crime：
Aug-menting the Predictive Policing Arsenal," *The New Inquiry*（2017）,
https：//whitecollarp. thenewinquiry. com/static/whitepaper. pdf.

[29] See Paul Butler, *Chokehold：Policing Black Men*（New York：New Press,
2017）.

[30] Jacob Metcalf, "Ethics Review for Pernicious Feedback Loops," Medium：Data &
Society：Points（November 7, 2016）, https：//points. datasociety. net/ethics-
review-for-pernicious-feedback-loops-9a7ede4b610e.

[31] Kristian Lum and William Isaac, "To Predict and Serve?," *Significance* 13,
no. 5（2016）：17.

［32］　Kristian Lum，"Predictive Policing Reinforces Police Bias," Human Rights Data Analysis Group（2016），https：//hrdag. org/2016/10/10/predictive-policing-reinforces-police-bias/.

［33］　Jeremy Heffner, interview by Ben Green, March 18, 2017. All quotations from Heffner in this chapter are from this interview.

［34］　HunchLab，" Next Generation Predictive Policing," https：// www. hunchlab. com; Amaury Murgado, "Developing a Warrior Mindset," *POLICE Magazine*, May 24, 2012, http：//www. policemag. com/ channel/patrol/articles/2012/05/warrior-mindset. aspx.

［35］　Hunt，Saunders，and Hollywood，"Evaluation of the Shreveport Predictive Polic-ing Experiment," 12.

［36］　Nick O'Malley，"To Predict and to Serve：The Future of Law Enforcement," *Sydney Morning Herald*，March 30，2013，http：//www. smh. com. au/ world/to-predict-and-to-serve-the-future-of-law-enforcement-201303302h0rb. html.

［37］　Sharad Goel, Justin M. Rao, and Ravi Shroff, "Precinct or Prejudice? Understand-ing Racial Disparities in New York City's Stop-and-Frisk Policy," *Annals of Applied Statistics* 10, no. 1（2016）：365 – 394.

［38］　Ben Green, Thibaut Horel, and Andrew V. Papachristos, "Modeling Contagion through Social Networks to Explain and Predict Gunshot Violence in Chicago, 2006 to 2014," *JAMA Internal Medicine* 177, no. 3（2017）：326 – 333, https：//doi. org/10. 1001/jamainternmed. 2016. 8245.

［39］　David H. Bayley, *Police for the Future*（New York：Oxford University Press, 1996），3.

［40］　Christopher M. Sullivan and Zachary P. O'Keeffe, "Evidence That Curtailing Proactive Policing Can Reduce Major Crime," *Nature Human Behaviour* 1 （2017）：735，730（title）.

［41］　John Chasnoff, quoted in Maurice Chammah, "Policing the Future," *The Verge*（2016），http：//www. theverge. com/2016/2/3/10895804/st-louis-police-hunchlab-predictive-policing-marshall-project.

［42］　Robert Sullivan, interview by Ben Green, March 21, 2017. All quotations from Sullivan in this chapter are from this interview.

［43］　National Association of Counties, "Mental Health and Criminal Justice Case Study：Johnson County, Kan."（2015），http：//www. naco. org/sites/default/ files/documents/Johnson％20County％20Mental％20Health％20and％20Jails％ 20 Case％20Study＿FINAL. pdf；"Nine Additional Cities Join Johnson County's Co-responder Program," press release, Johnson County, Kansas, July 18, 2016, https：//jocogov. org/press-release/nine-additional-cities-join-johnson-county's-co-responder-program.

［44］　Sullivan, interview by Green.

［45］　TheData-DrivenJusticeInitiative, " Data-DrivenJusticePlaybook "（2016）, p. 3, http：//www. naco. org/sites/default/files/documents/DDJ％ 20Playbook％

20Discussion％20Draft％2012. 8. 16 _ 1. pdf.

［46］ The Data-Driven Justice Initiative, "Data-Driven Justice Playbook. "

［47］ Lynn Overmann, "Launching the Data-Driven Justice Initiative: Disrupting the Cycle of Incarceration," *The Obama White House* （2016）, https://medium. com/@ Obama WhiteHouse/launching-the-data-driven-justice-initiative-disrupting-the-cycle-of-incarceration-e222448a64cf.

［48］ Peter Koutoujian, quoted in "Middlesex Police Discuss Data-Driven Justice Initiative," *Wicked Local Arlington*, December 30, 2016, http://arlington. wickedlocal. com/news/20161230/middlesex-police-discuss-data-driven-justiceinitiative.

［49］ Overmann, "Launching the Data-Driven Justice Initiative. "

［50］ Thomas E. Perez, "Investigation of the Miami-Dade County Jail," U. S. Department of Justice, Civil Rights Division （August 24, 2011）, p. 10, https://www. clearinghouse. net/chDocs/public/JC-FL-0021-0004. pdf.

［51］ Overmann, "Launching the Data-Driven Justice Initiative. "

［52］ The White House Office of the Press Secretary, "FACT SHEET: Launching the Data-Driven Justice Initiative: Disrupting the Cycle of Incarceration" （June 30, 2016）, https://obamawhitehouse. archives. gov/the-press-office/2016/06/30/fact-sheet-launching-data-driven-justice-initiative-disrupting-cycle.

［53］ Overmann, "Launching the Data-Driven Justice Initiative. "

［54］ Will Engelhardt et al. , "Sharing Information between Behavioral Health and Crim-inal Justice Systems," Council of State Governments Justice Center （March 31, 2016）, p. 3, https://csgjusticecenter. org/wp content/uploads/2016/03/JMHCP-Info-Sharing-Webinar. pdf.

［55］ Matthew J. Bauman et al. , "Reducing Incarceration through Prioritized Interven-tions," in *COMPASS'18: Proceedings of the 1st ACM SIGCAS Conference on Computing and Sustainable Societies* （2018）.

［56］ Bauman et al. , "Reducing Incarceration through Prioritized Interventions," 7; Center for Data Science and Public Policy, University of Chicago, "Data-Driven Jus-tice Initiative: Identifying Frequent Users of Multiple Public Systems for More Effec-tive Early Assistance" （2018）, https://dsapp. uchicago. edu/projects/criminal-justice/data-driven-justice-initiative/.

［57］ Steve Yoder, interview by Ben Green, March 27, 2017. All quotations from Yoder in this chapter are from this interview.

［58］ The Laura and John Arnold Foundation, "Laura and John Arnold Founda-tion to continue data-driven criminal justice effort launched under the Obama Administration," press release, January 23, 2017, http://www. arnoldfou ndation. org/laura-john-arnold-foundation-continue-data-driven-criminal-justice-effort-launched-obama-administration/.

［59］ National Association of Counties, "Data-Driven Justice: Disrupting the Cycle of Incarceration" ［2015］, http://www. naco. org/resources/signature-projects/data-driven-justice.

［60］ PredPol，"How Predictive Policing Works"［2018］，http：//www. predpol. com/how-predictive-policing-works/.

［61］ Richard Berk, in Craig Atkinson, dir. , *Do Not Resist* (Vanish Films, 2016) .

［62］ Dominic Griffin, " 'Do Not Resist' Traces the Militarization of Police with Unprecedented Access to Raids and Unrest," *Baltimore City Paper*, November 1, 2016, http：//www. citypaper. com/film/film/bcp-110216-screens-do-not-resist-20161101-story. html.

［63］ Joshua Brustein, "This Guy Trains Computers to Find Future Criminals," *Bloomberg* (2016), https：//www. bloomberg. com/features/2016-richard-berk-future-crime/.

［64］ Thomas P. Bonczar, "Prevalence of Imprisonment in the U. S. Population, 1974 – 2001," *Bureau of Justice Statistics Special Report* (August 2003), p. 1, https：//www. bjs. gov/content/pub/pdf/piusp01. pdf.

［65］ On government programs, see Richard Rothstein, *The Color of Law：A Forgotten History of How Our Government Segregated America* (New York：Liveright, 2017); on the war on drugs, see Alexander, *The New Jim Crow*.

［66］ IBM, "Predictive Analytics：Police Use Analytics to Reduce Crime" (2012), https：//www. youtube. com/watch? v=iY3WRvXVogo.

［67］ Alex S. Vitale, *The End of Policing* (London：Verso, 2017), cover, 28.

［68］ Andrew V. Papachristos and Christopher Wildeman, "Network Exposure and Homicide Victimization in an African American Community," *American Journal of Public Health* 104, no. 1 (2014)：143 – 150.

［69］ Jeremy Gorner, "With Violence Up, Chicago Police Focus on a List of Likeliest to Kill, Be Killed," *Chicago Tribune*, July, 22, 2016, http：// www. chicagotribune. com/news/ct-chicago-police-violence-strategy-met-2016 0722-story. html.

［70］ Jessica Saunders, Priscillia Hunt, and John S. Hollywood, "Predictions Put into Practice：A Quasi-Experimental Evaluation of Chicago's Predictive Policing Pilot," *Journal of Experimental Criminology* 12, no. 3 (2016)：366, 355.

［71］ Andrew V. Papachristos, "CPD's Crucial Choice：Treat Its List as Offenders or as Potential Victims?," *Chicago Tribune*, July 29, 2016, http：// www. chicagotribune. com/news/opinion/commentary/ct-gun-violence-list-chicago-police-murder-perspec-0801-jm-20160729-story. html.

［72］ Ferguson, "The Allure of Big Data Policing. "

第五章

［1］ Langdon Winner, *The Whale and the Reactor：A Search for Limits in an Age of High Technology* (Chicago：University of Chicago Press, 1986), 55, 49, 52.

［2］ Cecilia Kang, "Unemployed Detroit Residents Are Trapped by a Digital Divide," *New York Times*, May 23, 2016, https：//www. nytimes. com/

2016/05/23/technology/unemployed-detroit-residents-are-trapped-by-a-digital-divide. html.

［3］ Letitia James and Ben Kallos, "New York City Digital Divide Fact Sheet," press release, March 16, 2017.

［4］ LinkNYC, "Find a Link," https：//www. link. nyc/find-a-link. html.

［5］ New York City Office of the Mayor, "Mayor de Blasio Announces Public Launch of LinkNYC Program, Largest and Fastest Free Municipal Wi-Fi Network in the World" (February 18, 2016), http：//www1. nyc. gov/office-of-the-mayor/news/184-16/mayor-de-blasio-public-launch-linknyc-program-largest-fastest-free-municipal#/0.

［6］ Dan Doctoroff, quoted in Nick Pinto, "Google Is Transforming NYC's Payphones into a 'Personalized Propaganda Engine,'" *Village Voice*, July 6, 2016, https：//www. villagevoice. com/2016/07/06/google-is-transforming-nycs-payphones-into-a-personalized-propaganda-engine/.

［7］ LinkNYC, "Privacy Policy" (March 17, 2017), https：//www. link. nyc/privacy-policy. html.

［8］ LinkNYC, "Privacy Policy. "

［9］ Paul M. Schwartz and Daniel J. Solove, "The PII Problem：Privacy and a New Con-cept of Personally Identifiable Information," *NYU Law Review* 86 (2011)：1814 – 1895.

［10］ On phone location traces, see De Montjoye et al. , "Unique in the Crowd"; on credit card transactions, see Yves-Alexandre de Montjoye et al. , "Unique in the Shopping Mall：On the Reidentifiability of Credit Card Metadata," *Science* 347, no. 6221 (2015)：536 – 539.

［11］ Erica Klarreich, "Privacy by the Numbers：A New Approach to Safeguarding Data," *Quanta Magazine*, December 10, 2012, https：//www. quantamagazine. org/a-mathematical-approach-to-safeguarding-private-data-20121210/.

［12］ Latanya Sweeney, "Simple Demographics Often Identify People Uniquely" (Carpnegie Mellon University, Data Privacy Working Paper 3, 2000) .

［13］ Anthony Tockar, "Riding with the Stars：Passenger Privacy in the NYC Taxi-cab Dataset," *Neustar Research*, September 15, 2014, https：//research. neustar. biz/2014/09/15/riding-with-the-stars-passenger-privacy-in-the-nyc-taxicab-dataset/.

［14］ James Siddle, "I Know Where You Were Last Summer：London's Public Bike Data Is Telling Everyone Where You've Been," *The Variable Tree*, April 10, 2014, https：//vartree. blogspot. co. uk/2014/04/i-know-where-you-were-last-summer. html.

［15］ On whom you know, see Nathan Eagle, Alex Sandy Pentland, and David Lazer, "Inferring Friendship Network Structure by Using Mobile Phone Data," *Proceedings of the National Academy of Sciences* 106, no. 36 (2009)：15274 – 15278; on where you will go next, see Lars Backstrom, Eric Sun, and Cameron Marlow, "Find Me If You Can：Improving Geographical Prediction with Social and Spatial Proximity" (paper presented at the

Proceedings of the 19th International Conference on World Wide Web, Raleigh, NC, April 2010）.

［16］　Andrew G. Reece and Christopher M. Danforth, "Instagram Photos Reveal Pre-dictive Markers of Depression," *EPJ Data Science* 6, no. 15（2017）, https：//doi. org/10. 1140/epjds/s13688-017-0110-z.

［17］　Michal Kosinski, David Stillwell, and Thore Graepel, "Private Traits and Attri-butes Are Predictable from Digital Records of Human Behavior," *Proceedings of the National Academy of Sciences* 110, no. 15（2013）: 5802-5805.

［18］　Eben Moglen, quoted in Pinto, "Google Is Transforming NYC's Payphones. "

［19］　Pinto, "Google Is Transforming NYC's Payphones. "

［20］　Donna Lieberman, quoted in New York Civil Liberties Union, "City's Public Wi-Fi Raises Privacy Concerns"（March 16, 2016）, https：//www. nyclu. org/en/press-releases/nyclu-citys-public-wi-fi-raises-privacy-concerns.

［21］　Daniel J. Solove, *The Digital Person*: *Technology and Privacy in the Information Age*（New York: NYU Press, 2004）.

［22］　DeRay McKesson, quoted in Jessica Guynn, "ACLU: Police Used Twitter, Face-book to Track Protests," *USA Today*, October 12, 2016, https：// www. usatoday. com/story/tech/news/2016/10/11/aclu-police-used-twitter-facebook-data-track-protesters-baltimore-ferguson/91897034/.

［23］　Dia Kayyali, "The History of Surveillance and the Black Community," *Electronic Frontier Foundation*（February 13, 2014）, https：// www. eff. org/deeplinks/2014/02/history-surveillance-and-black-community.

［24］　On federal officials, see George Joseph, "Exclusive: Feds Regularly Monitored Black Lives Matter Since Ferguson," *The Intercept*, July 24, 2015, https：//theintercept. com/2015/07/24/documents-show-department-home-land-security-monitoring-black-lives-matter-since-ferguson/; on local officials, see Nicole Ozer, "Police Use of Social Media Surveillance Software Is Escalating, and Activists Are in the Digi-tal Crosshairs," Medium: ACLU of Northern CA（2016）, https：//medium. com/@ ACLU _ NorCal/police-use-of-social-media-surveillance-software-is-escalating-and-activists-are-in-the-digital d29d8f89c48.

［25］　Solove, *The Digital Person*, 34.

［26］　Solove, *The Digital Person*, 38, 37.

［27］　On Facebook and mood, see Adam D. I. Kramer, Jamie E. Guillory, and Jeffrey T. Hancock, "Experimental Evidence of Massive-Scale Emotional Contagion through Social Networks," *Proceedings of the National Academy of Sciences* 111, no. 24（2014）: 8788-8790; on Facebook and voting, see Robert M. Bond et al. , "A 61-Million-Person Experiment in Social Influence and Political Mobilization," *Nature* 489, no. 7415（2012）: 295-298.

［28］　Christian Rudder, "We Experiment On Human Beings!," *The OkCupid Blog*（2014）, https：//theblog. okcupid. com/we-experiment-on-human-beings-

5dd9fe280cd5.

[29] Casey Johnston, "Denied for That Loan? Soon You May Thank Online Data Col-lection," *ArsTechnica* (2013), https：//arstechnica. com/business/ 2013/10/denied-for-that-loan-soon-you-may-thank-online-data-collection/.

[30] Mary Madden et al. , "Privacy, Poverty and Big Data: A Matrix of Vulnerabilities for Poor Americans," *Washington University Law Review* 95 (2017): 53 – 125.

[31] Virginia Eubanks, "Technologies of Citizenship: Surveillance and Political Learning in the Welfare System," in *Surveillance and Security: Technological Politics and Power in Everyday Life*, ed. Torin Monahan (New York: Routledge, 2006), 91.

[32] John Gilliom, *Overseers of the Poor: Surveillance, Resistance, and the Limits of Pri-vacy* (Chicago: University of Chicago Press, 2001), 6, 129, 1.

[33] John Podesta et al. , *Big Data: Seizing Opportunities, Preserving Values* (Washing-ton, DC: Executive Office of the President, 2014） .

[34] "The Rise of Workplace Spying," *The Week*, July 8, 2015, http：// theweek. com/articles/564263/rise-workplace-spying.

[35] Federal Trade Commission, *Data Brokers: A Call for Transparency and Accountabil-ity* (Washington, DC: Federal Trade Commission, 2014） .

[36] Virgina Eubanks, *Automating Inequality: How High-Tech Tools Profile, Police, and Punish the Poor* (New York: St. Martin's Press, 2018） .

[37] On "three million," see Jason Henry, "Los Angeles Police, Sheriff's Scan over 3 Million License Plates A Week," *San Gabriel Valley Tribune* , August 26, 2014, https：//www. sgvtribune. com/2014/08/26/los-angeles-police-sheriffs-scan-over-3-million-license-plates-a-week/; on ICE, see April Glaser, "Sanctuary Cities Are Handing ICE a Map," *Slate*, March 13, 2018, https：//slate. com/technology/ 2018/03/how-ice-may-be-able-to-access-license-plate-data-from-sanctuary-cities-and-use-it-for-arrests. html.

[38] The Leadership Conference on Civil and Human Rights and Upturn, "Police Body Worn Cameras: A Policy Scorecard" (November 2017), https：// www. bwcscorecard. org.

[39] Ava Kofman, "Real-Time Face Recognition Threatens to Turn Cops' Body Cam-eras into Surveillance Machines," *The Intercept*, March 22, 2017, https：//theintercept. com/2017/03/22/real-time-face-recognition-threatens-to-turn-cops-body-cameras-into-surveillance-machines/.

[40] Martin Kaste, "Orlando Police Testing Amazon's Real-Time Facial Recognition," *National Public Radio*, May 22, 2018, https：//www. npr. org/2018/05/22/ 613115969/orlando-police-testing-amazons-real-time-facial-recognition.

[41] See Federal Trade Commission, *Data Brokers: A Call for Transparency and Accountability*.

[42] Jonas Lerman, "Big Data and Its Exclusions," *Stanford Law Review* 66

（2013）：55－63．

［43］　Madden et al. ，"Privacy，Poverty and Big Data. "

［44］　Ross Garlick，"Privacy Inequality Is Coming，and It Does Not Look Pretty,"
Fordham Political Review，March 17，2015，http：//fordhampoliticalreview. org/
privacy-inequality-is-coming-and-it-does-not-look-pretty/.

［45］　City and County of San Francisco，"Apps：Transportation ,"*San Francisco Data*
［2018］，http：//apps. sfgov. org/showcase/apps-categories/transportation/.

［46］　City of Philadelphia，"Open Budget," http：//www. phila. gov/openbudget/.

［47］　On sexual assault victims，see Andrea Peterson，"Why the Names of Six People
Who Complained of Sexual Assault Were Published Online by Dallas Police,"
Washington Post ，April 29，2016，https：//www. washingtonpost. com/news/the-
switch/wp/2016/04/29/why-the-names-of-six-people-who-complained-of-sexual-as-
sault-were-published-online-by-dallas-police/；on those carrying large sums of cash,
see Claudia Vargas，"City Settles Gun Permit Posting Suit," *Philadelphia Inquirer*，
July 23，2014，http：//www. philly. com/philly/news/local/20140723 _ City _
settles _ gun _ permit _ suit _ for 1 _ 4 _ million. html.

［48］　On medical information，see Klarreich，"Privacy by the Numbers"；on political
affiliation，see Ethan Chiel，"Why the D. C. Government Just Publicly Posted
EveryD. C. Voter's Address Online," *Splinter*，June 14，2016，https：//
splinternews. com/why-the-d-c-government-just-publicly-posted-every-d-c-1793
857534.

［49］　Ben Green et al. ，"Open Data Privacy：A Risk-Benefit，Process-Oriented
Approach to Sharing and Protecting Municipal Data," *Berkman Klein Center for
Internet & Society Research Publication* （2017），http：//nrs. harvard. edu/urn-
3：HUL. InstRepos：30340010.

［50］　Green et al. ，"Open Data Privacy," 58－61.

［51］　Phil Diehl，"Malware Blamed for City's Data Breach," *San Diego Tribune* ，
September 12，2017，http：//www. sandiegouniontribune. com/communities/
north-county/sd-no-malware-letter-20170912-story. html.

［52］　Selena Larson，"Uber's Massive Hack：What We Know," *CNN*，November 22，
2017，http：//money. cnn. com/2017/11/22/technology/uber-hack-consequences-
cover-up/index. html.

［53］　Bruce Schneier，*Click Here to Kill Everybody*：*Security and Survival in a
Hyper-connected World* （New York：W. W. Norton，2018）.

［54］　Bruce Schneier，"Data Is a Toxic Asset，So Why Not Throw It Out?," *CNN*，
March 1，2016，http：//www. cnn. com/2016/03/01/opinions/data-is-a-
toxic-asset-opinion-schneier/index. html.

［55］　Pinto，"Google Is Transforming NYC's Payphones. "

［56］　Douglas Rushkoff，quoted in Pinto， "Google Is Transforming NYC's
Payphones. "

［57］　On assigning students to schools，see Alvin Roth，"Why New York City's
High School Admissions Process Only Works Most of the Time," *Chalkbeat*，

July 2, 2015, https：//www. chalkbeat. org/posts/ny/2015/07/02/why-new-york-citys-high-school-admissions-process-only-works-most-of-the-time/；on evaluating teachers, see Cathy O'Neil, "Don't Grade Teachers with a Bad Algorithm," *Bloomberg*, May 15, 2017, https：//www. bloomberg. com/view/articles/2017-05-15/don-t-grade-teachers-with-a-bad-algorithm；on detecting Medicaid fraud, see Natasha Singer, "Bringing Big Data to the Fight against Benefits Fraud," *New York Times*, February 22, 2015, https：//www. nytimes. com/2015/02/22/technology/bringing-big-data-to-the-fight-against-benefits-fraud. html；and on preventing fires, see Bob Sorokanich, "New York City Is Using Data Mining to Fight Fires," *Gizmodo*（2014）, https：//gizmodo. com/new-york-city-is-fighting-fires-with-data-mining-1509 004543.

[58] Jeff Asher and Rob Arthur, "Inside the Algorithm That Tries to Predict Gun Violence in Chicago," *New York Times*, June 13, 2017, https：//www. nytimes. com/2017/06/13/upshot/what-an-algorithm-reveals-about-life-on-chicagos-high-risk-list. html.

[59] Jeremy Gorner, "With Violence Up, Chicago Police Focus on a List of Likeliest to Kill, Be Killed," *Chicago Tribune*, July 22, 2016, http：//www. chicagotribune. com/news/ct-chicago-police-violence-strategy-met-2016 0722-story. html.

[60] On nondisclosure agreements, see Elizabeth E. Joh, "The Undue Influence of Surveillance Technology Companies on Policing," *New York University Law Review* 92（2017）：101 – 130；on trade secrecy, see Rebecca Wexler, "Life, Liberty, and Trade Secrets：Intellectual Property in the Criminal Justice System," *Stanford Law Review* 70（2018）：1343 – 1429.

[61] On Intrado, see Justin Jouvenal, "The New Way Police Are Surveilling You：Calculating Your Threat 'Score,'" *Washington Post*, January 10, 2016, https：//www. washingtonpost. com/local/public-safety/the-new-way-police-are-surveilling-you-calculating-your-threat-score/2016/01/10/e42bccac-8e15-11e5-baf4-bdf37355da0c _ story. html；on Northpointe, see Frank Pasquale, "Secret Algorithms Threaten the Rule of Law," *MIT Technology Review*, June 1, 2017, https：//www. technologyreview. com/s/608011/secret-algorithms-threaten-the-rule-of-law/.

[62] Robert Brauneis and Ellen P. Goodman, "Algorithmic Transparency for the Smart City," *Yale Journal of Law and Technology* 20（2018）：146 – 147.

[63] *State v. Loomis*, 881 Wis. N. W. 2d 749, 767（2016）.

[64] Bernard E. Harcourt, "Risk as a Proxy for Race：The Dangers of Risk Assessment," *Federal Sentencing Reporter* 27, no. 4（2015）：237 – 243.

[65] Julia Angwin et al., "Machine Bias," *ProPublica*, May 23, 2016, https：//www. propublica. org/article/machine-bias-risk-assessments-in-criminal-sentencing.

[66] Jon Kleinberg, Sendhil Mullainathan, and Manish Raghavan, "Inherent Trade-

Offs in the Fair Determination of Risk Scores,"*arXiv. org*（2016），https：//arxiv. org/abs/1609. 05807.

[67]　The New York City Council，"Int 1696 – 2017：Automated Decision Systems Used by Agencies"（2017），http：//legistar. council. nyc. gov/LegislationDetail. aspx? ID＝3137815&GUID＝437A6A6D-62E1-47E2-9C42-461253F9C6D0.

[68]　The New York City Council，"Transcript of the Minutes of the Committee on Technology,"October 16，2017，pp. 8 – 9，http：//legistar. council. nyc. gov/View. ashx? M＝F&ID＝5522569&GUID＝DFECA4F2-E157-42AB-B598-BA3A8185E3FF.

[69]　The New York City Council，"Transcript of the Minutes of the Committee on Technology,"7 – 8.

[70]　The New York City Council，"Int 1696 – 2017：Automated Decision Systems Used by Agencies. "

[71]　Julia Powles，"New York City's Bold, Flawed Attempt to Make Algorithms Accountable,"*New Yorker*，December 20，2017，https：//www. newyorker. com/tech/elements/new-york-citys-bold-flawed-attempt-to-make-algorithms-accountable.

[72]　Array of Things，"Array of Things"（2016），http：//arrayofthings. github. io.

[73]　Matt McFarland，"Chicago Gets Serious about Tracking Air Quality and Traffic Data,"*CNN*，August 29，2016，http：//money. cnn. com/2016/08/29/technology/chicago-sensors-data/index. html.

[74]　Denise Linn and Glynis Startz，"Array of Things Civic Engagement Report"（August 2016），https：//arrayofthings. github. io/engagement-report. html.

[75]　Array of Things，"Responses to Public Feedback"（2016），https：//arrayofthings. github. io/policy-responses. html.

[76]　Green et al. ，"Open Data Privacy,"34，41.

[77]　Array of Things "Array of Things Operating Policies"（August 15，2016），https：//arrayofthings. github. io/final-policies. html.

[78]　Brendan Kiley and Matt Fikse-Verkerk，"You Are a Rogue Device,"*The Stranger*，November 6，2013，http：//www. thestranger. com/seattle/you-are-a-rogue-device/Content? oid＝18143845.

[79]　Green et al. ，"Open Data Privacy,"89.

[80]　Michael Mattmiller，interview by Ben Green，August 3，2017. All quotations from Mattmiller in this chapter are from this interview.

[81]　City of Seattle，"City of Seattle Privacy Principles"（2015），https：//www. seattle. gov/Documents/Departments/InformationTechnology/City-of-Seattle-Privacy-Principles-FINAL. pdf.

[82]　City of Seattle，"About the Privacy Program"（2018），http：//www. seattle. gov/tech/initiatives/privacy/about-the-privacy-program.

[83]　Rosalind Brazel，"City of Seattle Hires Ginger Armbruster as Chief Privacy Officer,"*Tech Talk Blog*（July 11，2017），http：//techtalk. seattle. gov/2017/07/11/city-of-seattle-hires-ginger-armbruster-as-chief-privacy-officer/.

[84]　See Seattle Information Technology，"About the Surveillance Ordinance"

（2018），https：//www. seattle. gov/tech/initiatives/privacy/surveillance-technologies/about-surveillance-ordinance.

[85] Ansel Herz，"How the Seattle Police Secretly — and Illegally — Purchased a Tool for Tracking Your Social Media Posts，" *The Stranger*，September 28，2016，https：//www. thestranger. com/news/2016/09/28/24585899/how-the-seattle-police-secretlyand-illegallypurchased-a-tool-for-tracking-your-social-media-posts.

[86] Ali Winston，"Palantir Has Secretly Been Using New Orleans to Test Its Predictive Policing Technology，" *The Verge*，February 27，2018，https：//www. theverge. com/2018/2/27/17054740/palantir-predictive-policing-tool-new-orleans-nopd.

[87] On Hattiesburg, see Haskel Burns，"Ordinance Looks at Police Surveillance Equip-ment，" *Hattiesburg American*，October 28，2016，https：//www. hattiesburgamerican. com/story/news/local/hattiesburg/2016/10/28/ordinance-looks-police-surveillance-equipment/92899430/；on Oakland，see Ali Tadayon，"Oakland to Require Public Approval of Surveillance Tech，" *East Bay Times*，May 2，2018，https：//www. eastbaytimes. com/2018/05/02/oakland-to-require-public-approval-of-surveillance-tech/；more generally，see American Civil Liberties Union，"Community Control over Police Surveillance"（2018），https：//www. aclu. org/issues/privacy-technology/surveillance-technologies/community-control-over-police-surveillance.

[88] Marc Groman，quoted in Jill R. Aitoro，"Defining Privacy Protection by Acknowledging What It's Not，" *Federal Times*，March 8，2016，http：//www. federaltimes. com/story/government/interview/one-one/2016/03/08/defining-privacy-protection-acknowledging-what-s-not/81464556/.

[89] Nigel Jacob，interview by Ben Green，April 7，2017. All quotations from Jacob in this chapter are from this interview.

[90] On open data, see Civic Analytics Network，"An Open Letter to the Open Data Community，" Data-Smart City Solutions，March 3，2017，https：//datasmart. ash. harvard. edu/news/article/an-open-letter-to-the-open-data-community-988；on net neutrality, see Kimberly M. Aquilina，"50 US Cities Pen Letter to FCC Demanding Net Neutrality, Democracy，" *Metro*，July 12，2017，https：//www. metro. us/news/local-news/net-neutrality-50-cities-letter-fcc-democracy.

[91] Thomas Graham，"Barcelona Is Leading the Fightback against Smart City Surveillance，" *Wired*，May 18，2018，http：//www. wired. co. uk/article/barcelona-decidim-ada-colau-francesca-bria-decode.

第六章

[1] "Sidewalk Labs，" https：//www. sidewalklabs. com.

[2] Daniel L. Doctoroff，"Reimagining Cities from the Internet Up，" Medium：Side-walk Talk（November 30，2016），https：//medium. com/sidewalk-

talk/reimagining-cities-from-the-internet-up-5923d6be63ba.

［3］　"Sidewalk Labs."

［4］　Amen Ra Mashariki, interview by Ben Green, May 24, 2017. All quotations from Mashariki in this chapter are from this interview.

［5］　Allison T. Chamberlain, Jonathan D. Lehnert, and Ruth L. Berkelman, "The 2015 New York City Legionnaires' Disease Outbreak: A Case Study on a History-Making Outbreak," *Journal of Public Health Management and Practice* 23, no. 4 (2017): 414.

［6］　Mitsue Iwata, interview by Ben Green, July 25, 2017.

［7］　Joy Bonaguro, interview by Ben Green, August 9, 2017. All quotations from Bonaguro in this chapter are from this interview.

［8］　DataSF, "DataSF in Progress" (2018), https://datasf.org/progress/.

［9］　Bonaguro, interview by Green.

［10］　DataSF, "Data Quality" (2017), https://datasf.org/resources/data-quality/.

［11］　DataSF, "Data Standards Reference Handbook" (2018), https://datasf.gitbooks.io/draft-publishing-standards/.

［12］　DataSF, "DataScienceSF" (2017), https://datasf.org/science/.

［13］　DataSF, "Keeping Moms and Babies in Nutrition Program" (2018), https://datasf.org/showcase/datascience/keeping-moms-and-babies-in-nutrition-program/.

［14］　DataSF, "Eviction Alert System" (2018), https://datasf.org/showcase/datascience/eviction-alert-system/.

［15］　Mashariki, interview by Green.

［16］　Amen Ra Mashariki, "NYC Data Analytics" (presentation at Esri Senior Executive Summit, 2017), https://www.youtube.com/watch? v = ws8EQg5YlrY.

［17］　Seattle/King County Coalition on Homelessness, "2015 Street Count Results" (2015), http://www.homelessinfo.org/what_we_do/one_night_count/2015_results.php.

［18］　Daniel Beekman and Jack Broom, "Mayor, County Exec Declare 'State of Emergency' over Homelessness," *Seattle Times*, January 31, 2016, http://www.seattletimes.com/seattle-news/politics/mayor-county-exec-declare-state-of-emergency-over-homelessness/.

［19］　John Ryan, "After 10-Year Plan, Why Does Seattle Have More Homeless Than Ever?," *KUOW*, March 3, 2015, http://kuow.org/post/after-10-year-plan-why-does-seattle-have-more-homeless-ever.

［20］　Shakira Boldin, speaking in What Works Cities, "Tackling Homelessness in Seat-tle" (2017), https://www.youtube.com/watch? v=dzkblumT4XU.

［21］　City of Seattle, "Homelessness Investment Analysis" (2015), https://www.seattle.gov/Documents/Departments/HumanServices/Reports/HomelessInvestment Analysis.pdf.

［22］ Jason Johnson, interview by Ben Green, August 10, 2017. All quotations from Johnson in this chapter are from this interview.

［23］ Hanna Azemati and Christina Grover-Roybal, "Shaking Up the Routine: How Seattle Is Implementing Results-Driven Contracting Practices to Improve Outcomes for People Experiencing Homelessness," Harvard Kennedy School Government Performance Lab (September 2016), http: //govlab. hks. harvard. edu/files/siblab/ files/seattle _ rdc _ policy _ brief _ final. pdf.

［24］ Christina Grover-Roybal, interview by Ben Green, August 24, 2017. All quotations from Grover-Roybal in this chapter are from this interview.

［25］ Laura Melle, interview by Ben Green, April 12, 2017. All quotations from Melle in this chapter are from this interview.

［26］ Jeff Liebman, "Transforming the Culture of Procurement in State and Local Government," interview by Andy Feldman, *Gov Innovator* podcast (April 20, 2017), http: //govinnovator. com/jeffrey _ liebman _ 2017/.

［27］ "Results-Driven Contracting: An Overview," Harvard Kennedy School Government Performance Lab (2016), http: //govlab. hks. harvard. edu/files/ siblab/files/results-driven _ contracting _ an _ overview _ 0. pdf.

［28］ Andrew Feldman and Jason Johnson, "How Better Procurement Can Drive Better Outcomes for Cities," *Governing*, October 12, 2017, http: //www. governing. com/ gov-institute/voices/col-cities-3-steps-procurement-reform-better-outcomes. html.

［29］ Azemati and Grover-Roybal, "Shaking Up the Routine."

［30］ Karissa Braxton, "City's Homeless Response Investments Are Housing More People," *City of Seattle Human Interests Blog* (May 31, 2018), http: // humaninterests. seattle. gov/2018/05/31/citys-homeless-response-investments -are-housing-more-people/.

［31］ Boldin, speaking in What Works Cities, "Tackling Homelessness in Seattle."

［32］ Chris Anderson, "The End of Theory: The Data Deluge Makes the Scientific Method Obsolete," *Wired*, June 23, 2008, https: //www. wired. com/ 2008/06/pb-theory/.

［33］ Tom Schenk, interview by Ben Green, August 8, 2017. All quotations from Schenk in this chapter are from this interview.

［34］ City of Chicago, "Food Inspection Forecasting" (2017), https: // chicago. github. io/food-inspections-evaluation/.

［35］ Nigel Jacob, speaking in "Data-Driven Research, Policy, and Practice: Friday Opening Remarks" (Boston Area Research Initiative, March 10, 2017), https: //www. youtube. com/watch? v＝cRINlFFBHBo.

［36］ City of Boston, the Mayor's Office of New Urban Mechanics, "Civic Research Agenda" (May15, 2018), https: //www. boston. gov/departments/new-urban-mechanics/civic-research-agenda.

［37］ Kim Lucas, interview by Ben Green, May 6, 2017. All quotations from Lucas in this chapter are from this interview.

第七章

［1］　Daniel L. Doctoroff, "Reimagining Cities from the Internet Up," Medium: Sidewalk Talk (November 30, 2016), https: //medium. com/sidewalk-talk/reimagining-cities-from-the-internet-up-5923d6be63ba.

［2］　James C. Scott, *Seeing Like a State: How Certain Schemes to Improve the Human Con-dition Have Failed* (New Haven: Yale University Press, 1998), 11 – 22.

［3］　Scott, *Seeing Like a State*, 12.

［4］　Scott, *Seeing Like a State*, 21.

［5］　Scott, *Seeing Like a State*, 88.

［6］　Scott, *Seeing Like a State*, 4.

［7］　Ebenezer Howard, *Garden Cities of To-Morrow* (London: Swan Sonnenschein, 1902), 133.

［8］　See Howard, *Garden Cities of To-Morrow*.

［9］　Howard, *Garden Cities of To-Morrow*, 133 – 134.

［10］　Le Corbusier, *The Radiant City: Elements of a Doctrine of Urbanism to Be Used as the Basis of Our Machine-Age Civilization* (New York: Orion Press, 1964), 134, 240, 134.

［11］　Le Corbusier, *Aircraft: The New Vision* (New York: Studio Publications, 1935), 96, 5, 100.

［12］　Le Corbusier, *The Radiant City*, 121.

［13］　Le Corbusier, *The Radiant City*, 27, 29, 116.

［14］　Scott, *Seeing Like a State*, 348.

［15］　Le Corbusier, *The Radiant City*, 181, 154.

［16］　Le Corbusier, *The Radiant City*, 181, 154.

［17］　James Holston, *The Modernist City: An Anthropological Critique of Brasília* (Chi-cago: University of Chicago Press, 1989), 168.

［18］　Holston, *The Modernist City*, 23, 24, 105.

［19］　Robert A Caro, *The Power Broker: Robert Moses and the Fall of New York* (1974; repr. , New York: Random House, 2015), 909.

［20］　Harrison E. Salisbury, *The Shook-Up Generation* (New York: Harper and Row, 1958), 73, 75.

［21］　See Peter Marcuse, *Robert Moses and Public Housing: Contradiction In, Contradiction Out* (［New York: P. Marcuse］, 1989) .

［22］　James Baldwin, interview by Kenneth Clark, WGBH-TV, May 24, 1963; pub-lished in *Conversations with James Baldwin*, ed. Fred L. Standley and Louis H. Pratt (Jackson: University Press of Mississippi, 1989), 42.

［23］　Jane Jacobs, *The Death and Life of Great American Cities* (1961; repr. , New York: Vintage Books, 1992), 4, 428, 222, 447, 222, 439.

［24］　Jacobs, *The Death and Life of Great American Cities*, 435, 438 – 439.

［25］　Jacobs, *The Death and Life of Great American Cities*, 21.

［26］　Le Corbusier, *The Radiant City*, 202; Senseable City Lab, "DriveWAVE by

MIT SENSEable City Lab," http：//senseable. mit. edu/wave/.

［27］ Hitachi, "City of Boston： Smart City RFI Response" (2017), p. 7, https：// drive. google. com/file/d/0B_QckxNE_FoEeVJ5amJVT3NEZXc.

［28］ Living PlanIT, "Living PlanIT — Boston Smart City RFI" (January 2017), p. 1, https：//drive. google. com/file/d/0B_QckxNE_FoEVEUtTFB4SDRhc00.

［29］ Adora Cheung, "New Cities," *Y Combinator Blog* (June 27, 2016), https：//blog. ycombinator. com/new-cities/.

［30］ Cheung, "New Cities."

［31］ Le Corbusier, *The Radiant City*, 154.

［32］ Eric Jaffe, "How Are Those Cities of the Future Coming Along?," *CityLab* (September 11, 2013), https：//www. citylab. com/life/2013/09/how-are-those-cities-future-coming-along/6855/.

［33］ Cheung, "New Cities."

［34］ Dan Doctoroff, quoted in Leslie Hook, "Alphabet Looks for Land to Build Experimental City," *Financial Times*, September 19, 2017, https：// www. ft. com/content/22b45326-9d47-11e7-9a86-4d5a475ba4c5.

［35］ Sidewalk Labs, "Vision Sections of RFP Submission" (October 17, 2017), p. 15, https：//sidewalktoronto. ca/wp-content/uploads/2017/10/Sidewalk-Labs-Vision-Sections-of-RFP-Submission. pdf.

［36］ Le Corbusier, *The Radiant City*, 181, 154.

［37］ Doctoroff, "Reimagining Cities from the Internet Up."

［38］ Bianca Wylie, "Debrief on Sidewalk Toronto Public Meeting ♯2— Time to Start Over, Extend the Process," Medium (May 6, 2018), https：// medium. com/@ biancawylie/sidewalk-toronto-public-meeting-2-time-to-start-over-extend-the-process-a0575b3adfc3.

［39］ Jascha Franklin-Hodge, in Knight Foundation, "NetGain Internet of Things Conference" (2017), https：//www. youtube. com/watch? v＝29u1C4Z6PR4.

［40］ Nigel Jacob, interview by Ben Green, April 7, 2017.

［41］ Mayor's Office of New Urban Mechanics, "Boston Smart City Playbook" (2016), https：//monum. github. io/playbook/.

［42］ Mayor's Office of New Urban Mechanics, "Boston Smart City Playbook."

［43］ Franklin-Hodge, in Knight Foundation, "NetGain Internet of Things Conference."

［44］ Mimi Kirk, "Why Singapore Will Get Self-Driving Cars First," *CityLab* (August 3, 2016), https：//www. citylab. com/transportation/2016/08/ why-singapore-leads-in-self-driving-cars/494222/; Annabelle Liang and Dee-Ann Durbin, "World's First Self-Driving Taxis Debut in Singapore," *Bloomberg*, August 25, 2016.

［45］ Abdur Rahman Alfa Shaban, "Ethiopia Bags a Continental First with ＄2. 2m Smart Parking Facility," *Africanews*, June 15, 2017, http：//www. africanews. com/ 2017/06/15/ethiopia-s-22m-smart-parking-facility-is-africa-s-first/.

［46］ Hollie Russon Gilman, *Democracy Reinvented： Participatory Budgeting and*

Civic Innovation in America（Washington，DC：Brookings Institution Press，2016），7，36.

[47] See Rafael Sampaio and Tiago Peixoto，"Electronic Participatory Budgeting：False Dilemmas and True Complexities,"in *Hope for Democracy*：25 *Years of Participatory Budgeting Worldwide*，ed. Nelson Dias（São Brás de Alportel，Portugal：In Loco Associ-ation，2014），413－425.

[48] Adrian Short，"BT InLink in London：Building a Privatised 'Smart City' by Stealth"（December 14，2017），https：//www. adrianshort. org/posts/2017/bt-inlink-london-smart-city/.

[49] Natasha Lomas，"How 'Anonymous' Wifi Data Can Still Be a Privacy Risk,"*TechCrunch*（October 7，2017），https：//techcrunch. com/2017/10/07/how-anonymous-wifi-data-can-still-be-a-privacy-risk/.

[50] Laura Adler，"How Smart City Barcelona Brought the Internet of Things to Life,"*Data-Smart City Solutions*（February 18，2016），https：//datasmart. ash. harvard. edu/news/article/how-smart-city-barcelona-brought-the-internet-of-things-to-life-789.

[51] Albert Canigueral，"In Barcelona，Technology Is a Means to an End for a Smart City,"*GreenBiz*（September 12，2017），https：//www. greenbiz. com/article/barcelona-technology-means-end-smart-city.

[52] Carla Bailo，interview by Ben Green，May 9，2017.

参考文献

Adler, Laura. "How Smart City Barcelona Brought the Internet of Things to Life." *Data-Smart City Solutions* (February 18, 2016). https://datasmart.ash.harvard.edu/news/article/how-smart-city-barcelona-brought-the-internet-of-things-to-life-789.

Aitoro, Jill R. "Defining Privacy Protection by Acknowledging What It's Not." *Federal Times*, March 8, 2016. http://www.federaltimes.com/story/government/interview/onc onc/2016/03/08/defining-privacy-protection-acknowledging-what-s-not/81464556/.

Alexander, Michelle. *The New Jim Crow: Mass Incarceration in the Age of Colorblind-ness*. New York: New Press, 2012.

Altshuler, Alan. *The Urban Transportation System: Politics & Policy Innovations*. Cam-bridge, MA: MIT Press, 1981.

American Civil Liberties Union. "Community Control over Police Surveillance" (2018). https://www.aclu.org/issues/privacy-technology/surveillance-technologies/community-control-over-police-surveillance.

Anderson, Chris. "The End of Theory: The Data Deluge Makes the Scientific Method Obsolete." *Wired*, June 23, 2008. https://www.wired.com/2008/06/pb-theory/.

Anderson, Elizabeth S. 1999. "What Is the Point of Equality?" *Ethics* 109, no. 2 (1999): 287–337.

Angwin, Julia, Jeff Larson, Surya Mattu, and Lauren Kirchner. "Machine Bias." *ProPublica*, May 23, 2016. https://www.propublica.org/article/machine-bias-risk-assessments-in-criminal-sentencing.

Aquilina, Kimberly M. "50 US Cities Pen Letter to FCC Demanding Net Neutrality, Democracy." *Metro*, July 12, 2017. https://www.metro.us/news/local-news/

net-neutrality-50-cities-letter-fcc-democracy.

Array of Things. "Array of Things" (2016). http：//arrayofthings. github. io/.

Array of Things. "Array of Things Operating Policies" (August 15, 2016). https：//arrayofthings. github. io/final-policies. html.

Array of Things. "Responses to Public Feedback" (2016). https：// arrayofthings. github. io/policy-responses. html.

Asher, Jeff, and Rob Arthur. "Inside the Algorithm That Tries to Predict Gun Violence in Chicago. " *New York Times*, June 13, 2017. https：// www. nytimes. com/2017/06/13/upshot/what-an-algorithm-reveals-about-life-on-chicagos-high-risk-list. html.

Atkinson, Craig, dir. *Do Not Resist*. Vanish Films, 2016.

Azemati, Hanna, and Christina Grover-Roybal. "Shaking Up the Routine：How Seattle Is Implementing Results-Driven Contracting Practices to Improve Outcomes for People Experiencing Homelessness. " Harvard Kennedy School Government Performance Lab (September 2016). http：//govlab. hks. harvard. edu/files/ siblab/files/seattle _ rdc _ policy _ brief _ final. pdf.

Backstrom, Lars, Eric Sun, and Cameron Marlow. "Find Me If You Can：Improving Geographical Prediction with Social and Spatial Proximity. " Paper presented at the Proceedings of the 19th International Conference on World Wide Web, Raleigh, NC, April 2010.

Badger, Emily. "Pave Over the Subway? Cities Face Tough Bets on Driverless Cars. " *New York Times*, July 20, 2018. https：//www. nytimes. com/2018/07/20/ upshot/driverless-cars-vs-transit-spending-cities. html.

Baker, Al, J. David Goodman and Benjamin Mueller. "Beyond the Chokehold：The Path to Eric Garner's Death. " *New York Times*, June 13, 2015. https：// www. nytimes. com/2015/06/14/nyregion/eric-garner-police-chokehold-staten-island. html.

Baldwin, James. *Conversations with James Baldwin*. Edited by Fred L. Standley and Louis H. Pratt. Jackson：University Press of Mississippi, 1989.

Bauman, Matthew J. , et al. "Reducing Incarceration through Prioritized Interventions. " In *COMPASS'18：Proceedings of the 1st ACM SIGCAS Conference on Computing and Sustainable Societies*. 2018.

Baumgardner, Kinder. "Beyond Google's Cute Car：Thinking Through the Impact of Self-Driving Vehicles on Architecture. " *Cite：The Architecture＋Design Review of Houston* (2015)：36－43.

Bayley, David H. *Police for the Future*. New York：Oxford University Press, 1996.

Beekman, Daniel, and Jack Broom. "Mayor, County Exec Declare 'State of Emergency' over Homelessness. " *Seattle Times*, January 31, 2016. http：// www. seattletimes. com/seattle-news/politics/mayor-county-exec-declare-state-of-emergency-over-homelessness/.

Bell, Monica C. "Police Reform and the Dismantling of Legal Estrangement." *Yale Law Journal* 126 (2017): 2054 – 2150.

Berman, Marshall. "Take It to the Streets: Conflict and Community in Public Space." *Dissent* 33, no. 4 (1986): 476 – 485.

Bertrand, Marianne, and Sendhil Mullainathan. "Are Emily and Greg More Employable Than Lakisha and Jamal? A Field Experiment on Labor Market Discrimination." *American Economic Review* 94, no. 4 (2004): 991 – 1013.

Bibbins, J. Rowland. "Traffic-Transportation Planning and Metropolitan Development." *ANNALS of the American Academy of Political and Social Science* 116, no. 1 (1924): 205 – 214.

Bliss, Laura. "Columbus Now Says 'Smart' Rides for Vulnerable Moms Are Coming." *CityLab* (December 1, 2017). https: //www. citylab. com/transportation/2017/12/columbus-now-says-smart-rides-for-vulnerable-moms-are-coming/547013/.

Bliss, Laura. "Who Wins When a City Gets Smart?" *CityLab* (November 1, 2017). https: //www. citylab. com/transportation/2017/11/when-a-smart-city-doesnt-have-all-the-answers/542976/.

Bonczar, Thomas P. "Prevalence of Imprisonment in the U. S. Population, 1974 – 2001." *Bureau of Justice Statistics Special Report* (2003). https: //www. bjs. gov/content/pub/pdf/piusp01. pdf.

Bond, Robert M., Christopher J. Fariss, Jason J. Jones, Adam D. I. Kramer, Cameron Marlow, Jaime E. Settle, and James H. Fowler. "A 61-Million-Person Experiment in Social Influence and Political Mobilization." *Nature* 489, no. 7415 (2012): 295 – 298.

Bond-Graham, Darwin, and Ali Winston. "All Tomorrow's Crimes: The Future of Polic-ing Looks a Lot Like Good Branding." *SF Weekly*, October 30, 2013. http: //archives. sfweekly. com/sanfrancisco/all-tomorrows-crimes-the-future-of-policing-looks-a-lot-like-good-branding/.

Boston, City of, Mayor's Office of New Urban Mechanics. "Boston Smart City Playbook" (2016). https: //monum. github. io/playbook/.

Boston, City of, Mayor's Office of New Urban Mechanics. "Civic Research Agenda" (March 15, 2018). https: //www. boston. gov/departments/new-urban-mechanics/civic-research-agenda.

Brauneis, Robert, and Ellen P. Goodman. "Algorithmic Transparency for the Smart City." *Yale Journal of Law and Technology* 20 (2018): 103 – 176.

Braxton, Karissa. "City's Homeless Response Investments Are Housing More People." *City of Seattle Human Interests Blog* (May 31, 2018). http: //humaninterests. seattle. gov/2018/05/31/citys-homeless-response-investments-are-housing-more-people/.

Brazel，Rosalind. "City of Seattle Hires Ginger Armbruster as Chief Privacy Officer. " *Tech Talk Blog*（July 11，2017）. http：//techtalk. seattle. gov/2017/07/11/city-of-seattle-hires-ginger-armbruster-as-chief-privacy-officer/.

"Brigade. " https：//www. brigade. com/.

Brustein，Joshua. "This Guy Trains Computers to Find Future Criminals. " *Bloomberg*（2016）. https：//www. bloomberg. com/features/2016-richard-berk-future-crime/.

Buell，Ryan W. ，Ethan Porter，and Michael I. Norton. "Surfacing the Submerged State：Operational Transparency Increases Trust in and Engagement with Government. " Harvard Business School Working Paper No. 14 – 034（November 2013；rev. March 2018）.

"Buggy Capital of the World. " *Columbus Dispatch*，Blog（July 29，2015）. http：//www. dispatch. com/content/blogs/a-look-back/2015/07/buggy-capital-of-the-world. html.

Burns，Haskel. "Ordinance Looks at Police Surveillance Equipment. " *Hattiesburg American*，October 28，2016. https：//www. hattiesburgamerican. com/story/news/local/hattiesburg/2016/10/28/ordinance-looks-police-surveillance-equipment/92899430/.

Burns，Nancy，Kay Lehman Schlozman，and Sidney Verba. *The Private Roots of Public Action：Gender，Equality，and Political Participation*. Cambridge，MA：Harvard University Press，2001.

Butler，Paul. *Chokehold：Policing Black Men*. New York：New Press，2017.

Calthorpe Associates，Mid-Ohio Regional Planning Commission，Columbus District Councilof the Urban Land Institute，and Columbus 2020. "insight2050 Scenario Results Report"（February 26，2015）. http：//getinsight2050. org/wp-content/uploads/2015/03/2015 _ 02 _ 26-insight2050-Report. pdf.

Canigueral，Albert. "In Barcelona，Technology Is a Means to an End for a Smart City. " *GreenBiz*（September 12，2017）. https：//www. greenbiz. com/article/barcelona-technology-means-end-smart-city.

Caro，Robert A. *The Power Broker：Robert Moses and the Fall of New York*. 1974. Repr. ，New York：Random House，2015.

Center for Data Science and Public Policy，University of Chicago. "Data-Driven Justice Initiative：Identifying Frequent Users of Multiple Public Systems for More Effective Early Assistance"（2018）. https：//dsapp. uchicago. edu/projects/criminal-justice/data-driven-justice-initiative/.

Chamberlain，Allison T. ，Jonathan D. Lehnert，and Ruth L. Berkelman. "The 2015 New York City Legionnaires' Disease Outbreak：A Case Study on a History-Making Outbreak. " *Journal of Public Health Management and Practice* 23，no. 4（2017）：410 – 416.

Chambers, John, and Wim Elfrink. "The Future of Cities." *Foreign Affairs*, October 31, 2014. https://www.foreignaffairs.com/articles/2014-10-31/future-cities.

Chammah, Maurice. "Policing the Future." *The Verge* (2016). http://www.theverge.com/2016/2/3/10895804/st-louis-police-hunchlab-predictive-policing-marshall-project.

Cheung, Adora. "New Cities." *Y Combinator Blog* (June 27, 2016). https://blog.ycombinator.com/new-cities/.

Chicago, City of. "Food Inspection Forecasting" (2017). https://chicago.github.io/food-inspections-evaluation/.

Chiel, Ethan. "Why the D. C. Government Just Publicly Posted Every D. C. Voter's Address Online." *Splinter*, June 14, 2016. https://splinternews.com/why-the-d-c-government-just-publicly-posted-every-d-c-1793857534.

Chin, Josh. "About to Break the Law? Chinese Police Are Already on to You." *Wall Street Journal*, February 27, 2018. https://www.wsj.com/articles/china-said-to-deploy-big-data-for-predictive-policing-in-xinjiang-1519719096.

Chin, Josh, and Clément Bürge. "Twelve Days in Xinjiang: How China's Surveillance State Overwhelms Daily Life." *Wall Street Journal*, December 19, 2017. https://www.wsj.com/articles/twelve-days-in-xinjiang-how-chinas-surveillance-state-overwhelms-daily-life-1513700355.

Civic Analytics Network. "An Open Letter to the Open Data Community." *Data-Smart City Solutions*, March 3, 2017. https://datasmart.ash.harvard.edu/news/article/an-open-letter-to-the-open-data-community-988.

Claypool, Henry, Amitai Bin-Nun, and Jeffrey Gerlach. "Self-Driving Cars: The Impact on People with Disabilities." *The Ruderman White Paper* (January 2017). http://secureenergy.org/wp-content/uploads/2017/01/Self-Driving-Cars-The-Impact-on-People-with-Disabilities_FINAL.pdf.

Columbus, City of. "Columbus Smart City Application" (2016). https://www.transportation.gov/sites/dot.gov/files/docs/Columbus OH Vision Narrative.pdf.

Columbus, City of. "Linden Infant Mortality Profile" (2018). http://celebrateone.info/wp-content/uploads/2018/03/Linden_IMProfile_9.7.pdf.

Cushing, Tim. "'Predictive Policing' Company Uses Bad Stats, Contractually-Obligated Shills to Tout Unproven 'Successes.'" *Techdirt*, November 1, 2013. https://www.techdirt.com/articles/20131031/13033125091/predictive-policing-company-uses-bad-stats-contractually-obligated-shills-to-tout-unproven-successes.shtml.

Cutler, Kim-Mai, and Josh Constine. "Sean Parker's Brigade App Enters Private Beta as a Dead-Simple Way of Taking Political Positions." *TechCrunch*, June 17, 2015. https://techcrunch.com/2015/06/17/sean-parker-brigade/.

Daly, Jimmy. "10 Cities with 311 iPhone Applications. " *StateTech*, August 10, 2012. https：//statetechmagazine. com/article/2012/08/10-cities-311-iphone-applications.

Dastin, Jeffrey. "Amazon Scraps Secret AI Recruiting Tool that Showed Bias Against Women. " *Reuters*, October 9, 2018. https：//www. reuters. com/article/us-amazon-com-jobs-automation-insight/amazon-scraps-secret-ai-recruiting-tool-that-showed-bias-against-women-idUSKCN1MK08G.

Data-Driven Justice Initiative. "Data-Driven Justice Playbook" (2016). http：//www. naco. org/sites/default/files/documents/DDJ Playbook Discussion Draft 12. 8. 16 _ 1. pdf.

"Data-Driven Research, Policy, and Practice: Friday Opening Remarks. " Boston Area Research Initiative, March 10, 2017. https：//www. youtube. com/watch?v=cRINlFFBHBo.

DataSF. "Data Quality" (2017). https：//datasf. org/resources/data-quality/.

DataSF. "Data Standards Reference Handbook" (2018). https：//datasf. gitbooks. io/draft-publishing-standards/.

DataSF. "DataScienceSF" (2017). https：//datasf. org/science/.

DataSF. "DataSF in Progress" (2018). https：//datasf. org/progress/.

DataSF. "Eviction Alert System" (2018). https：//datasf. org/showcase/datascience/eviction-alert-system/.

DataSF. "Keeping Moms and Babies in Nutrition Program" (2018). https：//datasf. org/showcase/datascience/keeping-moms-and-babies-in-nutrition-program/.

de Montjoye, Yves-Alexandre, César A. Hidalgo, Michel Verleysen, and Vincent D. Blondel. "Unique in the Crowd: The Privacy Bounds of Human Mobility. " *Scientific Reports* 3, art. no. 1376 (2013). https：//doi. org/10. 1038/srep01376.

de Montjoye, Yves-Alexandre, Laura Radaelli, Vivek Kumar Singh, and Alex "Sandy" Pentland. "Unique in the Shopping Mall: On the Reidentifiability of Credit Card Metadata. " *Science* 347, no. 6221 (2015): 536 – 539.

De Tocqueville, Alexis. *Democracy in America*. Edited by Max Lerner and J. -P. Mayer, trans. George Lawrence. 2 vols. New York: Harper and Row, 1966.

Desmond, Matthew, Andrew V. Papachristos, and David S. Kirk. "Police Violence and Citizen Crime Reporting in the Black Community. " *American Sociological Review* 81, no. 5 (2016): 857 – 876.

Detroit Future City. "2012 Detroit Strategic Framework Plan" (2012). https：//detroitfuturecity. com/wp-content/uploads/2014/12/DFC _ Full _ 2nd. pdf.

Dewey, John. *Logic: The Theory of Inquiry*. New York: H. Holt and Company, 1938.

Diehl, Phil. "Malware Blamed for City's Data Breach. " *San Diego Tribune*,

September 12, 2017. http: //www. sandiegouniontribune. com/communities/ north-county/sd-no-malware-letter-20170912-story. html.

Doctoroff, Daniel L. "Reimagining Cities from the Internet Up. " Medium: Side-walk Talk (November 30, 2016). https: //medium. com/sidewalk-talk/reimagining-cities-from-the-internet-up-5923d6be63ba.

Downs, Anthony. " The Law of Peak-Hour Expressway Congestion. " *Traffic Quarterly*16, no. 3 (1962): 393 – 409.

Downs, Anthony. *Still Stuck in Traffic: Coping with Peak-Hour Traffic Congestion*. Washington, DC: Brookings Institution Press, 2005.

Downs, Anthony. "Traffic: Why It's Getting Worse, What Government Can Do. " Brookings Institution Policy Brief ♯128 (January 2004).

Duranton, Gilles, and Matthew A. Turner. "The Fundamental Law of Road Congestion: Evidence from US Cities. " *American Economic Review* 101, no. 6 (2011): 2616 – 2652.

Eagle, Nathan, Alex Sandy Pentland, and David Lazer. "Inferring Friendship Network Structure by Using Mobile Phone Data. " *Proceedings of the National Academy of Sciences* 106, no. 36 (2009): 15274 – 15278.

Efrati, Amir. "Uber Finds Deadly Accident Likely Caused by Software Set to Ignore Objects on Road. " *The Information*, May 7, 2018. https: //www. theinformation. com/articles/uber-finds-deadly-accident-likely-caused-by-software-set-to-ignore-objects-on-road.

Engelhardt, Will, Risë Haneberg, Rob MacDougall, Chris Schneweis, and Imran Chaudhry. "Sharing Information between Behavioral Health and Criminal Justice Systems. " Council of State Governments Justice Center (March 31, 2016). https: //csgjusticecenter. org/wp-content/uploads/2016/03/JMHCP-Info-Sharing-Webinar. pdf.

Eubanks, Virgina. *Automating Inequality: How High-Tech Tools Profile, Police, and Punish the Poor*. New York: St. Martin's Press, 2018.

Eubanks, Virginia. "Technologies of Citizenship: Surveillance and Political Learning in the Welfare System. " In *Surveillance and Security: Technological Politics and Power in Everyday Life*, edited by Torin Monahan. New York: Routledge, 2006.

Fagnant, Daniel J. , and Kara Kockelman. "Preparing a Nation for Autonomous Vehicles: Opportunities, Barriers and Policy Recommendations. " *Transportation Research Part A: Policy and Practice* 77 (2015): 167 – 181.

Falconer, Gordon, and Shane Mitchell. " Smart City Framework: A Systematic Process for Enabling Smart + Connected Communities" (2012). https: // www. cisco. com/c/dam/en _ us/about/ac79/docs/ps/motm/Smart-City-Framework. pdf.

Fayyad, Abdallah. "The Criminalization of Gentrifying Neighborhoods. " *The Atlantic*, December 20, 2017. https: //www. theatlantic. com/politics/archive/2017/

12/the-criminalization-of-gentrifying-neighborhoods/548837/.

Federal Trade Commission. *Data Brokers: A Call for Transparency and Accountability*. Washington, DC: Federal Trade Commission, 2014.

Feigenbaum, James J. , and Andrew Hall. "How High-Income Areas Receive More Ser-vice from Municipal Government: Evidence from City Administrative Data" (2015) . https://ssrn. com/abstract＝2631106.

Feldman, Andrew, and Jason Johnson, "How Better Procurement Can Drive Better Outcomes for Cities. " *Governing*, October 12, 2017. http://www. governing. com/gov-institute/voices/col-cities-3-steps-procurement-reform-better-outcomes. html.

Ferenstein, Greg. "Brigade: New Social Network from Facebook Co-founder Aims to ' Repair Democracy. ' " *The Guardian*, June 17, 2015. https://www. theguardian. com/media/2015/jun/17/brigade-social-network-voter-turnout-sean-parker.

Ferenstein Wire. "Sean Parker Explains His Plans to 'Repair Democracy' with a New Social Network. " *Fast Company* (2015) . https://www. fastcompany. com/3047571/sean-parker-explains-his-plans-to-repair-democracy-with-a-new-social-network.

Ferguson, Andrew G. "The Allure of Big Data Policing. " *PrawfsBlawg* (May 25, 2017) . http://prawfsblawg. blogs. com/prawfsblawg/2017/05/the-allure-of-big-data-policing. html.

Forrest, Adam. "Detroit Battles Blight through Crowdsourced Mapping Project. " *Forbes*, June 22, 2015. https://www. forbes. com/sites/adamforrest/2015/06/22/detroit-battles-blight-through-crowdsourced-mapping-project.

Fountain, Jane E. "Paradoxes of Public Sector Customer Service. " *Governance* 14, no. 1 (2001): 55 – 73.

Friess, Steve. "Son of Dem Royalty Creates a Ruck. us. " *Politico*, June 26, 2012. http://www. politico. com/story/2012/06/son-of-democratic-party-royalty-creates-a-ruckus-077847.

Fry, Christopher, and Henry Lieberman. *Why Can't We All Just Get Along*? Self-published, 2018. https://www. whycantwe. org/.

Fung, Archon, Hollie Russon Gilman, and Jennifer Shkabatur. "Six Models for the Internet＋Politics. " *International Studies Review* 15, no. 1 (2013): 30 – 47.

Furth, Peter. "Pedestrian-Friendly Traffic Signal Timing Policy Recommendations. " *Boston City Council Committee on Parks, Recreation, and Transportation* (December 6, 2016) . http://www. northeastern. edu/peter. furth/wp-content/uploads/2016/12/Pedestrian-Friendly-Traffic-Signal-Policies-Boston. pdf.

Garlick, Ross. "Privacy Inequality Is Coming, and It Does Not Look Pretty. " *Fordham Political Review*, March 17, 2015. http://fordhampoliticalreview. org/privacy-inequality-is-coming-and-it-does-not-look-pretty/.

General Motors. "To New Horizons" (1939). Posted as "Futurama at 1939 NY World's Fair." https://www. youtube. com/watch? v＝sClZqfnWqmc.

Gilliom，John. *Overseers of the Poor：Surveillance，Resistance，and the Limits of Privacy*. Chicago：University of Chicago Press，2001.

Gilman，Hollie Russon. *Democracy Reinvented：Participatory Budgeting and Civic Inno-vation in America*. Washington，DC：Brookings Institution Press，2016.

Glaser，April. "Sanctuary Cities Are Handing ICE a Map." *Slate*，March 13，2018. https：//slate. com/technology/2018/03/how-ice-may-be-able-to-access-license-plate-data-from-sanctuary-cities-and-use-it-for-arrests. html.

Goel，Sharad，Justin M. Rao，and Ravi Shroff. "Precinct or Prejudice? Understanding Racial Disparities in New York City's Stop-and-Frisk Policy." *Annals of Applied Statis-tics* 10，no. 1 (2016)：365 – 394.

Gordon，Eric. "Civic Technology and the Pursuit of Happiness." *Governing* (2016). http：//www. governing. com/cityaccelerator/civic-technology-and-the-pursuit-of-happiness. html.

Gordon，Eric，and Jessica Baldwin-Philippi. "Playful Civic Learning：Enabling Lateral Trust and Reflection in Game-Based Public Participation." *International Journal of Communication* 8 (2014)：759 – 786.

Gordon，Eric，and Stephen Walter. "Meaningful Inefficiencies：Resisting the Logic of Technological Efficiency in the Design of Civic Systems." In *Civic Media：Technology，Design，Practice*，edited by Eric Gordon and Paul Mihailidis. Cambridge，MA：MIT Press，2016.

Gorner，Jeremy. "With Violence Up，Chicago Police Focus on a List of Likeliest to Kill，Be Killed." *Chicago Tribune*，July 22，2016. http：//www. chicagotribune. com/news/ct-chicago-police-violence-strategy-met-20160722-story. html.

Graham，Thomas. "Barcelona Is Leading the Fightback against Smart City Surveil-lance." *Wired*，May 18，2018. http：//www. wired. co. uk/article/barcelona-decidim-ada-colau-francesca-bria-decode.

Green，Ben，Gabe Cunningham，Ariel Ekblaw，Paul Kominers，Andrew Linzer，and Susan Crawford. "Open Data Privacy：A Risk-Benefit，Process-Oriented Approach to Sharing and Protecting Municipal Data." *Berkman Klein Center for Internet ＆ Society Research Publication* (2017). http：//nrs. harvard. edu/urn-3：HUL. InstRepos：30340010.

Green，Ben，Thibaut Horel，and Andrew V. Papachristos. 2017. "Modeling Conta-gion through Social Networks to Explain and Predict Gunshot Violence in Chicago，2006 to 2014." *JAMA Internal Medicine* 177，no. 3 (2017)：326 – 333. https：//doi. org/10. 1001/jamainternmed. 2016. 8245.

Greenfield，Adam. *Against the Smart City*. New York：Do Projects，2013.

Griffin, Dominic. " 'Do Not Resist' Traces the Militarization of Police with Unprecedented Access to Raids and Unrest. " *Baltimore City Paper*, November 1, 2016. http: //www. citypaper. com/film/film/bcp-110216-screens-do-not-resist-201611 01-story. html.

Guynn, Jessica. "ACLU: Police Used Twitter, Facebook to Track Protests. " *USA Today*, October 12, 2016. https: //www. usatoday. com/story/tech/news/ 2016/10/11/aclu-police-used-twitter-facebook-data-track-protesters-baltimore-fergu son/91897034/.

Ha, Anthony. " Sean Parker: Defeating SOPA Was the ' Nerd Spring. ' " *TechCrunch*, March 12, 2012. https: //techcrunch. com/2012/03/12/sean-parker-defeating-sopa-was-the-nerd-spring/.

Halper, Evan. "Napster Co-founder Sean Parker Once Vowed to Shake Up Washington — So How's That Working Out?" *Los Angeles Times*, August 4, 2016. http: //www. latimes. com/politics/la-na-pol-sean-parker-20160804-snap-story. html.

Han, Hahrie. *How Organizations Develop Activists: Civic Associations and Leadership in the 21st Century*. New York: Oxford University Press, 2014.

Harcourt, Bernard E. "Risk as a Proxy for Race: The Dangers of Risk Assessment. " *Federal Sentencing Reporter* 27, no. 4 (2015): 237 – 243.

Hartnett, Kevin. " Bye-bye Traffic Lights. " *Boston Globe*, March 28, 2016. https: //www. bostonglobe. com/ideas/2016/03/28/bye-bye-traffic-lights/8HS V9DZa4qPC1tH 4zQ4pTO/story. html.

Henry, Jason. "Los Angeles Police, Sheriff's Scan over 3 Million License Plates a Week. " *San Gabriel Valley Tribune*, August 26, 2014. https: // www. sgvtribune. com/2014/08/26/los-angeles-police-sheriffs-scan-over-3-million-license-plates-a-week/.

Herrold, George. "City Planning and Zoning. " *Canadian Engineer* 45 (1923): 128 –130.

Herrold, George. "The Parking Problem in St. Paul. " *Nation's Traffic* 1 (July 1927): 28 – 30, 47 – 48.

Herz, Ansel. "How the Seattle Police Secretly — and Illegally — Purchased a Tool for Tracking Your Social Media Posts. " *The Stranger*, September 28, 2016. https: //www. thestranger. com/news/2016/09/28/24585899/how-the-seattle-police-secretlyand-illegallypurchased-a-tool-for-tracking-your-social-media-posts.

Hitachi. " City of Boston: Smart City RFI Response " (2017) . https: // drive. google. com/file/d/0B _ QckxNE _ FoEeVJ5amJVT3NEZXc.

Holston, James. *The Modernist City: An Anthropological Critique of Brasília*. Chicago: University of Chicago Press, 1989.

Hook, Leslie. " Alphabet Looks for Land to Build Experimental City. " *Financial*

Times，September 19，2017. https：//www. ft. com/content/22b45326-9d47-11e7-9a86-4d5a475ba4c5.

Howard，Ebenezer. *Garden Cities of To-Morrow*. London：Swan Sonnenschein，1902.

Hughes，John，dir. *Ferris Bueller's Day Off*. Paramount Pictures，1986.

HunchLab. "Next Generation Predictive Policing. " https：//www. hunchlab. com/.

Hunt，Priscillia，Jessica Saunders，and John S. Hollywood. *Evaluation of the Shreveport Predictive Policing Experiment*. RR – 531 – NIJ. Santa Monica，CA：RAND Corporation，2014.

Hvistendahl，Mara. "Can 'Predictive Policing' Prevent Crime Before It Happens?" *Science*，September 28，2016. http：//www. sciencemag. org/news/2016/09/can-predictive-policing-prevent-crime-it-happens.

IBM. "Predictive Analytics：Police Use Analytics to Reduce Crime"（2012）. https：//www. youtube. com/watch? v＝iY3WRvXVogo.

IBM. "What Is a Self-Service Government?" *The Atlantic* [advertising] . http：//www. the atlantic. com/sponsored/ibm-transformation/what-is-a-self-service-government/248/.

Jacobs，Jane. *The Death and Life of Great American Cities*. 1961. Repr. ，New York：Vin-tage Books，1992.

Jaffe，Eric. "How Are Those Cities of the Future Coming Along?" *CityLab*（September 11，2013）. https：//www. citylab. com/life/2013/09/how-are-those-cities-future-coming-along/6855/.

James，Letitia，and Ben Kallos. "New York City Digital Divide Fact Sheet. " Press release，March 16，2017.

Jenkins，J. L. "Illegal Parking Hinders Work of Stop-Go Lights；Pedestrian Dangers Grow as Loop Speeds Up. " *Chicago Tribune*，February 10，1926.

Joh，Elizabeth E. "The Undue Influence of Surveillance Technology Companies on Policing. " *New York University Law Review* 92（2017）：101 – 130.

Johnston，Casey. "Denied for That Loan? Soon You May Thank Online Data Collection. " *ArsTechnica*（2013）. https：//arstechnica. com/business/2013/10/denied-for-that-loan-soon-you-may-thank-online-data-collection/.

Joseph，George. "Exclusive：Feds Regularly Monitored Black Lives Matter Since Ferguson. " *The Intercept*，July 24，2015. https：//theintercept. com/2015/07/24/documents-show-department-homeland-security-monitoring-black-lives-matter-since-ferguson/.

Jouvenal，Justin. "The New Way Police Are Surveilling You：Calculating Your Threat 'Score. ' " *Washington Post*，January 10，2016. https：//www. washingtonpost. com/local/public-safety/the-new-way-police-are-surveilling-you-calculating-your-threat-score/2016/01/10/e42bccac-8e15-11e5-baf4-bdf37355da0c _ story.

html.

Jouvenal，Justin. "Police Are Using Software to Predict Crime. Is It a 'Holy Grail' or Biased against Minorities?" *Washington Post*，November 17，2016. https：// www. washingtonpost. com/local/public-safety/police-are-using-software-to-predict-crime-is-it-a-holy-grail-or-biased-against-minorities/2016/11/17/525a6649-0472-440a-aae1-b283aa8e5de8 _ story. html.

Kang，Cecilia. "Unemployed Detroit Residents Are Trapped by a Digital Divide." *New York Times*，May 23，2016. https：//www. nytimes. com/2016/05/23/ technology/unemployed-detroit-residents-are-trapped-by-a-digital-divide. html.

Kang，Cecilia. "Where Self-Driving Cars Go to Learn." *New York Times*，November 11，2017. https：//www. nytimes. com/2017/11/11/technology/arizona-tech-industry-favorite-self-driving-hub. html.

Kaste，Martin. "Orlando Police Testing Amazon's Real-Time Facial Recognition." *National Public Radio*，May 22，2018. https：//www. npr. org/2018/05/22/ 613115969/orlando-police-testing-amazons-real-time-facial-recognition.

Kayyali，Dia. "The History of Surveillance and the Black Community." *Electronic Frontier Foundation*（February 13，2014）. https：//www. eff. org/deeplinks/ 2014/02/history-surveillance-and-black-community.

Kiley，Brendan，and Matt Fikse-Verkerk. "You Are a Rogue Device." *The Stranger*，November 6，2013. http：//www. thestranger. com/seattle/you-are-a-rogue-device/Content? oid＝18143845.

Kirk，Mimi. "Why Singapore Will Get Self-Driving Cars First." *CityLab*（August 3，2016）. https：//www. citylab. com/transportation/2016/08/why-singapore-leads-in-self-driving-cars/494222/.

Klarreich，Erica. "Privacy by the Numbers：A New Approach to Safeguarding Data." *Quanta Magazine*，December 10，2012. https：//www. quantamagazine. org/a-mathematical-approach-to-safeguarding-private-data-20121210/.

Kleinberg，Jon，Sendhil Mullainathan，and Manish Raghavan. "Inherent Trade-Offs in the Fair Determination of Risk Scores." *arXiv. org*（2016）. https：// arxiv. org/abs/1609. 05807.

Klockars，Carl B. "Some Really Cheap Ways of Measuring What Really Matters." In *Measuring What Matters：Proceedings from the Policing Research Institute Meetings*. Washington，DC：National Institute of Justice，1999.

Knight Foundation. "NetGain Internet of Things Conference"（2017）. https：// www. youtube. com/watch? v＝29u1C4Z6PR4.

Kofman，Ava. "Real-Time Face Recognition Threatens to Turn Cops' Body Cameras into Surveillance Machines." *The Intercept*，March 22，2017. https：// theintercept. com/2017/03/22/real-time-face-recognition-threatens-to-turn-cops-body-cameras-into-surveillance-machines/.

Kosinski, Michal, David Stillwell, and Thore Graepel. "Private Traits and Attributes Are Predictable from Digital Records of Human Behavior. " *Proceedings of the National Academy of Sciences* 110, no. 15 (2013): 5802–5805.

Kramer, Adam D. I. , Jamie E. Guillory, and Jeffrey T. Hancock. "Experimental Evi-dence of Massive-Scale Emotional Contagion through Social Networks. " *Proceedings of the National Academy of Sciences* 111, no. 24 (June 17, 2014): 8788–8790.

Lantos-Swett, Chante. "Leveraging Technology to Improve Participation: Tex-tizen and Oregon's Kitchen Table. " *Challenges to Democracy*, Blog (April 4, 2016). http: //www. challengestodemocracy. us/home/leveraging-technology-to-improve-participation-textizen-and-oregons-kitchen-table/.

Larson, Selena. "Uber's Massive Hack: What We Know. " *CNN*, November 22, 2017. http: //money. cnn. com/2017/11/22/technology/uber-hack-consequences-cover-up/index. html.

Latour, Bruno. *The Pasteurization of France*. Translated by Alan Sheridan and John Law. Cambridge, MA: Harvard University Press, 1993.

Latour, Bruno. "Tarde's Idea of Quantification. " In *The Social After Gabriel Tarde: Debates and Assessments*, edited by Mattei Candea. London: Routledge, 2010.

Lauper, Cyndi. "Girls Just Want To Have Fun (Official Video) " (1983). https: //www. youtube. com/watch? v=PIb6AZdTr-A.

Laura and John Arnold Foundation. "Laura and John Arnold Foundation to Con-tinue Data-Driven Criminal Justice Effort Launched under the Obama Administra-tion. " Press release, January 23, 2017. http: //www. arnoldfoundation. org/laura-john-arnold-foundation-continue-data-driven-criminal-justice-effort-launched-obama-admi-nistration/.

Lavigne, Sam, Brian Clifton, and Francis Tseng. "Predicting Financial Crime: Aug-menting the Predictive Policing Arsenal. " *The New Inquiry* (2017). https: //whitecollar. thenewinquiry. com/static/whitepaper. pdf.

Le Corbusier. *Aircraft: The New Vision*. New York: Studio Publications, 1935.

Le Corbusier. *The Radiant City: Elements of a Doctrine of Urbanism to Be Used as the Basis of Our Machine-Age Civilization*. New York: Orion Press, 1964.

Leadership Conference on Civil and Human Rights, and Upturn. "Police Body Worn Cameras: A Policy Scorecard" (November 2017). https: //www. bwcscorecard. org/.

Lerman, Jonas. "Big Data and Its Exclusions. " *Stanford Law Review* 66 (2013): 55–63.

Liang, Annabelle, and Dee-Ann Durbin. "World's First Self-Driving Taxis Debut in Singapore. " *Bloomberg*, August 25, 2016. https: //www. bloomberg. com/news/articles/2016-08-25/world-s-first-self-driving-taxis-debut-in-singapore.

Liebman, Jeff. "Transforming the Culture of Procurement in State and Local Government. ” Interview by Andy Feldmanm，*Gov Innovator* podcast（April 20，2017）．http：//govinnovator. com/jeffrey _ liebman _ 2017/. LinkNYC. “Find a Link. ” https：//www. link. nyc/find-a-link. html.

LinkNYC. “Privacy Policy”（March 17，2017）．https：//www. link. nyc/privacy-policy. html.

Linn，Denise，and Glynis Startz. “Array of Things Civic Engagement Report”（August 2016）．https：//arrayofthings. github. io/engagement-report. html.

Lipsky，Michael. *Street-Level Bureaucracy*：*Dilemmas of the Individual in Public Services*. 30th anniversary ed. New York：Russell Sage Foundation，2010.

Living PlanIT. “Living PlanIT — Boston Smart City RFI”（January 2017）．https：//drive. google. com/file/d/0B _ QckxNE _ FoEVEUtTFB4SDRhc00.

Lomas，Natasha. “How‘Anonymous’Wifi Data Can Still Be a Privacy Risk. ” *TechCrunch*，October 7，2017．https：//techcrunch. com/2017/10/07/how-anonymous-wifi-data-can-still-be-a-privacy-risk/.

Lowry，Stella，and Gordon Macpherson. “A Blot on the Profession. ” *British Medical Journal* 296，no. 6623（1988）：657 – 658.

Lubell，Sam. “Here's How Self-Driving Cars Will Transform Your City. ” *Wired*，October 21，2016．https：//www. wired. com/2016/10/heres-self-driving-cars-will-transform-city/.

Lum，Kristian. “Predictive Policing Reinforces Police Bias. ” Human Rights Data Analysis Group（2016）．https：//hrdag. org/2016/10/10/predictive-policing-reinforces-police-bias/.

Lum，Kristian，and William Isaac. “To Predict and Serve?” *Significance* 13，no. 5（2016）：14 – 19.

Madden，Mary，Michele E. Gilman，Karen Levy，and Alice E. Marwick. “Privacy，Poverty and Big Data：A Matrix of Vulnerabilities for Poor Americans. ” *Washington University Law Review* 95（2017）：53 – 125.

Marcuse，Peter. *Robert Moses and Public Housing*：*Contradiction In*，*Contradiction Out*. ［New York：P. Marcuse］，1989.

Mashariki，Amen Ra. “NYC Data Analytics. ” Presentation at Esri Senior Executive Summit，2017. https：//www. youtube. com/watch? v＝ws8EQg5YlrY.

“Massachusetts Ave ＆ Columbus Ave. ” Walk Score（2018）．https：//www. walkscore. com/score/columbus-ave-and-massachusetts-ave-boston.

McFarland，Matt. “Chicago Gets Serious about Tracking Air Quality and Traffic Data. ” *CNN*，August 29，2016. http：//money. cnn. com/2016/08/29/technology/chicago-sensors-data/index. html.

Menino，Thomas M. “Inaugural Address”（January 4，2010）．https：//www. cityofboston. gov/TridionImages/2010％20Thomas％20M％20％20Menino％20Inaugural％20final _ tcm1-4838. pdf.

Metcalf, Jacob. "Ethics Review for Pernicious Feedback Loops. " Medium: Data &. Society: Points (November 7, 2016) . https: //points. datasociety. net/ethics-review-for-pernicious-feedback-loops-9a7ede4b610e.

Metz, David. *The Limits to Travel: How Far Will You Go?* New York: Routledge, 2012.

"Middlesex Police Discuss Data-Driven Justice Initiative. " *Wicked Local Arlington*, December 30, 2016. http: //arlington. wickedlocal. com/news/20161230/ middlesex-police-discuss-data-driven-justice-initiative.

Misa, Thomas J. "Controversy and Closure in Technological Change. Constructing 'Steel. ' " In *Shaping Technology/Building Society: Studies in Sociotechnical Change*, edited by Wiebe E. Bijker and John Law. Cambridge, MA: MIT Press, 1992.

Morozov, Evgeny. *To Save Everything, Click Here: The Folly of Technological Solution-ism*. New York: PublicAffairs, 2014.

Moskos, Peter. *Cop in the Hood: My Year Policing Baltimore's Eastern District*. Princeton, NJ: Princeton University Press, 2008.

Murgado, Amaury. "Developing a Warrior Mindset. " *POLICE Magazine*, May 24, 2012. http: //www. policemag. com/channel/patrol/articles/2012/05/warrior-min-dset. aspx.

National Association of Counties. "Data-Driven Justice: Disrupting the Cycle of Incarceration" [2015] . http: //www. naco. org/resources/signature-projects/ data-driven-justice.

National Association of Counties. "Mental Health and Criminal Justice Case Study: Johnson County, Kan. " (2015) . http: //www. naco. org/sites/default/files/ documents/Johnson County Mental Health and Jails Case Study _ FINAL. pdf.

National Center for Statistics and Analysis, National Highway Traffic Safety Admin-istration. "Critical Reasons for Crashes Investigated in the National Motor Vehicle Crash Causation Survey. " Traffic Safety Facts: Crash Stats, Report No. DOT HS 812 115 (February 2015) .

National Center for Statistics and Analysis, National Highway Traffic Safety Admin-istration. "2015 Motor Vehicle Crashes: Overview. " Traffic Safety Facts Research Note, Report No. DOT HS 812 318 (August 2016) .

National League of Cities. "Trends in Smart City Development" (2016) . http: // www. nlc. org/sites/default/files/2017-01/Trends in Smart City Development. pdf.

Needham, Catherine. *Citizen-Consumers: New Labour's Marketplace Democracy*. London: Catalyst, 2003.

Needham, Catherine E. "Customer Care and the Public Service Ethos. " *Public Admin-istration* 84, no. 4 (2006): 845 – 860.

New York City Council. "Int 1696 – 2017: Automated Decision Systems Used by

Agen-cies. " (2017) . http：//legistar. council. nyc. gov/LegislationDetail. aspx? ID=3137815 &GUID=437A6A6D-62E1-47E2-9C42-461253F9C6D0.

New York City Council. "Transcript of the Minutes of the Committee on Technology" (October 16，2017) . http：//legistar. council. nyc. gov/View. ashx? M = F&ID=5522569 &GUID=DFECA4F2-E157-42AB-B598-BA3A8185E3FF.

New York City Mayor's Office of Operations. "Hurricane Sandy Response. " *NYC Customer Service Newsletter* 5，no. 2 (February 2013) . https：// www1. nyc. gov/assets/operations/downloads/pdf/nyc ＿ customer ＿ service ＿ newsletter ＿ volume ＿ 5 ＿ issue ＿ 2. pdf.

New York City Office of the Mayor. "Mayor de Blasio Announces Public Launch of LinkNYC Program，Largest and Fastest Free Municipal Wi-Fi Network in the World" (February 18，2016) . http：//www1. nyc. gov/office-of-the-mayor/ news/184-16/mayor-de-blasio-public-launch-linknyc-program-largest-fastest-free-municipal♯/0.

New York Civil Liberties Union. "City's Public Wi-Fi Raises Privacy Concerns" (2016) . https：//www. nyclu. org/en/press-releases/nyclu-citys-public-wi-fi-raises-privacy-concerns.

New York Times Editorial Board. "The Racism at the Heart of Flint's Crisis. " *New York Times*，March 25，2016. https：//www. nytimes. com/2016/03/25/ opinion/the-racism-at-the-heart-of-flints-crisis. html.

Newsom，Gavin，and Lisa Dickey. *Citizenville：How to Take the Town Square Digital and Reinvent Government*. New York：Penguin，2014.

"Nine Additional Cities Join Johnson County's Co-responder Program. " Press release，Johnson County，Kansas，July 18，2016. https：//jocogov. org/press-release/ nine-additional-cities-join-johnson-county's-co-responder-program.

Norton，Peter D. *Fighting Traffic：The Dawn of the Motor Age in the American City*. Cambridge，MA：MIT Press，2011.

O'Brien，Daniel Tumminelli，Eric Gordon，and Jessica Baldwin. "Caring about the Community，Counteracting Disorder：311 Reports of Public Issues as Expressions of Territoriality. " *Journal of Environmental Psychology* 40 (2014)：320 – 330.

O'Brien，Daniel Tumminelli，Dietmar Offenhuber，Jessica Baldwin-Philippi，Melissa Sands，and Eric Gordon. "Uncharted Territoriality in Coproduction：The Motiva-tions for 311 Reporting. " *Journal of Public Administration Research and Theory* 27，no. 2 (2017)：320 – 335.

O'Malley，Nick. "To Predict and to Serve：The Future of Law Enforcement. " *Sydney Morning Herald*，March 30，2013. http：//www. smh. com. au/world/ to-predict-and-to-serve-the-future-of-law-enforcement-20130330-2h0rb. html.

O'Neil，Cathy. "Don't Grade Teachers with a Bad Algorithm. " *Bloomberg*，May 15，2017. https：//www. bloomberg. com/view/articles/2017-05-15/don-t-grade-tea chers-with-a-bad-algorithm.

Offenhuber, Dietmar. "The Designer as Regulator: Design Patterns and Categorization in Citizen Feedback Systems." Paper delivered at the Workshop on Big Data and Urban Informatics, Chicago, 2014.

Overmann, Lynn. "Launching the Data-Driven Justice Initiative: Disrupting the Cycle of Incarceration." *The Obama White House* (2016). https: //medium. com/@ ObamaWhiteHouse/launching-the-data-driven-justice-initiative-disrupting-the-cycle-of-incarceration-e222448a64cf.

Ozer, Nicole. "Police Use of Social Media Surveillance Software Is Escalating, and Activists Are in the Digital Crosshairs." Medium: ACLU of Northern CA (2016). https: //medium. com/@ACLU _ NorCal/police-use-of-social-media-surveillance-soft ware-is-escalating-and-activists-are-in-the-digital-d29d8f89c48.

Palmisano, Samuel J. "Smarter Cities: Crucibles of Global Progress." Address, Rio de Janeiro, November 9, 2011. https: //www. ibm. com/smarterplanet/us/en/ smarter _ cities/article/rio _ keynote. html.

Papachristos, Andrew V. "CPD's Crucial Choice: Treat Its List as Offenders or as Potential Victims?" *Chicago Tribune*, July 29, 2016. http: // www. chicagotribune. com/news/opinion/commentary/ct-gun-violence-list-chicago-police-murder-perspec-0801-jm-20160729-story. html.

Papachristos, Andrew V. , and Christopher Wildeman. "Network Exposure and Homicide Victimization in an African American Community." *American Journal of Public Health* 104, no. 1 (2014): 143 – 150.

Pasquale, Frank. "Secret Algorithms Threaten the Rule of Law." *MIT Technology Review*, June 1, 2017. https: //www. technologyreview. com/s/608011/secret-algorithms-threaten-the-rule-of-law/.

Perez, Thomas E. "Investigation of the Miami-Dade County Jail." U. S. Department of Justice, Civil Rights Division (August 24, 2011). https: //www. clearinghouse. net/ chDocs/public/JC-FL-0021-0004. pdf.

Peterson, Andrea. "Why the Names of Six People Who Complained of Sexual Assault Were Published Online by Dallas Police." *Washington Post*, April 29, 2016. https: //www. washingtonpost. com/news/the-switch/wp/2016/04/29/why-the-names-of-six-people-who-complained-of-sexual-assault-were-published-online-by-dal-las-police/. Philadelphia, City of. "Open Budget." http: //www. phila. gov/ openbudget/.

Pinch, Trevor J, and Wiebe E. Bijker. "The Social Construction of Facts and Artifacts: Or How the Sociology of Science and the Sociology of Technology Might Benefit Each Other." In *The Social Construction of Technological Systems: New Directions in the Sociology and History of Technology*, edited by Wiebe E. Bijker, Thomas P. Hughes, and Trevor Pinch. Cambridge, MA: MIT Press, 1987.

Pinto, Nick. "Google Is Transforming NYC's Payphones into a 'Personalized Propaganda Engine.'" *Village Voice*, July 6, 2016. https: //www. villagevoice. com/2016/07/06/google-is-transforming-nycs-payphones-into-a-personalized-propaganda-engine/.

Podesta, John, Penny Pritzker, Ernest J. Moniz, John Holdren, and Jeffrey Zients. *Big Data: Seizing Opportunities, Preserving Values*. Washington, DC: Executive Office of the President, 2014.

Porter, Theodore M. *Trust in Numbers: The Pursuit of Objectivity in Science and Public Life*. Princeton, NJ: Princeton University Press, 1995.

Powles, Julia. "New York City's Bold, Flawed Attempt to Make Algorithms Accountable." *New Yorker*, December 20, 2017. https: //www. newyorker. com/tech/elements/new-york-citys-bold-flawed-attempt-to-make-algorithms-accountable.

PredPol. "Atlanta Police Chief George Turner Highlights PredPol Usage." PredPol: Blog (May 21, 2014). http: //www. predpol. com/atlanta-police-chief-george-turner-highlights-predpol-usage/.

PredPol. "How PredPol Works" [2018]. http: //www. predpol. com/how-predictive-policing-works/.

PredPol. "Proven Crime Reduction Results" [2018]. http: //www. predpol. com/results/.

Reece, Andrew G., and Christopher M. Danforth. "Instagram Photos Reveal Predictive Markers of Depression." *EPJ Data Science* 6, no. 15 (2017). https: //doi. org/10. 1140/epjds/s13688-017-0110-z.

Reiman, Jeffrey, and Paul Leighton. *The Rich Get Richer and the Poor Get Prison: Ideol-ogy, Class, and Criminal Justice*. New York: Routledge, 2015.

"Results-Driven Contracting: An Overview." Harvard Kennedy School Government PerformanceLab (2016). http: //govlab. hks. harvard. edu/files/siblab/files/results-driven _ contracting _ an _ overview _ 0. pdf.

Reuben, Ernesto, Paola Sapienza, and Luigi Zingales. "How Stereotypes Impair Women's Careers in Science." *Proceedings of the National Academy of Sciences* 111, no. 12 (March 25, 2014): 4403–4408.

"The Rise of Workplace Spying." *The Week*, July 8, 2015. http: //theweek. com/articles/564263/rise-workplace-spying.

Rittel, Horst W. J., and Melvin M. Webber. "Dilemmas in a General Theory of Plan-ning." *Policy Sciences* 4, no. 2 (1973): 155–169.

Robinson, David, and Logan Koepke. "Stuck in a Pattern." *Upturn* (2016). https: //www. teamupturn. org/reports/2016/stuck-in-a-pattern/.

Roller, Emma. "'Victory Can Be a Bit of a Bitch': Corey Robin on the Decline of American Conservatism." *Splinter*, September 1, 2017. https: //splinternews. com/victory-can-be-a-bit-of-a-bitch-corey-robin-on-the-dec1798679236.

Roth, Alvin. "Why New York City's High School Admissions Process Only Works Most of the Time. " *Chalkbeat*, July 2, 2015. https: //www. chalkbeat. org/ posts/ny/2015/07/02/why-new-york-citys-high-school-admissions-process-only-works-most-of-the-time/.

Rothstein, Richard. *The Color of Law: A Forgotten History of How Our Government Segre-gated America*. New York: Liveright, 2017.

Rubin, Joel. "Stopping Crime Before It Starts. " *Los Angeles Times*, August 21, 2010. http: //articles. latimes. com/2010/aug/21/local/la-me-predictcrime-20100427-1.

Rudder, Christian. "We Experiment On Human Beings!" *The OkCupid Blog* (2014) . https: //theblog. okcupid. com/we-experiment-on-human-beings-5dd9fe280cd5.

Ryan, John. "After 10-Year Plan, Why Does Seattle Have More Homeless Than Ever?" *KUOW*, March 3, 2015. http: //kuow. org/post/after-10-year-plan-why-does-seattle-have-more-homeless-ever.

Sadowski, Jathan, and Frank Pasquale. "The Spectrum of Control: A Social Theory of the Smart City. " *First Monday* 20, no. 7 (2015) . http: //firstmonday. org/ article/view/5903/4660.

Salisbury, Harrison E. *The Shook-Up Generation*. New York: Harper and Row, 1958.

Sampaio, Rafael, and Tiago Peixoto. "Electronic Participatory Budgeting: False Dilemmas and True Complexities. " In *Hope for Democracy: 25 Years of Participatory Budgeting Worldwide*, edited by Nelson Dias. São Brás de Alportel, Portugal: In Loco Association, 2014.

San Francisco, City and County of. "Apps: Transportation. " *San Francisco Data* [2018] . http: //apps. sfgov. org/showcase/apps-categories/transportation/.

Sanders, Lynn M. "Against Deliberation. " *Political Theory* 25, no. 3 (1997): 347 – 376.

Saunders, Jessica, Priscillia Hunt, and John S. Hollywood. "Predictions Put into Prac-tice: A Quasi-experimental Evaluation of Chicago's Predictive Policing Pilot. " *Journal of Experimental Criminology* 12, no. 3 (2016): 347 – 371.

Schiener, Dominik. "Liquid Democracy: True Democracy for the 21st Century" Medium: Organizer Sandbox (November 23, 2015) . https: //medium. com/ organizer-sandbox/liquid-democracy-true-democracy-for-the-21st-century-7c66f5e53 b6f.

Schlozman, Kay Lehman, Sidney Verba, and Henry E. Brady. *The Unheavenly Chorus: Unequal Political Voice and the Broken Promise of American Democracy*. Princeton, NJ: Princeton University Press, 2012.

Schmitt, Angie. "How Engineering Standards for Cars Endanger People Crossing the Street. " *Streetsblog USA*, March 3, 2017. http: //usa. streetsblog. org/2017/ 03/03/how-engineering-standards-for-cars-endanger-people-crossing-the-street/.

Schneier，Bruce. *Click Here to Kill Everybody*：*Security and Survival in a Hyper-connected World*. New York：W. W. Norton，2018.

Schneier，Bruce. "Data Is a Toxic Asset，So Why Not Throw It Out?" *CNN*，March 1，2016. http：//www. cnn. com/2016/03/01/opinions/data-is-a-toxic-asset-opinion-schneier/index. html.

Schwartz，Paul M. ，and Daniel J. Solove. "The PII Problem：Privacy and a New Con-cept of Personally Identifiable Information. " *NYU Law Review* 86 （2011）：1814 – 1894.

Scott，James C. *Seeing Like a State*：*How Certain Schemes to Improve the Human Condi-tion Have Failed*. New Haven：Yale University Press，1998.

Seattle，City of. "About the Privacy Program" （2018）. http：//www. seattle. gov/tech/initiatives/privacy/about-the-privacy-program.

Seattle，City of. "About the Surveillance Ordinance" （2018）. https：//www. seattle. gov/tech/initiatives/privacy/surveillance-technologies/about-surveillance-ordinance.

Seattle，City of. "City of Seattle Privacy Principles" （2015）. https：//www. seattle. gov/Documents/Departments/InformationTechnology/City-of-Seattle-Privacy-Principles-FINAL. pdf.

Seattle，City of. "Homelessness Investment Analysis" （2015）. https：//www. seattle. gov/Documents/Departments/HumanServices/Reports/HomelessInvest-ment Analysis. pdf.

Seattle/King County Coalition on Homelessness. "2015 Street Count Results" （2015）. http：//www. homelessinfo. org/what ＿ we ＿ do/one ＿ night ＿ count/2015 ＿ results. php.

Semuels，Alana. "The Role of Highways in American Poverty. " *The Atlantic*，March 2016. https：//www. theatlantic. com/business/archive/2016/03/role-of-highways-in-american-poverty/474282/.

Senseable City Lab. "DriveWAVE by MIT SENSEable City Lab" （2015）. http：//sense able. mit. edu/wave/.

Shaban，Abdur Rahman Alfa. "Ethiopia Bags a Continental First with ＄2. 2m Smart Parking Facility. " *Africanews*，June 15，2017. http：//www. africanews. com/2017/06/15/ethiopia-s-22m-smart-parking-facility-is-africa-s-first/.

Shanker，Ravi，et al. "Autonomous Cars：Self-Driving the New Auto Industry Par-adigm. " *Morgan Stanley Blue Paper* （November 6，2013）. https：//orfe. princeton. edu/～alaink/SmartDrivingCars/PDFs/Nov2013MORGAN-STANLEY-BLUE-PAPER-AUTO-NOMOUS-CARS％ EF％ BC％ 9A-SELF-DRIVING-THE-NEW-AUTO-INDUSTRY-PARADIGM. pdf.

Short，Adrian. "BT InLink in London：Building a Privatised 'Smart City' by Stealth" （December 14，2017）. https：//www. adrianshort. org/posts/2017/bt-inlink-london-smart-city/.

Siddle，James. "I Know Where You Were Last Summer: London's Public Bike Data Is Telling Everyone Where You've Been. " *The Variable Tree*，April 10，2014. https：//vartree. blogspot. co. uk/2014/04/i-know-where-you-were-last-summer. html.

"Sidewalk Labs. " https：//www. sidewalklabs. com/.

Sidewalk Labs. "Vision Sections of RFP Submission" (October 17，2017）. https：//sidewalktoronto. ca/wp-content/uploads/2017/10/Sidewalk-Labs-Vision-Sections-of-RFP-Submission. pdf.

Singer，Natasha. "Bringing Big Data to the Fight against Benefits Fraud. " *New York Times*， February 22， 2015. https：//www. nytimes. com/2015/02/22/technology/bringing-big-data-to-the-fight-against-benefits-fraud. html.

Smart，Christopher. "What Do You Like，Don't Like? — Text It to Salt Lake City. " *Salt Lake Tribune*，August 20，2012. http：//archive. sltrib. com/story. php? ref＝/sltrib/news/54728901-78/lake-salt-text-plan. html. csp.

Smart Columbus. "Smart Columbus Connects Linden Meeting Summary" (2017）.

Smith，Jack. " 'Minority Report' Is Real — And It's Really Reporting Minorities. " *Mic*，November 9，2015. https：//mic. com/articles/127739/minority-reports-predictive-policing-technology-is-really-reporting-minorities.

Solove，Daniel J. *The Digital Person*：*Technology and Privacy in the Information Age*. New York：New York University Press，2004.

Sorokanich，Bob. "New York City Is Using Data Mining to Fight Fires. " *Gizmodo* (2014）. https：//gizmodo. com/new-york-city-is-fighting-fires-with-data-mining-1509004543.

Speck，Jeff. "Autonomous Vehicles & the Good City. " Lecture at United States Conference of Mayors， Washington， DC， January 19， 2017. https：//www. youtube. com/watch? v＝5AELH-sI9CM.

Spurr，Ben. "Toronto Plans to Test Driverless Vehicles for Trips to and from Transit Stations. " *The Star*，July 3，2018. https：//www. thestar. com/news/gta/2018/07/03/toronto-plans-to-test-driverless-vehicles-for-trips-to-and-from-transit-stations. html.

Sullivan， Christopher M. ， and Zachary P. O'Keeffe. "Evidence That Curtailing Proac-tive Policing Can Reduce Major Crime. " *Nature Human Behaviour* 1 (2017)：730 – 737.

Sweeney，Latanya. "Simple Demographics Often Identify People Uniquely. " Carne-gie Mellon University，Data Privacy Working Paper 3，2000.

Tachet，Remi，Paolo Santi，Stanislav Sobolevsky，Luis Ignacio Reyes-Castro，Emilio Frazzoli，Dirk Helbing，and Carlo Ratti. "Revisiting Street Intersections Using Slot-Based Systems. " *PloS One* 11，no. 3 (2016）. https：//doi. org/10. 1371/journal. pone. 0149607.

Tadayon, Ali. "Oakland to Require Public Approval of Surveillance Tech." *East Bay Times*, May 2, 2018. https://www.eastbaytimes.com/2018/05/02/oakland-to-require-public-approval-of-surveillance-tech/.

Tauberer, Joshua. "So You Want to Reform Democracy." Medium: Civic Tech Thoughts from JoshData (November 22, 2015). https://medium.com/civic-tech-thoughts-from-joshdata/so-you-want-to-reform-democracy-7f3b1ef10597.

TechCrunch. "Taking a Ride in Delphi's Latest Autonomous Drive" (2017). https://www.youtube.com/watch?v=wWdVfGlBqzE.

Tett, Gillian. "Mapping Crimeor Stirring Hate?" *Financial Times*, August 22, 2014. https://www.ft.com/content/200bebee-28b9-11e4-8bda-00144feabdc0.

"Textizen." https://www.textizen.com/.

Ticoll, David. "Driving Changes: Automated Vehicles in Toronto." Discussion paper, Munk School of Global Affairs, University of Toronto (2015). https://munkschool.utoronto.ca/ipl/files/2016/03/Driving-Changes-Ticoll-2015.pdf.

Tockar, Anthony. "Riding with the Stars: Passenger Privacy in the NYC Taxicab Dataset." *Neustar Research*, September 15, 2014. https://research.neustar.biz/2014/09/15/riding-with-the-stars-passenger-privacy-in-the-nyc-taxicab-dataset/.

Tufekci, Zeynep. *Twitter and Tear Gas: The Power and Fragility of Networked Protest*. New Haven: Yale University Press, 2017.

United States Conference of Mayors. "Cities of the 21st Century: 2016 Smart Cities Survey" (January 2017). https://www.usmayors.org/wp-content/uploads/2017/02/2016SmartCitiesSurvey.pdf.

U.S. Department of Transportation. "Smart City Challenge: Lessons for Building Cities of the Future" (2017). https://www.transportation.gov/sites/dot.gov/files/docs/Smart City Challenge Lessons Learned.pdf.

Vaithianathan, Rhema. "Big Data Should Shrink Bureaucracy Big Time." *Stuff*, October 18, 2016. https://www.stuff.co.nz/national/politics/opinion/85416929/rhema-vaithianathan-big-data-should-shrink-bureaucracy-big-time.

Vargas, Claudia. "City Settles Gun Permit Posting Suit." *Philadelphia Inquirer*, July 23, 2014. http://www.philly.com/philly/news/local/20140723_City_settles_gun_permit_suit_for 1_4_million.html.

Vitale, Alex S. *The End of Policing*. London: Verso, 2017.

Wakabayashi, Daisuke. "Uber's Self-Driving Cars Were Struggling Before Arizona Crash." *New York Times*, March 23, 2018. https://www.nytimes.com/2018/03/23/technology/uber-self-driving-cars-arizona.html.

Wang, Tong, Cynthia Rudin, Daniel Wagner, and Rich Sevieri. "Finding Patterns with a Rotten Core: Data Mining for Crime Series with Cores." *Big Data* 3, no. 1 (2015): 3–21. http://doi.org/10.1089/big.2014.0021.

The War Room. Hosted by Jennifer Granholm, Current TV, January 16, 2013.

Posted as "PredPol on Current TV with Santa Cruz Crime Analyst Zach Friend" (2013). https：//www. youtube. com/watch? v＝8uKor0nfsdQ.

Washington，Ken. "A Look into Ford's Self-Driving Future. " Medium：Self-Driven (February 3，2017). https：//medium. com/self-driven/a-look-into-fords-self-driving-future-5aae38ee2059.

Weisel，Deborah Lamm. "Burglary of Single-Family Houses. " *U. S. Department of Jus-tice*，*Office of Community Oriented Policing Services*，*Problem-Oriented Guides for Police Series No.* 18，2002. http：//www. popcenter. org/problems/pdfs/burglary _ of _ single-family _ houses. pdf.

Wexler，Rebecca. "Life，Liberty，and Trade Secrets：Intellectual Property in the Criminal Justice System. " *Stanford Law Review* 70 (2018)：1343 – 1429.

What Works Cities. "Tackling Homelessness in Seattle" (2017). https：//www. youtube. com/watch? v＝dzkblumT4XU.

White，Ariel，and Kris-Stella Trump. "The Promises and Pitfalls of 311 Data. " *Urban Affairs Review* 54，no. 4 (2016)：794 – 823. https：//doi. org/10. 1177/1078087416673202.

White House Office of the Press Secretary. "FACT SHEET：Administration Announces New 'Smart Cities' Initiative to Help Communities Tackle Local Challenges and Improve City Services" (September 14，2015). https：//obamawhitehouse. archives. gov/the-press-office/2015/09/14/fact-sheet-administration-announces-new-smart-cities-initiative-help.

White House Office of the Press Secretary. "FACT SHEET：Launching the Data-Driven Justice Initiative：Disrupting the Cycle of Incarceration" (June 30，2016). https：//obamawhitehouse. archives. gov/the-press-office/2016/06/30/fact-sheet-launching-data-driven-justice-initiative-disrupting-cycle.

Winner，Langdon. *The Whale and the Reactor：A Search for Limits in an Age of High Technology*. Chicago：University of Chicago Press，1986.

Winston，Ali. "Palantir Has Secretly Been Using New Orleans to Test Its Predictive Policing Technology. " *The Verge*，February 27，2018. https：//www. theverge. com/2018/2/27/17054740/palantir-predictive-policing-tool-new-orleans-nopd.

Wylie，Bianca. "Debrief on Sidewalk Toronto Public Meeting ＃2— Time to Start Over, Extend the Process. " Medium (May 6，2018). https：//medium. com/@biancawylie/sidewalk-toronto-public-meeting-2-time-to-start-over-extend-the-process-a0575b3adfc3.

Zimmer，John. "The Third Transportation Revolution. " Medium：The Road Ahead (September 18，2016). https：//medium. com/@ johnzimmer/the-third-transportation-revolution-27860f05fa91.

Zimmer，John，and Logan Green. "The End of Traffic：Increasing American Pros-

perity and Quality of Life." Medium: The Road Ahead (January 17, 2017).
https://medium. com/@johnzimmer/the-end-of-traffic-6d255c03207d.

Zuckerberg, Mark. "Facebook's Letter from Mark Zuckerberg — Full Text." *The Guardian*, February 1, 2012. https://www. theguardian. com/technology/ 2012/feb/01/facebook-letter-mark-zuckerberg-text.